实用连锁门店选址技术

主　编　李依璘　李轻舟　　边明伟　蔺　琛

副主编　王　瑜　王亚娟　张大庆　李红云

西南交通大学出版社

·成　都·

图书在版编目（CIP）数据

实用连锁门店选址技术 / 李依璘等主编. —成都：
西南交通大学出版社，2017.7（2022.8 重印）
ISBN 978-7-5643-5445-9

Ⅰ. ①实… Ⅱ. ①李… Ⅲ. ①连锁店 – 选址 Ⅳ.

①F717.6

中国版本图书馆 CIP 数据核字（2017）第 103450 号

实用连锁门店选址技术

主　编／	李依璘　李轻舟	责任编辑／李　伟
	边明伟　蔺　琛	特邀编辑／张芬红
		封面设计／何东琳设计工作室

西南交通大学出版社出版发行

（四川省成都市金牛区二环路北一段 111 号西南交通大学创新大厦 21 楼　610031）
发行部电话：028-87600564　028-87600533
网址：http://www.xnjdcbs.com
印刷：成都中永印务有限责任公司

成品尺寸　185 mm×260 mm
印张　17.75　字数　443 千
版次　2017 年 7 月第 1 版　　印次　2022 年 8 月第 2 次

书号　ISBN 978-7-5643-5445-9
定价　45.00 元

前　言

　　零售业选址中众多的成功案例表明，在其他因素相同的情况下，选址起到了至关重要的决定性作用。

　　本书以连锁经营管理专业的教学特点和能力要求为脉络，以相关的选址理论为支撑，紧紧围绕工作过程和工作能力编写而成，具有较强的可操作性，是一本专业的技能型项目导向式教材。其具体内容包括：认识连锁门店选址、连锁企业布局及商业网点扩张、商圈及商圈分析技术、城市评估技术、立地评估、实用门店选址技术、基于 GIS 技术的连锁门店选址、连锁门店选址表单等。

　　本书突出连锁经营管理专业学生实际操作能力的训练及培养，以连锁企业门店选址工作为主线，以连锁企业选址工作的任务要求为重点，尤其突出选址工作在连锁招商加盟体系中的任务要求。全书按照由整体到局部的写作思路来进行编写，由"片"到"块"再到"点"，最后落实在选址技术的学习及操作上。

　　众所周知，零售业被称为"选址决定命运的产业"，而其选址问题是一个极其复杂的综合性商业决策过程，既要定性分析，又要定量分析。选址的成功与否直接关系到零售业的生存与发展，其经营绩效的优劣极大程度地依赖选址的正确与否。

　　零售业门店位置的地形特点及其周围的人口状况、城市设施状况、交通条件、地租成本和竞争环境等的差异极大，使得商圈分析及门店选址成为一项非常复杂而又难以琢磨的浩大工程。一方面，不可规避地出现了数据收集的难度，以及已收集到的数据的信度和效度问题；另一方面，如此众多的数据纷繁复杂，很难进行有效整合，从而无法为选址进行有效分析和计算，更遑论与具体的地图整合在一起形成可视、可预见性的定性与定量分析，形成决策依据的辅助手段。尽管在国外零售商圈分析与门店选址中常常会借助 GIS 技术作为辅助手段，但目前国内市场上，采用 GIS 技术的零售企业寥寥无几，仅有家乐福、沃尔玛等极少数国际零售巨头在采用。由于各种原因，其他国内外零售业态尚未见有将 GIS 技术应用于商圈分析及门店选址的工作中，故对于绝大多数的中小型零售企业而言，商圈分析与门店选址还未涉及，其发展空间和潜力巨大。

　　目前，国内的零售业飞速发展，先后出现了一大批如北京联华、上海可的、成都红旗连锁等本土超市。与此同时，外资零售巨头也纷纷在中国抢占市场，目前 80%的零售企业世界 500 强已进入中国。沃尔玛、家乐福、卜蜂莲花、麦德龙等都在中国开设了多家门店。

　　为了抢占市场份额、提高销售业绩、赚取投资回报、增大规模效应、提升企业外部形象，近年来无论是外资还是中资零售业态都在紧锣密鼓地加大其开设新店的步伐，如沃尔玛将在未来的 5 ~ 7 年内开设 100 家新店；而正大集团下属的卜蜂莲花超市也计划将门店数增至 100 家。在如此激烈的"跑马圈地"的竞争中，所有计划开设新店的零售业态都回避不了这样一个严峻的问题：新店开在哪里？简言之，任何一家零售企业不得不面临的首要问题即是门店的选址问题。选址首先要做商圈分析。因其表明了未来新店进行销售的空间范围，以及吸引顾客的区域范围。因此，零售业的商圈分析及门店选址的研究受到了空前重视。然而，苦于没有行之有效的方法，很多零售业态又急于求成开设新店，结果是新店的成活率极低。

继卜蜂莲花 2012 年上半年亏损净额达 7 870 万元、2013 年上半年亏损净额达 4 670 万元、2014 年上半年亏损净额达 3 900 万元，2015 年其净额亏损仍为 1 800 万元，尽管较上年同期亏损有所减少，但仍未盈利。持续亏损的卜蜂莲花门店规模也在"缩水"。至今不仅没有达到 100 家的目标，其在中国的门店数反而从 74 家下降至 60 家左右。就 2012 年上半年零售企业年中报告分析，永辉超市上半年归属母公司净利润同比下降 28.8%，人人乐上半年归属上市公司股东的净利润亏损 5 500 万 ~ 6 500 万元。除了频现亏损危机外，国内多个城市多家零售超市甚至出现了"关门"的现象。零售超市出现的"寒潮"，有整个经济下行的影响，也有自身的经营状况的影响，但不可否认的是，与商圈分析及门店选址的决策也有密不可分的关系，因此，零售业需要采用更加有效的方式来提高其选址工作的成功率。

基于此，GIS 技术在零售业商圈分析与门店选址中的应用应运而生。GIS 是 Geographic Information System 的缩写，即地理信息系统。概言之，GIS 技术即是指由计算机硬件、软件、地理数据以及系统管理人员组织而成，对任一形式的地理信息进行高效获取、存储、更新、操作、分析及显示的集成。

GIS 的优势在于它能将不同来源、不同类型的大量数据通过地理空间结构有效整合在一起，提供其他传统分析方式不具备的空间分析能力、数据可视能力和空间决策支持能力，获得常规方法难以获得的重要信息。GIS 可利用电子地图更直观地看到人口分布、商业布局及交通道路情况等重要的选址要素信息，还可以通过对不同地图图层的控制，对需要的信息进行分层和叠加，可以自由设置这些要素显示的风格和样式，其在可视性、空间分析、空间决策等方面的优势，促使了定性与定量分析的融合，降低了决策风险度，从而为科学选址提供了正确的决策。

本书的特色：其一，通过基于 GIS 技术的零售商圈分析及门店选址分析与决策形成一整套门店选址实用手册，力争在纷繁复杂的选址工作中找出可供借鉴的一般规律性的法则，使开店的数量与质量都能可控；其二，通过本书的编写，为高职院校连锁经营管理专业的教学提供一条可复制之路，以提升连锁经营管理专业毕业生的专业能力，为企业输送优秀的实战性人才，达到"招之即来、来之即战、战之即胜"的人才培养目的；其三，本书与零售业态联手，一方面通过研究分析已有的门店选址问题，另一方面力争能指导具体业态新店的成功选址，以提高本书的应用功能，以实用为主要目的，从而突出"校企合作"的实战性项目的特色。

本书的价值：针对目前零售业态商圈分析与门店选址的随意性极大的问题，零售企业急需要一套行之有效的分析工具与选址方案，也急需要有一批能做好商圈分析及门店选址的实用性人才，所以，本书通过 GIS 技术与传统的商圈分析和门店选址方法进行整合，从而降低选址决策风险，提高门店选址与经营的成功率，同时兼顾高职院校人才培养与零售企业实战性人才需求两方面的目标，从而使商圈分析与门店选址不仅仅停留在理论上，更体现在实际的应用上。

本书为四川省教育厅人文社科重点项目课题"基于 GIS 技术的零售商圈分析与门店选址应用"（编号：13SA0216；主持人：李依璘）的研究成果。为了区别于传统的选址方法，本书特介绍了辅助选址的 GIS 选址软件及其运用，希望借此降低选址的风险，提高选址的准确性，以达到既能作为连锁专业教材，又能为连锁企业的拓展人员有所借鉴的目的，同时也可以满足零售业加盟商以及创业者对选址工作初步认知的需求，从而为其在加盟创业中的选址决策提供参考。

本书适用于高职高专连锁经营管理、市场营销专业学生，企业拓展人员，加盟商，创业者等。本书可作为高职高专、成人高校、民办高校及本科院校举办的二级职业技术学院的连锁经营管理、市场营销等相关专业的教学用书，也适用于五年制高职、中职的相关专业教材，并可作为零售业拓展人员的业务参考书及培训用书；对于中小连锁企业而言，本书也是一本店面选址的指导手册。

本书由李依璘、李轻舟、边明伟、蔺琛担任主编，由王瑜、王亚娟、张大庆、李红云担任副主编。各项目的具体分工如下：项目一由石家庄信息工程学院李红云、四川工商职业技术学院李依璘负责编写，项目二由吉林农业科技学院张大庆负责编写，项目三由成都艺术职业学院王瑜负责编写，项目四由四川工商职业技术学院王亚娟负责编写，项目五由成都广播电视大学边明伟负责编写，项目六由四川工商职业技术学院李依璘负责编写，项目七由上海利施软件公司李轻舟负责编写，蔺琛负责了本书的部分审定工作。

在本书编写过程中，编者参阅了大量专家、学者的有关著作、教材及案例，同时通过"去粗取精、去伪存真"的方法学习和借鉴互联网上的有益资料，在理论层面及实操层面，借鉴选址专业论著和零售企业选址专家提出的修改意见，在此编者向相关人员表示诚挚的谢意。

此外，四川省教育厅、四川工商职业技术学院、"基于 GIS 技术的零售商圈分析与门店选址应用"重点项目课题组以及西南交通大学出版社的有关领导和专家，为本书的策划、立项、编写做出了重要贡献和努力，在此表示衷心的感谢。

由于编者水平有限，书中难免存在不妥之处，恳请专家、学者、企业人员批评指正，并提出宝贵意见。

编　者
2017 年 2 月于成都

目 录

项目一　认识连锁门店选址

【项目内容】

（1）门店选址的相关概念。

（2）门店选址的重要性。

（3）门店选址的依据。

【项目意义】

对门店选址七大要素的研究与评估。

【重点与难点】

（1）门店选址的依据。

（2）选址顾问的特质。

（3）互联网时代下门店选址的重要性。

【项目成果】

快餐店实地勘查分析报告。

【引导案例】

小慧的化妆品店

半年前，在化妆品行业打拼多年的小慧终于实现了自主创业的梦想——在家乡 H 县城开了一家化妆品专卖店。专卖店避开了竞争激烈的商业中心西区，选在 H 城东区——一个小商品和五金批发区，紧邻一个很大的三峡移民社区，人气十分旺，更重要的是方圆一千米内没有竞争对手，大家都认为那是一个黄金口岸。小慧有许多地方让人羡慕：从业多年练就了小慧一身过硬的销售本领，售后服务也做得很专业，产品定位也很准确……总之，小慧好像具备了一切成功的要素，成功仿佛是一种必然。但现实总爱捉弄人，专卖店开业后两个月中生意相当冷清。小慧认为：这是一个新店必须经历的过程——顾客理解、接受需要一个过程，即市场导入期。但四个月过去了，生意依然没有起色，小慧着急了，为了吸引顾客，她运用了多种曾经被无数事实证明简单可行的促销手段：会员卡、产品派送、传单……可是她辛苦地吆喝并没有带来回报——生意仍然没有起色。小慧和同事弄不明白：明明万事俱备，为什么生意不能取得成功呢？

案例讨论：请分析本案例中，小慧化妆品店选址中存在哪些问题？

任务一　门店选址的概念

【学习任务】

（1）掌握门店选址的基本概念。

（2）明确门店选址的重要性。

（3）培养整体认知的全局思维。

【技能任务】

门店选址顾问的特质分析。

【理论知识】

一、门店选址的概念

（一）门店选址的定义

门店选址是指在企业发展战略指导下，根据其店铺发展规划，结合相应门店选址理论，对可能建店的地址进行调查、分析、比较、选定，并最终确定对该土地或房产行使使用权的一种行为。门店选址包括宏观选址和微观选址。宏观选址是指对某个国家、某个地区及某个城市的选择，尤以城市评估为重；微观选址是指对某个街区及具体位置的选择，即立地评估。两者密切联系，宏观制约微观，而选址最终要落实到微观上来。

（二）门店选址的重要性

连锁企业将大量的资金投入到门店的建设和运营中，尤其是选址上，其根本原因在于，为了满足市场的某种特定需求，服务该市场需求、获得利益，通过产品或服务的销售来达到连锁企业生存和发展的根本目的。

比利时选址专家马赛尔·德·迈尔利尔（Marcel De Meirleir）认为，研究选址的目的在于，在最优的条件下，确定企业计划运营和投资得以开展的区域与位置，从而实现货币收益最大化，并使未来出现问题的概率最小化。

因此，连锁门店经营的成败很大程度上取决于店址的选择，零售业成功的关键是选址。好的门店地址就是成功的一半。其重要性主要体现在如下几个方面：

第一，选址是一项长期性投资，相对于其他因素来说，它具有长期性和固定性。当外部环境发生变化时，其他经营因素都可以随之进行相应调整，以适应外部环境的变化；而选址一经确定就难以变动，选得好，企业可以长期受益。

第二，选址决定企业成败，企业位置的选择将显著影响实际运营的效益、成本以及日后企业规模的扩充与发展。相对于制造性企业而言，服务性企业的选址更为重要，其位置的好坏在很大程度上直接决定了企业的营业收入，最终决定了企业的存亡。

第三，选址是制定经营目标和经营战略的重要依据。商业企业在制定经营目标和经营战略时，需要考虑很多因素，其中包括对选址进行研究，从而为企业制定经营目标提供依据，并在此基础上按照顾客构成及需求特点，确定促销战略。

第四，选址还能够帮助连锁企业，通过商圈调查及分析，对自身的产品、服务以及运营能力进行明确定位，进一步满足市场及消费者的需求，为连锁企业开设新店不断扩大规模做好铺垫，逐步为企业扩张和网点布局扫清障碍，从而实现其网点扩张战略。

二、选址问题概述

从本质上讲，选址问题是运筹学中经典的问题之一。其涉及的选址问题十分广泛，大到城市、产业带、经济技术开发区等的选址，小到具体的机场、社区、销售点等，总之，遍布生产、生活、物流，甚至军事等众多领域。在众多选址问题中，最重要的是紧急服务车辆和设施选址问题。具体而言，设施，即指与生产、商业流通及人类生活有关，用地规模相对较小的场所或网点等，其中就包含了本书所涉及的连锁门店选址。

选址问题最早来源于仓库位置的确定，1909年，工业区位理论的创立者、德国经济学家Alfred Weber 提出韦伯问题，即在平面上确定一个仓库的位置，使得该仓库与多个顾客之间的总距离最小问题。韦伯问题成为了正式研究选址问题的理论起点。1964年，Hakimi 提出了网络上的 P-中值问题与 P-中心问题，大大激发了研究者对选址问题进行系统性理论研究的热潮。P-中值问题，是研究如何选择 P 个服务站，使得需求点和服务站之间的距离与需求量的乘积之和最小。P-中心问题，是探讨如何在网络中选择 P 个服务站，使得任意一需求点到距离该需求点最近的服务站的最大距离最小问题。

除了韦伯问题、P-中值问题、P-中心问题，选址研究中的典型问题还包括覆盖问题、竞争选址、动态选址、多目标选址问题等。

覆盖问题分为最大覆盖问题和集覆盖问题两类。集覆盖问题，研究满足覆盖所有需求点顾客的前提下，服务站总的建站个数或建设费用最小的问题，也包括服务站个数最小和备用覆盖的顾客最大的双目标集覆盖问题。最大覆盖问题，研究在服务站的数目和服务半径已知的条件下，如何设立 P 个服务站，使得可接受服务的需求量最大的问题。

竞争选址问题考虑市场上存在两个以上的同类产品或服务的提供者，或服务站提供多个产品或服务。竞争选址问题以研究连锁零售业为主，大多为静态问题，又可分为确定和随机两种情况。其中，静态确定型的竞争选址问题，须满足现存的竞争者已知而且确定，顾客只到最有吸引力的服务站的假设条件；而静态随机竞争选址问题，则基于 Huff 的引力模型进行研究。该模型于 1963 年由美国加利福尼亚大学的经济学者戴维·哈夫（D. L. Huff）教授提出，称为哈夫概率模型，是关于预测城市区域内商圈规模的模型。相较于其他模型，该模型侧重计算消费者到某门店购物的概率情况。

然而，现实世界中不仅存在着不确定性，也存在着动态性。动态选址问题，研究的是在未来若干时间段内服务站的最优选址问题，其中包括以利润最大化为目标的动态模型。

多目标选址，研究成本最小和满足需求的问题。其中，成本最小目标备受关注，成本因素成为选址问题的制约因素，而满足需求则体现了以消费者的需求为导向的服务理念。

我国从 20 世纪 80 年代中期，在学习借鉴国外的一些经典的选址模型的基础上，在较高起点下对选址问题进行研究。在吸收国外相关研究的先进成果下，从多目标选址问题开始，在不同的算法下，通过对各种不同模型的求解、检验和优化，具体考虑距离最小、吸引力最大市场占有率、利润等，以获得稳定解及最优解，在给定条件下，为备选店址提供最佳竞争性选址决策的依据，从而大大降低了选址风险。

本书主要针对零售商业企业的选址问题，涉及网络覆盖、竞争性、优化、动态等要素。

任务二　门店选址的科学依据

【学习任务】

（1）明确科学选址的意义和重要性。

（2）掌握门店科学选址的原则和方法

（3）培养抓住问题主要矛盾的关键思维

【技能任务】

门店选址的要素分析。

【理论知识】

既然门店选址不仅是一项长期性的投资，同时也是企业制定经营目标和经营战略的重要依据，直接关系到企业最终的成败，因此，门店选址必须要依据科学的选址方法。然而很多企业却因为忽视科学选址的重要性，从而给后期的运营带来了极大的发展障碍。那么如何才能做到科学选址呢？

我们先来看一则有关工厂选址的故事，思考一下科学选址应遵循哪些原则？

【小资料 1-1】

位于西班牙的工厂选址

这则故事发生在 20 世纪 60 年代中期。一家公司的董事长即将退休，为了庆祝他们结婚 40 周年纪念日，他和他夫人打算用一个月时间环游世界，更重要的是，他计划在欧洲新设一家生产基地。

5 月初，这对夫妇抵达了西班牙首都马德里。当天天气极佳，又恰逢圣·伊西德罗（马德里的守护神）节，所以那个星期天这位董事长基本没做什么工作。斗牛比赛精彩刺激，观众热血沸腾，董事长夫人立即爱上了这座城市。公司驻马德里代表是位能人，熟知马德里所有一流的酒店和这座城市的特色之处。他带领这对夫妇观赏了佛拉曼科舞蹈表演和斗牛比赛，又到一家著名的海鲜酒店享用大餐。在谈话中，大家提到了在欧洲建厂的想法。董事长夫人向丈夫建议："为什么不建在马德里呢？"

这位董事长事后告诉我，从他夫人提出那个问题的一刻起，所有事情都进展得太快了。这位驻西班牙的当地代表恰好有一个从事房地产的兄弟，而他的这位兄弟找到了一个适合建厂的地方。他的另一个兄弟短时间内就拿到了设计图纸并办好了建筑许可证。这位代表还有一个当公证人的表兄弟，由他来处理地契手续。他还有一个朋友，是马德里顶级的商业律师，可以提供法律咨询。

与负责选址的公司副董事长一样，我们听到这个故事也大为吃惊。我们和他就那个项目的基本条件，尤其是新厂的运营成本进行了一次详谈。

选址决策中一个重要的因素是运输成本。事实上对于这个项目而言，所有的原材料首先被海运到巴塞罗那港，然后再用卡车运到马德里，运输距离长达 600 km，而公路状况糟糕、狭窄且蜿蜒曲折。当时这两个城市间还没有高速公路。此外，马德里地区仅能提供不到 5% 的市场，而另外 95% 只能运到巴塞罗那，继而再运往其他欧洲市场。

工厂已经建好并持续运营，但是巨大的亏损持续了数年之久。正当我们调查这个项目进展情况的时候，却发现这家工厂被以极低的价格出售给了我们的另外一个客户。此后不久，当初做出决策的董事长旋即退休，并没有谁为错误选址的决策受到责难。如果错误判断了成本因素，或者那些不可见的因素恰恰造成了负面的影响，选址的确可以破坏任何一种经营活动。

（摘自：[比]马塞尔·德·迈尔利尔. 选址!选址!选址!. 北京：机械工业出版社）

以上有关西班牙工厂选址的故事，充分说明，在选址中如果没有科学的选址体系，不注重分析关键性的选址要素，没有通过充分的调研收集详细的信息和资料，没有谨慎地进行选址决策的分析，仅凭主观感觉、一时兴起，选址遭遇失败也就不可避免了。其实，工厂选址如此，商业、企业的选址亦如此。因此，在连锁门店开始进行科学选址之前，我们一定要对选址决策过程进行系统分析，回答以下问题：（1）选址决策中涉及哪些人、财、物？（2）选址的关键性要素有哪些？如何确定各自的权重？（3）选址需要收集的数据有哪些？如何获得？（4）影响选址决策的无形要素有哪些？如何进行风险评估？（5）影响选址决策的立地条件有哪些？（6）如何通过预测备选店址未来1~5年的销售额和经济趋势来判断其投资回报？（7）选址决策中能获得哪些外界支持？（8）选址决策有哪些流程？可依赖的工具有哪些？（9）影响选址决策的竞争对手有哪些？（10）如何通过商圈分析，撰写选址报告？

一、科学选址的原则

为了提高门店选址的成功率，选址人员需要遵循一定的选址原则。

1. 和谐性原则

在门店选址时，应注意门店与周围环境的和谐相容性，是否具有可见性，是否具有易达性；与周围环境需协调一致，尤其是店招、广告位等，都应给人以美感和舒适感；所经营的业态，门店的形状、陈列、风格等，不能太过突兀。要特别注意与邻近业态和商店之间的和谐共生关系，即使相互之间存在竞争性，也需要考虑是否具有亲和力和互补性。如商品配置、陈列手法、运营重点、售后服务等是否可以形成自身特色，从而可以避免绝对的硬性竞争态势。

2. 便利性原则

便利性是中国消费者的核心需求，门店选址当然就需要迎合并满足消费者的这种需求，因此便利性是科学选址的最重要的原则之一。在考察备选店址时，需要对其交通便利性加以谨慎衡量。店址周围存在的各种公共交通方式，是否换乘方便，各种业态是否丰富且互补。尤其注意门店前是否具有台阶，是否有无障碍通道等。一般而言，门店前的台阶会阻碍顾客进店，需要引起足够重视。

3. 十字路口原则

十字路口原则来源于家乐福的科学选址。目前位列欧洲第一、世界第二的家乐福，其第一家店即开在巴黎南郊一个小镇的十字路口附近，成功的选址持续地为家乐福带来了丰厚的回报，因此，十字路口原则一直沿用至今。

4. 聚客点原则

商业活动频繁，说明人气很旺，人流量大，容易因人群的大量聚集而形成聚客点，潜在的客源相应增多，因此，聚客点是门店高营业额的保障。遵循聚客点原则就要求，首先确定聚客点的位置，然后尽可能在最具聚人气、最聚客之地或其附近选址开店。如政府机关、医院、学校、银行等，它们可以为门店带来大量的客流。

5. 客流规律原则

门店的客流，包括店址一侧实际客流和计算出来的理论客流，是重要的微观选址指标。在人流多的街道开门店，特别要注意门店的方位，密切注意人流动线，尤其要符合人潮方向及分流情况，注意避免人流被竞争对手截流。

6. 成行成市原则

"行"指的是行业，"市"就是指市场。精准的选址，一定要以顾客的需求为准，出于便利性的考虑，顾客对自己的时间以及购物距离的远近非常敏感，总想以最经济、最快捷的方式消费，同时也能满足货比三家的消费心理，因此，选址中应充分运用好成行成市原则。同类业态的门店聚集有助于提高相同目标消费群的关注，当消费者需要购买某商品时，就会自然而然想该类商品集中的商业区，这时消费者的购买目标最明确，这样既能为该区域的商家增加来客数，又能明显地拉升他们的销售。门店选址最忌避开竞争对手的单打独斗，虽然避开了同行竞争，同样也避开了消费者。因此，选址时要考虑选择同行集中之地，同行越集中，越容易聚集人流，消费者就会越多，越易达到提高销售额的目的。这种在某个区域聚集众多同类商家，从而形成行业市场，因被消费者知晓而为该区域带来较旺的人气，形成较频繁的商业活动，就是成行成市的效果。

7. 前瞻性原则

因受到很多因素的影响和制约，门店选址从来就不是一劳永逸的事，即使当下的店址满足优秀店址的各种条件，也不能排除未来不会遭遇一些风险，如政府规划、打围施工、架桥铺路等。因此，好的店址选址要具备一定的前瞻性。另外，前瞻性原则，还体现在对一个区域商业活动趋势的预测上，通过连锁企业提前介入选址，以极低的价格拿到具有后续发展潜力的旺铺。所以，门店选址首先要清晰明了所在城市的建设规划，兼顾短期规划和长期规划，要综合考虑区域内的街道、交通、市政、绿化、公共设施、住宅、写字楼、商业综合体、其他建设或改造项目等。业内有个建议，在开店之前，最好能事先调查该区域5~8年的街道变化情况。

8. 量力而行原则

人们常说，寸土寸金。好的店址通常都意味着高租金。同时，又因为有众多的竞争对手，对其高昂的租金又会起到推波助澜的作用。再加上随着时间的推移，租金往往只升不降，后续经营期中持续上扬的租金，会给连锁企业带来非常大的压力。然而，为了能拿到寸土寸金的黄金口岸，很多商家不惜重金也要拼死一搏。这种不顾自身实力，杀鸡取卵的方式是选址的大忌。所谓只有适合自己的才是最优的。因此，门店选址中一定要遵循量力而行的原则。其中，根据业态的不同，自身实际的不同，需要有一定的可控标准。有的商家参照市场平均租金来设定租金标准；有的则以自身的经营情况来设定租金标准，如不得高于总销售额的10%，不得高于 1~3 天的营收总额等。总而言之，牢牢把握好量力而行原则，设定店址租金的上限，将门店选址置于风险可控的范围之内。

二、科学选址的方法

1. 科学选址方法一：选对市场

一提到选址，首先浮现在人们头脑中的就是寸土寸金的黄金口岸。然而，我们有没有想过，口岸固然非常重要，但市场却更为重要。因此，门店选址时，首先要根据自身的品牌定位、目标客群定位，去寻找更好的市场。选址一定要根据自身的业态、经营情况、目标客群等进行明智分析，并非一定是选择最好的地段或口岸。在进行城市和区域评估时，选对市场显得尤为重要。除了考量备选店址的地理位置、居民情况、交通状况等硬性条件外，还需考虑诸如当地的风土人情、文化氛围、消费心理等软性条件。在具有一定购买力以及消费偏好的地方开店，是选址成功的基础。具体的方法是，可以根据自身的投资能力、运营能力以及具体的经营内容来选择地址。因为，经营不同商品种类的门店，对店址的要求也会有所不同。不一定所有的店铺都要开在人流量大的黄金口岸，有些业态，如保健用品和康复中心等就会选择在相对僻静的地方开设门店。

2. 科学选址方法二：选对口岸

在交易活跃、商业氛围浓厚的城市或区域开店，相对风险较小。根据成行成市原则，商贸城市、商业中心、核心商圈、行业一条街等特定位置，往往是选址成功的保障。因此，连锁企业在自身经济能力允许的情况下，应尽可能将店址选择在可以聚客的地段或口岸。大型的城市综合体，尤其是具有超大体量的大型购物中心，因其具有超大的集客能力，往往是连锁门店较为理想的选址考虑位置。

门店选址中地段或口岸，一般有三种类别：成熟的中央商务圈、成型的商圈、住宅小区。选择好口岸必须考虑人流量、车流量、交通状况、道路状况、商圈状况，也要考虑竞争店与互补店的情况，以及周围社区分布的文教、医疗、银行、写字楼、政府机构、休闲设施等情况，同时还要考虑社区内人口数量、消费习惯等。另外，商圈内的停车问题、租金情况、未来的发展规划等都应纳入选址的考虑范围。

3. 科学选址方法三：选对对手

门店选址需要有借光意识，也就是要运用业内常说的"紧跟策略"来进行选址。选对对手，即把门店近距离开在强势品牌店的周围或干脆开在旁边。凡是有麦当劳的地方往往就有肯德基，这就是紧跟策略的极致体现。其实，毋庸置疑，这些强势品牌店，在落址开业前就已经做过了大量细致的选址调查和分析，最后选定的店址一定具有极大的引力作用，其他连锁企业通过借光在他们周围开店，不仅可以省去许多考察备选店址的时间和精力，同时还可以借助他们的品牌效应，好好利用其产生的分享客流，在提升门店的来客数、拉升销售量方面具有明显的效果。因此，选址的大忌就是回避竞争，即避开繁华的成熟商圈去选择顾客少、交易量小的冷清偏僻的位置。

4. 科学选址方法四：选对工具

门店选址切忌跟着感觉走。那种拍脑袋式的选址方式是极具风险的。所以，科学选址的方法必定包含有运用正确的工具来进行选址决策的相关内容。随着科技的不断进步，如今选址人员已经逐步从传统的、耗费人力的选址方法中抽离出来。除了常见的利用选址表单进行各类选址数据收集外，还可以利用软件来进行人流量的计量和分析，利用各种电子地图来判断备选位置和周围的空间情况，尤其可以利用地理信息系统来收集分析与选址相关的空间数据（如备选店位置、交通路网等）和市场数据（人口、竞争对手等），进行商圈划分及商圈分析，形成商圈分析报告，通过在仿真的环境下预测门店开业后的营业额来确保连锁企业选址决策的准确性，有效降低连锁门店投资和经营的风险。后期还会随着 GIS 选址软件的不断升级，大大提升选址预测的精度。因此，作为选址人员掌握更有效的工具是十分必要和关键的。

总之，选址是一项科学的系统工程，需要考虑各种综合要素，以达到寻找最优店址的目的。本书将依照城市评估、商圈分析、立地评估由大到小的逻辑思路进行阐述，同时结合选址实际并提供常用选址表单，以达到学以致用的目的。另外，还在单独的项目中专门介绍 GIS 技术在门店选址中的应用，期望利用 GIS 计算机软件辅助选址，来大大降低门店选址的风险。

任务三　互联网时代连锁门店选址

【学习任务】

（1）了解实体店铺与线上店铺的区别。

（2）认清连锁门店的发展趋势。

（3）培养认清发展趋势的超前思维。

【技能任务】

互联网时代下门店选址的趋势分析。

【理论知识】

随着互联网时代的到来，我们的生活方式、连锁企业的经营模式都在发生不同程度的变革，那么，在互联网时代，门店的选址对门店经营来讲是否还起着至关重要的作用呢？有人说，随着互联网的发展，线上店铺将取代实体店铺；也有人说，线下店铺与线上店铺将并行发展，缺一不可。有专家提到：位置好的店铺，拦截对手客源的概率会大一点。即使线上展示得再好，很多消费者在购买商品前，还是习惯先到线下实体店看一看、摸一摸，体验一下，因此，在很多企业家看来，地段仍是客流的保障。

【小资料 1-2】

互联网时代，家居门店的选址还像以前那么重要吗？最近，靓家居进行了一个有趣的试验，他们选了三家店做比较，一家店位于综合购物中心，一家店位于家居专业卖场位置较好的地方，一家店位于家居卖场中最不起眼的位置，三家店位置不同，采集半年的营业数据进行统计分析，发现三家店的业绩竟然相差无几。

互联网时代，当很多商品展示功能可以在网上实现时，门店选址是否变得没那么重要了？

认同派：满足服务半径后，位置就没那么重要了。

从靓家居的情况看，门店的选址似乎不再像以往那么重要了。而他们的统计数据还显示，他们在广州的 20 家门店，有部分位置并不起眼，但他们的装潢套餐签单量平均每个月都在 1 000 单以上，一些在常规思路下位置不算好的门店，同样有很高的业绩贡献。

原因何在？靓家居总经理曾育周说："我们的很多客户是我们主动走出去找回来的，又或者是用服务赢回来的。我们以装潢套餐为核心，抓住互联网、门店、小区和工地几个纬度通过主题活动进行营销。我们店面的选址，只要能满足一定的服务半径，位置的好坏已变得比较次要了。"当然，门店的位置不同，消费者的构成也会不一样。该总经理又说道："我们在新城区附近家居卖场的店，客户准备装修的目的性很强；在购物中心是随意浏览型的潜在客户；而位于老城区的店很多是回头客，又或者是老客户介绍来的新客户。"

一家依靠互联网营销经营不错的家居企业也有类似的"辉煌战绩"，该公司在一家客流量行内公认较差、很少企业敢贸然进驻的家居卖场开店，但该店的业绩却能与市内其他分店保持差不多的水平。其相关负责人说："选这个卖场开店是因为那里租金比较便宜，500 米² 店铺的租金与其他路段一些 200 米² 的分店差不多。考虑到展示面积需求，我们在那个卖场选了一个位置不太好的位置开店，因为面积较大，店面的体验功能就可以做得更丰富。"

反对派：酒香也怕巷子深，谁说位置不重要？

门店选址真的不重要了吗？香江家居助理营销总监廖运兴并不认同："华人首富李嘉诚说地产的价值判断主要在于'地段'，对这一点我很认同，放在商业地产同样适用，香江家居每开一家店，对周边地段状况都有细致的技术评估与考虑。"

马会家居副总经理陈穗青也持相同观点。由于整体市场不景气，很多家居卖场的经营情况都比较艰难，但马会家居依然保持近 100% 的出租率，陈穗青认为，"地理位置确实是马会家居其中一个大优势，这一点，放在很多家居企业门店身上都适用。"

一家刚进入广州市场的家居企业，当时花了高额的转手费在正佳广场、马会家居等卖场的最好位置租下了几间铺开设门店。这家企业的负责人说："即使商家在互联网上将产品的展示做得尽善尽美，但家居产品是要用很多年的，很多人还是习惯去线下实体店看过、摸过、体验后才买，在去选购产品时若是经过产品性能跟自己初选产品差不多的店时，买家可能还没走到你这个设在'死角位'的店铺，就已经被对手中途拦截了。我们的店就因为位置好，曾拦截过不少竞争对手的客户。"

若是自己的产品非常有特点，是否就能无畏你旁边的竞争对手截客？在这位负责人看来，这是不太容易的事情，因为现在的家居产品具有唯一性的较少。即使在网站上，将地图画得再清晰，也很难解决被人截客的问题。这位负责人说："如果一间家居门店是直通地铁站，一出站就到，另一间门店下了地铁还要在烈日下等 15 分钟的公交车，下了公交车还要在毫无大树遮阴的新开市政路上步行 300 米，若是两间门店提供产品的各项对比参数相差不远，你会选择哪个？广州是一个什么都讲求效率和服务的大城市，若说上述第二家门店要做到和第一家门店一样的业绩，估计很难。"

陈穗青也举例说："就像很多人都知道小区内菜市场的品种少、价格高，而芳村综合批发市场里东西价格低、品种多，对于年轻人来说，可能有时间、有冲动偶尔会去芳村购买一两次，但平时又有几个人会经常去？"他觉得，地段与方便依然是未来经商的首要因素。"电商受消费者欢迎，就是因为方便，但是家居行业的特点决定了现在大多数情况下，消费者还是要体验后才能促成交易，如果到实体店体验一次变得如此复杂和周折，那就本末倒置了。"陈穗青认为，"当然，凡事皆有可能，但是，上述第二家店若是能够争取到和第一家店同样的业绩，必定是付出了很多不为人知的努力。"

数据派：颜值和租金，卖场选址要综合权衡。

"'死角位'没大碍的说法我不太认可。"东鹏广州公司市场部经理刘杰认为，"即使互联网的展示做得再漂亮，但和在实体店的真正体验还是有区别的，消费者对家居企业的第一印象还是建立在展厅形象上，无论是中国人还是外国人，都还是很讲究颜值和体面的，而门店的选址和消费习惯、客流密集程度息息相关，那就不能说位置不重要了。特别是以半成品销售的建材产品来说，离互联网的距离还是比较远的，实物展示还是比电子化展示有说服力，即使电子化展示在未来是一种趋势，但还有很长一段路要走，所以就现在来说，展厅形象和位置还是很重要的。"

当然，他也坦言，"出于成本的考虑，适当减少一些店面数量、保留核心卖场展厅的做法也是可取的，毕竟信息化时代可以让很多人知道很多信息，消费者不像以前那样一装修就到处找建材城，因此，现在挑选门店位置的时候可以更科学，可以根据大数据精简一些贡献不大的门店。"

在司米橱柜广州负责人刘朝晖眼中，互联网是一个集客平台，它可以解决部分客流问题，但门店位置的好坏也在很大程度上决定了客流量的大小、决定了浏览量和到店量的转化率。所以，"非此即彼肯定是一种悖论"。他认为，"若选择在专业的家居卖场设点，位置的好坏还是比较关键的。在广州定制家居行业，有的品牌为什么弃专业卖场而直奔租金可能更高的购物中心？除了购物中心有很多偶然性客流外，另外一个重要原因是他们在专业家居卖场中找不到自己心仪的位置，专业卖场门店位置的好坏，在营业额上还是有差异的。"

以小组为单位，请结合以上所学知识，选择一家具体O2O门店，通过对其线上门店的了解和线下门店的调查走访，进行有关互联网时代下门店选址的趋势分析，完成并提交一份小组报告。

【项目小结】

通过该项目的学习，需要我们了解门店选址的相关概念，掌握门店选址的科学依据，明确门店选址的重要性，尤其在互联网背景下门店选址的地位和作用，并能根据某一业态门店对其在门店选址七大要素方面进行初步研究和评估。

【思考题】

（1）门店选址顾问应该具有哪些特质？

（2）门店选址的科学依据有哪些？

（3）以某一具体零售企业为例，说明互联网背景下连锁门店选址的地位和作用。

【案例分析】

案例一 一个"空降兵"——家乐福选址实例分析

"每次家乐福进入一个新的地方，都只派1个人来开拓市场。家乐福到中国台湾地区只派了1个人，到中国内地也只派了1个人。"当时家乐福的企划行销部总监罗定中用这句令记者吃惊不已的话做他的开场白。

罗定中解释说，"这1个人就是这个地区的总经理，他所做的第一件事就是招一位本地人做他的助理。然后，这位空投到市场上的光杆总经理，和他唯一的员工做的第一件事，就是开始市场调查。他们会仔细地去调查当地其他商店里有哪些本地的商品出售，哪些产品的流通量大，然后再去与各类供应商谈判，决定哪些商品会在将来的家乐福店里出现。一个庞大无比的采购链，完完全全从零开始搭建。"

这种进入市场的方式粗看难以理解，但却是家乐福在世界各地开店的标准操作方法。这样做背后的逻辑是，一个国家的生活形态与另一个国家的生活形态差异很大。如在法国超市到处可见的奶酪，在中国很难找到供应商；在中国，台湾十分热销的槟榔，可能在上海一个都卖不掉。所以，国外家乐福成熟有效的供应链，对于以食品为主的本地家乐福来说其实意义不大。最简单有效的方法，就是了解当地的情况，从当地组织采购本地人熟悉的产品。

1995年进入中国市场后，短时间内家乐福便在相距甚远的北京、上海和深圳三地开出了大卖场，就是因为他们各自独立地发展出自己的供应商网络。根据家乐福的统计显示，从中国本地购买的商品占了商场里所有商品的95%以上，仅2000年采购金额就达15亿美元。除了已有的上海、广东、浙江、福建及胶东半岛等各地的采购网络外，家乐福还分别在中国的北京、天津、大连、青岛、武汉、宁波、厦门、广州及深圳开设区域化采购网络。

十字路口的商圈这个"空降兵"的落点注定是十字路口，因为Carrefour的法文意思就是十字路口，而家乐福的选址也不折不扣地体现了这一个标准——所有的店都开在了路口，巨大的招牌500米开外都可以看得一清二楚。而一个投资几千万的店，其店址的选择需精密和复杂的计算。

根据经典的零售学理论，一个大卖场的选址需要经过以下几方面的详细测算：

第一，就是商圈内的人口消费能力。中国目前并没有现有的资料（如GIS，即在线地理信息）可以利用，所以店家不得不借助市场调研公司的力量来收集这方面的数据。有一种做法是以某个原点出发，测算5分钟的步行距离会到什么地方，然后是10分钟步行会到什么地方，最后是15分钟会到什么地方。根据中国的本地特色，还需要测算以自行车出发的小片、中片和大片半径，最后是以车行速度来测算小片、中片和大片各覆盖了什么区域。如果有自然的分隔线，如一条地铁线，或是另一个街区有一个竞争对手，商圈的覆盖就需要依据这种边界进行调整。然后，需要对这些区域进行进一步细化，计算这片区域内各个居住小区的详尽的人口规模，并进行特征调查，计算不同区域内人口的数量和密度、年龄分布、文化水平、职业分布、人均可支配收入等指标。家乐福的做法还会更细致一些，如根据这些小区的远近程度和居民可支配收入，再划定重要销售区域和普通销售区域。

第二，就是需要研究这片区域内的城市交通和周边商圈的竞争情况。如果一个未来的店址周围有许多公交车，或是道路宽敞、交通方便，那么销售辐射的半径就可以放大。例如，家乐福上海古北店周围的公交线路不多，家乐福就干脆自己租用公交车定点在一些固定的小区间穿行，方便这些离得较远的小区居民上门一次性购齐一周的生活用品。

当然未来潜在销售区域会受到很多竞争对手的挤压，所以家乐福也会将未来所有的竞争对手考虑进去。在传统的商圈分析中，需要计算所有竞争对手的销售情况、产品线组成和单位面积销售额等情况，然后将这些估计的数字从总的区域潜力中减去，未来的销售潜力就产生了。但是这样做并没有考虑到不同对手的竞争实力，所以有些商店在开业前索性把其他商店的短板摸透彻，以打分的方法发现他们的不足之处，比如，环境是否清洁、哪类产品的价格比较高、生鲜产品的新鲜程度如何等，然后依据这种精确的调研结果进行具有杀伤力的"打击"。

当然一个商圈的调查并不会随着一个门店的开张大吉而结束。家乐福自己的一份资料指出，顾客中有 60% 的顾客在 34 岁以下，70% 是女性，有 28% 的人走路，45% 的人利用公共汽车。所以很明显，大卖场可以依据这些目标顾客的信息来微调自己的商品线。家乐福在上海的每家店都有细微的不同。在虹桥门店，因为周围的高收入群体和外国侨民比较多，其中外国侨民占到了家乐福消费群体的 40%，所以虹桥店里的外国商品特别多，如各类葡萄酒、泥肠、奶酪和橄榄油等，而这都是家乐福为了这些特殊的消费群体特意从国外进口的。南方商场的家乐福因为周围的居住小区比较分散，所以开了一个迷你 Shopping Mall，在商场里开了一家电影院和麦当劳，增加自己吸引较远处人群的力度。青岛的家乐福做得更到位，因为有 15% 的顾客是韩国人，干脆就做了许多韩文招牌。

高流转率与大采购超市零售业的一个误区是，总以为大批量采购压低成本是大卖场与其他小超市竞争的法宝，但是这其实只是"果"而非"因"。商品的高流通性才是大卖场真正的法宝。相对而言，大卖场的净利率非常低，一般来说只有 2%~4%，但是大卖场获利不是靠毛利高而是靠周转快。大批量采购只是所有商场商品高速流转的集中体现而已。而体现高流转率的具体支撑手段，就是实行品类管理（Category Management），优化商品结构。根据沃尔玛与宝洁的一次合作，品类管理的效果是销售额上升 32.5%、库存下降 46%、周转速度提高 11%。

家乐福也有同样的管理哲学。据罗定中介绍，家乐福选择商品的第一项要求就是要有高流转性。比如，如果一个商品上了货架销售不好，家乐福就会把它 30 cm 的货架展示缩小到 20 cm。如果销售数字还是上不去，陈列空间再缩小 10 cm。如果没有任何起色，那么宝贵的货架就会让出来给其他商品。家乐福这些方面的管理工作全部由计算机来完成，由 POS 机实时收集上来的数据进行统一汇总和分析，对每一个产品的实际销售情况、单位销售量和毛利率进行严密监控。这样使得家乐福的商品结构得到充分优化，完全面向顾客的需求，减少了资金的搁置和占用。

涉及具体营运的管理，罗定中特意用"Retail is detail"这句简洁无比的英语来解释。以生鲜食品为例，流运的每一个过程点都要加一个控制点，从农田里采摘上来，放在车上，放在冷库里，放到商场货架上，全都要加以整理剔除和品质控制。然后生鲜食品放在货架上被第一批顾客采购了以后，还要进一步整理。所有的这一切，都需要对一些细节进行特别关注。家乐福在这方面开发出一套非常复杂的程序和规则。例如，食品进油锅的时候油温是多少度，切开后肉类保鲜的温度是多少度，多长时间必须要进行一次货架清理，商品的标签和商品新鲜度的管理全都有详细的规定，用制度确保自己"新鲜和质量"的卖点不会变形。为了使制度能够被不折不扣地执行，员工的培训也完全是从顾客的角度出发，让他们把自己当成消费者来进行采购，结果当他们看到乱成一团的蔬菜时，自己也不愿意购买，从而加深员工对管理制度的理解。

这个从一个空降兵开始出发的事业，现在已经变成了 15 个城市的 27 个商场，将家乐福的旗帜插在中国各个消费中心城市的制高点。沃尔玛经典的"以速度抢占市场"哲学（SPEED TO MARKET），被家乐福抢了先机。

（摘自：http://www.linkshop.com.cn/club/archives/2013/518924.shtml）

思考：门店选址是孤立的行为吗？该案例给你什么样的启发？

案例二　花大价钱调查、费大力气评估

业内曾经流传这样一种说法，"选铺跟着麦当劳，人流客流肯定好！"似乎无论麦当劳和肯德基把店开在哪里，哪里就是黄金市口的象征。我们可以看到麦当劳开业的店铺或者在闻名中外的金街，或者在不是热点、不温不火的五环路以外，其门庭若市的状况让人佩服其选址的精明，让业内外人士交口称绝。

为了探个究竟，笔者采访了业内的商业选址专家，间接探讨了麦当劳选址的几大要素，给投资者以参考。

一、开店迅速，眼光独到

全球快餐连锁巨头麦当劳公司表示，计划 2008 年在中国增开 125 家分店，以进一步拓展亚洲快餐市场。麦当劳公司中国区首席执行官杰夫·施瓦茨在接受媒体采访时说："除 2008 年新开 125 家分店外，麦当劳还计划 2009 年和 2010 年在中国分别增开 150 家和 175 家分店。"

这么快的开店频率，一定有自己的开店诀窍。北京汇博行房地产经纪有限公司董事、总经理潘好龙说："在连锁快餐店的选址要素中，城市的规划是最重要的，麦当劳也不例外。"将城市未来的发展趋势纳入选址的重要原则，这必然是麦当劳成功的重要因素。

一位专业人士告诉笔者麦当劳布点的最大原则，就是 20 年租期不变。所以对每个点的开与否，都要通过 3 个月到 6 个月的考察，再做决策评估。考察重点是看其是否与城市规划发展相符合，是否会出现市政动迁和周围人口动迁，是否会进入城市规划中的红线范围。进入红线的，坚决不碰；老化的商圈，坚决不设点。有发展前途的商街和商圈、新辟的学院区和住宅区是其布点考虑的地区。

其次，对不同商圈中的物业进行评估，包括人流测试、顾客能力对比、可见度和方便性的考量等，以得到最佳的位置和合理选择。在了解市场价格、面积划分、工程物业配套条件及权属性质等方面的基础上进行营业额预估和财务分析，最终确定该位置是否有能力开设一家麦当劳餐厅。麦当劳在选址中前进的每一步，都是以缜密调查为基础的。

二、新城、郊区——适合的新阵地

麦当劳在我国的发展步伐无疑是飞速的，有人说，这是麦当劳的本土化策略带来的结果。但本土化只是其成功的一个方面，麦当劳最成功的地方在于选址，它只选择在适合汉堡包生存的地方开店，所以它的每个店都非常成功。

但他们一般不会花巨资去开发新的市场，而是去寻找适合自己的市场；不会认为哪里都有其发展的空间，而是选择尽可能实现完全拷贝母店的店址。用一个形象的比喻来说，他们不会给每个人量体裁衣，他们需要做的只是寻找能够穿上他们衣服的人。

在北京的新城规划中，麦当劳也调整了自己的开店位置，大量地选择了把店开在远郊、新城等新开发的地点。在先期发展的顺义、通州、亦庄 3 个新城中，已经开发建成销售了大批的商业住宅，麦当劳就是看到了未来的发展前景和潜在的消费人群。一项商业调查显示，人们的日常消费行为中有 65% 是在居住地完成的。业内人士认为，顺义、通州、亦庄 3 个新城是因为距离城区比较近，住宅发展得比较快而吸引了麦当劳的进入。

三、麦当劳选址的两大原则

连锁企业发展的标志就是规模扩张，而实现这一目标的第一步就是通过选择合适的店址，使分店更加标准化，使总部经营管理更加简单化。麦当劳连锁经营发展成功的 3 个首选条件

是"选址、选址、选址",他们就是要选择目标市场以加快连锁经营的步伐。

两大原则：规划、数据等样样到位。

首先就是市场调查和资料信息的收集，包括人口、经济水平、消费能力、发展规模和潜力、收入水平、前期研究商圈的等级和发展机会及成长空间。

仔细观察麦当劳快餐厅在北京的扩张会发现，麦当劳快餐厅几乎都是建在大型商业设施旁边。"将绝大多数店铺建在大型商业设施旁边，表现出来的必然性，便是麦当劳选址营销策略的规律特征。"一位专业人士分析认为。

以大型商业设施为依托比较容易获得客源。因为人们选择快餐往往是顺便而就，而不会单独计划去某处快餐厅就餐。麦当劳的经营者深谙经营之道，熟知顾客的这一心理，把店址选在大型商业设施旁边，在弥补大型商业设施餐饮功能不足的同时，与其共同形成了对顾客更强的吸引力，不仅增加了大型商业设施的顾客流量，给大型商业设施带来了销售效益；也使顾客比以往更愿意到有快餐厅的大型商业设施去购物，因为人们会感到更方便。与此同时，这也相对简化了选址的工作程序和工作量。麦当劳快餐厅定位于大型商业设施旁边，可以省去许多环节，只需详细分析大型商业设施的客流量和构成以及大商店的经济效益即可。(摘自北京青年报)

【技能任务】

以小组为单位，完成一份本地麦当劳、肯德基、德克士等快餐店的选址实证分析报告。

具体要求：

① 结合本项目中学习的选址七大要素进行分析。

② 请结合具体数据加以分析。

③ 分析其选址成功与否的因素，并对不成功的选址提出小组建议。

项目二　连锁企业布局及商业网点扩张

【项目内容】

（1）掌握连锁企业布局概念及其原则。

（2）掌握连锁企业扩张战略。

（3）掌握连锁企业修枝战略的主要内容和适用情况。

【项目意义】

（1）能根据连锁企业资源状况规划企业网点扩张战略。

（2）能够根据资料判断某连锁企业扩张中存在的问题。

【重点与难点】

（1）连锁企业布局原则。

（2）连锁企业扩张战略。

（3）连锁企业修枝战略。

【项目成果】

连锁企业网点分布情况调查报告。

【引导案例】

百思买集团

2011 年 2 月 22 日，百思买宣布关闭在中国内地的 9 家门店以及在上海的中国零售总部。从踌躇满志、顾盼自雄，到偃旗息鼓、轰然休克，百思买中国高层将关店的原因归结于其销售模式不能适应中国市场。百思买中国区总裁宋大卫感叹："我从未在价格如此敏感的市场上工作过。"百思买对北美成功经验有着强烈的自信与固执，但最终难逃水土不服的命运。百思买在扩张网点时并未充分考虑中国的实际情况，并且对其在北美的销售模式过于自信。百思买失败的实质是掉入了本土化的陷阱。

一、百思买集团简介

（一）公司介绍

百思买是全球最大的家用电器和电子产品零售、分销及服务集团之一，包括零售、音乐之苑集团、未来商场公司、热线娱乐公司、五星电器等。百思买在北美同行业中处于领先地位，着眼于企业展望、使命和价值观。百思买名列全美《财富》200 强企业第 66 位，全球 500 强企业第 142 位。百思买的发展宗旨是以物美价廉、易于使用的高科技娱乐产品提高生活品质。百思买坚信遵循企业展望，执行企业使命"帮助顾客将科技与生活完美结合"。

（二）百思买的销售模式

百思买的销售模式是开放式柜台，设立概念店，建立互动数码娱乐体验中心，同时废除销售人员工资与销售额挂钩的待遇体系，让销售人员无销售压力，以便更好地服务顾客，用这种体验式服务来吸引消费者。

以百思买乃至许多强调服务优势回避价格问题的厂家或者商家来看，服务是有价值的，也是能带动销售的。这种观点没有错，但他们忘记了中国的实际情况，中国是一个发展中国家，即便如上海这种生活水平较高的地区，再怎么认可服务有价值，以精打细算著称的中国老百姓都不会这么大方。

在中国想要依靠体验式服务来吸引消费者几乎是不可能完成的任务，不管是否收费——如果免费提供体验式服务，那就无法阻拦消费者体验后转身去价格低的地方购买。如果收费提供体验式服务，且不论是否可行，只要收费，以国内的消费习惯来说，就必然不会前来购买。所以，中国国情注定了"体验式服务"销售模式的不可行。所以百思买最终只能败走中国，但这并不是说体验式服务这种销售模式不好，而是它太超前，超越了中国消费者的承受能力。

二、百思买网点扩张战略

（一）百思买区域扩张战略

区域扩张战略就是网点空间布局战略。百思买采用的是圈地模式，仅在上海就开设了6家门店。将可能开设的门店数量尽量开完，再寻找另外的开店区域，以便充分挖掘该区域的市场潜力，发挥资源整合优势，减少后勤服务成本，增加宣传效果，达到获取规模效益的目的。

（二）百思买网点扩张路径

1. 自建

百思买通过自身力量逐步拓展市场，采取开设直营连锁店的形式。新的连锁店按照企业统一的模式运营。但是，百思买采取直营连锁店的形式前期需要投入大量资金。另外，采取连锁店的形式会使得发展相对缓慢。百思买总部需要对新区域市场有一个了解、认识、把握的过程，当地消费者也需要时间了解、接受新的进入者。

2. 并购

百思买集团选择以注资方式进入中国，以获得51%控股权的形式向五星电器注资1.8亿美元，并最终以3.6亿美元获得75%的股份。这其实也就意味着百思买将按照"中国模式"来经营中国市场。根据最新发展规划，2011年五星电器计划开设40~50家新店，这会使百思买控股的五星电器门店在2012年达到210家左右。自五星电器被收购后，百思买便采取"双品牌"战略。这样更容易使百思买进入中国市场，并且可以利用五星电器原有的人力资源，减少投资成本，加快扩张速度。

（三）百思买的SB（Scrap and Build）战略

SB即剪裁与重建。百思买在中国经营不善产生危机时，管理层果断决定退出中国市场。对于连锁企业来说，规模上不去，只能提高单店盈利来摊薄成本。遗憾的是，百思买两者都没做到。家电行业观察人士刘步尘分析，百思买"买断经营"和自聘销售员的零售业态，使得他们的开店成本居高不下。

目前，国内的家电零售连锁店存在两种模式：一是以国美、苏宁为代表，以向厂商收取卖场租金为主，其余的店面装修、具体销售等事宜均由厂商自行解决；二是以百思买为代表，其类似经销商的角色，自己负责采购销售，以赚取商品差价为主。但与前者相比，百思买的模式需要大量的资金投入，并且也不受国内家电厂商的欢迎。

三、百思买选址分析

百思买在中国的败走归结于其扩张战略的失误。虽然其刚进军中国时将店铺地址选在上海这个人均收入较高的地区，但其忽略了中国的国情。百思买中国内地首家门店选址在徐家汇江山大厦，投资 4 亿元购入 4 层店铺，共 8 000 米²。距此 100～200 米的地方，曾是国美电器宝良店所在地，2004 年 9 月国美因经营不善而退出；而在江山大厦斜对面，第六百货、汇金广场都曾销售家电，最后因生意不好都相继转型退出。百思买以经营数码通信类产品见长，但江山大厦已被宏图三胞、太平洋数码广场、百脑汇、美罗城包围，竞争压力可想而知。

百思买关店之后，当被询问在中国市场获得哪些经验教训时，百思买高层回答："价格、价格、价格!"他们将自己的失败归结于中国消费者"要价格不要服务"，某种程度是在推卸责任，说明百思买至今没明白自己输在哪里。中国并不是没有消费能力，而是百思买在进军中国市场时没有充分了解行情，及时改变自身的销售模式。百思买在网点扩张的路径上采取直营连锁和并购的方式并无不妥，但是在选址上存在明显的失误。外资零售业的主要优势还是管理模式，在经营模式上，则应更多参考本地的实际情况，放手让本地人经营。很多在华失败的外资零售企业，恰恰在管理模式和业务经营模式的"收与放"上搞颠倒了。

（摘自：连锁企业网点扩张战略与选址浅析 http://sichuan.3158.cn/info/20150529/n30760100466948.html）

案例思考：

（1）案例中提到百思买的扩张战略是什么？

（2）百思买的扩张路径有哪些？

（3）百思买国内首家店选址的失误有哪些？

任务一　连锁企业布局

【学习任务】

（1）掌握布局的概念及原则。

（2）了解连锁企业建设的七大系统。

（3）养成一定的系统论观念。

【技能任务】

能结合具体的连锁企业，对其网点设计进行分析。

【理论知识】

一、连锁企业布局概述

连锁企业布局及选址制约着整个企业的发展，布局即对事物的全面规划和安排。在经济学上，布局就是对公司的全面发展有一个合理的、长远的规划。从理论上讲，布局就是资源在空间上的优化配置。一个企业要想布好局需要分成以下几个方面：第一，要想布局，首先要观局，只有跳出企业才能把企业看得更清楚；第二，观局的目的是使局，最后才是布局。一般而言，连锁企业建设存在以下七大系统：

第一系统是业务系统。业务系统的功能就是产生连锁企业得以生存和发展的现金流，它是企业最基础、最核心的部分。第二系统是决策系统。企业经营陷入困局时，往往不是因为执行当中出现了问题，而是重大的决策失误造成的，所以建立决策系统是至关重要的。第三系统是信息系统。在决策系统基本建立之后，信息系统（或者叫情报系统）就显得非常重要了，作为决策依据的信息，应当是可靠的。第四系统是研究系统。有了决策系统和信息系统，企业中很多问题需要做更深入的研究之后才能做决定，要对客户负责，要对股东负责，要对员工负责，不能随着自己的意愿决策，这时要集合大家的智慧，这就需要研究系统的建设。第五系统是组织系统。第六系统是团队系统。第七系统是文化系统。系统的建立就是布局。这七大系统不是递进的关系，其在不同时期的具体地位是不一样的，在不同时期重点建立的系统是不一样的。

【小资料 2-1】

连锁企业发展

中国连锁经营协会"2014 年度行业发展状况调查"显示，2014 年连锁百强销售规模 2.1 万亿元，同比增长 5.1%。门店总数达到 10.7 万家，同比增长 4.2%。百强企业销售额占社会消费品零售总额的 8.0%。

一、销售、门店增幅双现新低，就业人数首次负增长

2010 年以来，连锁百强销售增幅持续回落，2010—2014 年销售增长分别为 21%、12%、10.8%、9.9% 和 5.1%。2014 年成为百强统计以来销售增幅最低的一年。2014 年，百强企业门店数增长 4.2%，其中 23 家企业关店数超过新开店数，7 家企业店铺数与上年持平。2014 年，百强企业正式用工人数比上一年下降 0.3%，减少用工的企业数已超过增加用工的企业数。

二、超市、便利店好于百货，内资、外资各具特色

2014 年，47 家以百货为主营业态的企业销售增长 2.7%，销售在各业态中最低。以经营超市为主的快速消费品百强企业销售增长 6.5%，门店数增长 5.0%，分别高于百强平均增幅 1.4 和 0.8 个百分点。便利店销售增幅较大，全国排名前 55 家的便利店门店数增长 7.8%。从有可比数据的便利店企业来看，企业销售额增长 17.7%，高于百强销售增长 12.6 个百分点，销售增幅在各业态中最高。百强企业中，外资企业销售额增长 4.7%，门店数增长 13.9%（主要是快餐、便利店、专业店门店数增长）；内资企业销售额增长 5.2%，门店数增长 2.9%。外资百货销售同比下降 3.8%，门店数量同比下降 1.0%；内资百货销售额增长 3.0%，门店数增长 10.2%。快速消费品连锁百强企业中，外资企业销售增长 4.2%，门店数增长 16.8%；内资企业销售增长 7.5%，门店数增长 4.4%。

三、百强企业业绩分化，成本压力依然很大

2014 年，有 30 家百强企业的销售和 23 家企业的门店数出现负增长。但同时，百强企业中还有 31 家企业的销售增幅和 26 家企业的门店数增长达到两位数。企业通过调整发展策略，优化管理，加大创新力度，依然可以实现较好的经营业绩。2014 年，百强企业平均毛利率为 16.4%，略高于去年 0.2 个百分点；净利率平均为 2.08%，低于去年 0.03 个百分点。2014 年，百强企业房租支出增长 10.0%，人工成本增长 9.2%，分别比 2013 年的 11% 和 18% 下降 1.0 和 8.8 个百分点。虽然房租和人工成本增幅出现不同程度的下降，但其上涨对企业的经营压力依然很大。

国务院关于工商用电同价和下调电价的政策，对企业降低用电成本是一个利好。同时，随着开店量下降，商业地产供需关系的变化也有望带动房租进一步下行。作为吸纳就业大户，国家出台的相关鼓励就业的政策也会影响连锁业的发展。

四、线上线下加速融合，移动销售快速增长

2014 年，百强企业开展网络营销和多渠道建设的步伐进一步加快。在开展网络零售的 75 家百强企业中，超过半数的企业采用自建平台，而采用自建平台和入驻第三方平台相结合方式的企业与仅在第三方平台建店的企业数量基本相当。

开展网络零售的百强企业线上销售增幅较大，同比增长近 5 倍，但占企业销售的比例依然很低。从有数据的百强企业来看，31.4%的企业网络销售不足 1 千万元，31.4%的企业在 1 千万到 5 千万元之间，23.5%的企业在 5 千万到 3 亿元之间，3 亿元以上的企业占 13.7%。移动端在 2014 年受到广泛的重视和应用。移动销售占网上销售的比例迅速上升。在提供数据的百强企业中，移动端销售占比达到 30%以上的企业占 17%，介于 10%～30%的占 50%，低于 10%的占 33%。为落实多渠道战略，一些企业还开通了门店自提业务，并在门店提供免费 WIFI 服务。

2014 年是连锁业转型的一年，企业经受了多方面的挑战。连锁企业普遍认识到，必须以提升顾客价值、改善消费者体验为出发点，通过多渠道的融合，以商品管理、供应链管理及渠道无缝对接为重点，真正实现从规模向效率转变，从外延向内涵转变。

（摘自：中国连锁经营协会/协会动态 http://www.ccfa.org.cn/portal/cn/view.jsp?lt=1&id=419213）

二、连锁企业布局概念及原则

1. 连锁企业布局概念

在连锁企业选址技术中提到的连锁企业布局主要指连锁企业网点门店的布局。一般来讲，连锁企业布局是以物流系统和社会经济效益为目标，用系统的理论和系统工程方法，综合考虑物资的供需状况、运输条件、自然环境等因素，对网点或门店的位置、数量、规模、供货范围、直达供货和中转供货的比例等进行研究和设计，建立一个有效的网络系统，达到费用低、服务好、效益高的目的。网点布局的内容具体包括①区域内网点数目的设计；②区域内网点位置的设计；③区域内网点规模的设计；④区域内各网点的供货范围的设计；⑤区域内各网点的进货渠道和进货方式（中转直达）的设计。

（1）区域内网点数目的设计。

连锁企业网点门店在同一区域内的数量主要依据企业发展战略来确定，同一区域大规模开设门店可以起到市场宣传的作用，同时可以将较好的地段全部占领，不给竞争对手机会。但是，同一区域开设门店过多又会形成企业内部的恶性竞争，损害企业整体利益。

（2）区域内网点位置的设计。

连锁企业除了考虑同一区域内的网点数量外，还需要考虑网点位置的选择问题。这一问题也是本书的重点，网点位置的选择需要考虑商圈的大小、商圈构成等因素。网点位置会选择人流量较大、目标客户群聚集的商业点；同时需要考虑人流量较大的商业点一般租金费用较高，并不适合规模较小的连锁企业设立网点。

（3）区域内网点规模的设计。

连锁企业需要考虑在重点商业街区设立旗舰店或样板店，旗舰店一般是某商家或某品牌在某地区繁华地段、规模最大、同类产品最全、装修最豪华的商店，通常只经营一类比较成系列的产品或某一品牌的产品，比较常见的有化妆品品牌旗舰店、服装品牌旗舰店、眼镜旗舰店、家具品牌旗舰店等，最近经营 IT 通信产品的旗舰店也有所增多。

旗舰店主要有 3 种建店模式：一是代理商建店，一般由产品的地区代理建立，如众多的服装品牌旗舰店；二是生产商直接建店，一般是总部授权，各地分公司承建，如某些 IT 通信产品旗舰店；三是集成商建店，一般是同类产品集成商自己建店，如眼镜行业的旗舰店。前两种模式往往会遇到代理商与生产商的博弈，因众多产品生产商的销售渠道呈现多元化，在同一地域范围很可能存在多个同品牌背景下的经济竞争实体，如代理商和分公司各自有不同的销售渠道，但都在同一地区销售，这势必将旗舰店置于两者博弈的焦点之上，即谁建旗舰店谁占先机，但同时旗舰店也给自己带来一定压力，如价格上灵活性下降、经营成本增加等。

（4）区域内各网点的供货范围的设计。

连锁企业门店区域内布局中需要考虑的一个核心问题就是商品流通运输的问题，在门店布局设计的时候连锁企业要充分考虑各门店之间的距离以及门店与配送中心的距离。这里涉及网点门店与客户需求区域之间的关系，一家门店应该辐射多大的客户区域是连锁企业网点布局中首先考虑的要素，其次需要考虑网点的有效辐射范围要覆盖整个区域的核心客户群。

（5）区域内各网点的进货渠道和进货方式的设计。

这主要解决连锁企业各个网点的进货渠道和进货方式，一般大型商品连锁企业可以由区域配送中心将货物直接配送到客户家中，零售商品连锁企业可以选择商品配送到店的方式。企业选择配送中心送货的方式时，就需要考虑配送中心的覆盖范围问题以及配送中心和门店之间的沟通联系问题。选择配送到店的方式时，需要设计好配送时间和库存管理方案，以免造成缺货、断货的现象。

2. 连锁企业布局原则

网点布局主要受市场、战略、成本和微观区位等因素的影响。一般来讲，网点布局应以物流费用低、客户服务效果好、辐射强以及社会效益高为目标，这是网点布局决策的中心问题。

（1）供需平衡原则。

供给和需求是经济学中最基本的经济概念，供需平衡保障市场的稳定。在企业城市网点布局中也应该遵循这一原则。所谓"需求"就是某一范围内市场的总量；"供给"就是企业提供给客户的服务能力的总和。供需平衡是一个理想的状态，也是一个长期的动态目标，但是在一个相对较短的时期内，市场需求能力是相对稳定的，因此企业只有通过新增、拆分、合并或撤销等方式，调整网点数量和单个网点的服务范围，不断使供需达到短期平衡。

（2）战略一致原则。

企业战略是企业以未来为基点，在分析外部环境和内部条件的现状及其变化趋势的基础上，为寻求和维持持久竞争优势而做出的有关全局的重大筹划和谋略。网点布局很大程度上受企业战略的影响。当企业选择进攻型战略时，就会大量扩张网点，以缩短与客户的距离，进而提高运营的速度和质量；当企业选择防御型战略时，一般会保持既有的网点规模；而当企业选择紧缩型战略时，就会有针对性地撤销或合并某些布局不合理、运营效益差、竞争能力低的网点，减少网点数量。

（3）效益最大化原则。

效益最大化是所有企业追求的目标。效益受两个因素影响：一是收入，二是成本。因此企业网点要实现效益最大化，就必须保证收入最高的同时成本最低。租金成本是成本结构中的主要部分，这也是企业城市网点布局决策中的可变部分。为实现成本最低，相对低廉的地租是一个重要的区位选择因素。网点选择的关键就是在不同圈层之间和同一圈层内部之间找到平衡，而平衡的最主要的方法就是通过地级差来实现。

（4）微观区域最优原则。

企业布局的过程是企业和空间相互作用的过程，微观区位选择总要受地域条件的影响。对于企业网点布局而言，除了要考虑战略和经济因素外，还要考虑微观区位等因素，具体包括交通通达性、店面设施的完备性、基础设施状况、交通线路是否通畅、车辆进出是否便利、停车是否方便以及网点与客户的距离等。

三、连锁企业布局案例 —— 7-11 便利店布局

7-11 便利店（商标中的标记方式为 7-ELEVEN）品牌原属美国南方公司，2005 年成为日本公司。Seven&I Holdings 公司是 Seven-Eleven Japan 公司、Ito Yokado 公司、Denny's Japan 公司在 2005 年 9 月合并成立的新公司。7-11 便利店 1927 年在美国得克萨斯州创立，7-ELEVEN 的名称则源于 1946 年，借以标榜该商店营业时间由上午 7 时至晚上 11 时，后由日本零售业经营者伊藤洋华堂于 1974 年引入日本，从 1975 年开始变更为 24 小时全天候营业。发展至今，7-11 便利店遍布中国、美国、日本、新加坡、马来西亚、菲律宾、泰国等国家和地区。

1. 开店前布局 —— 先发制人

为了创造一种良好的消费感受，"俘获"消费者的大脑和双脚，7-11 的布局在开店前就开始了。

出于"便捷"的考虑，7-11 只选择在消费者日常生活行动范围内开设店铺，如距离生活区较近的地方、上班或上学的途中、停车场、办公室或学校附近等，一般步行 5～10 分钟便可到达。

7-11 在找点时也很重视周围的环境，因为"好邻居"可以相互造势，而书店、服饰店、办公大楼、展览会场、机场、饭店以及大学都是"好邻居"的典型 —— 中国台湾 7-11 的定位，正是"你的好邻居"。

另外，为充分了解当地的消费心理和习惯，7-11 还规定，7-11 在开店前都要进行消费者实态调查，对象为 16～60 岁的男女，有效样本 1 000 名。调查的目的是了解一般民众到便利商店消费的情形，了解 7-11 的形象及其市场定位，同时比较 7-11 在同质及异质方面的优劣势。这样的调查，为 7-11 日后采取有针对性的营销策略和手段提供了有效依据。

2. 店面布局 —— 感官刺激

店面布局是最直观、最能展现 7-11 形象的一面。第一印象非常重要，有时只因为小处的失误，而失去了即将上门的顾客。而且 7-11 知道，顾客的眼光与感受远比店主想象的要敏锐得多，所以应该注意店内每一个地方。

到过 7-11 的人都有这样一种体会，店内地方虽小，却不显拥挤、杂乱，在里面购物感觉

非常轻松和舒适。这一切，归功于 7-11 对有限空间的精雕细琢。

① 行人对店内一目了然。

7-11 便利店出入口的设计一般在店铺门面的左侧，宽度为 3~6 米，根据行人一般靠右走的潜意识的习惯，入店和出店的人不会在出入口处产生堵塞。同时出入口的设计要保证店外行人的视线不受任何阻碍而能够直接看到店内。

② 纯白色让空间显得更大。

7-11 的装潢效果最有效地突出了商品的特色。使用最多的是反光性、衬托性强的纯白色，纯白色给人的感觉就是整洁、干净，会给人造成较大空间的视觉偏差。

③ 顾客有足够空间排队。

7-11 的收银台设在出入口处，由收银台在出入口处分隔成出入口通道。收银台和最近的货架之间的距离至少应该有 4 米，以保证有足够的空间让等候的顾客排队。

④ 通道设置洞悉人心。

7-11 店内通道直而长，并利用商品的陈列，使顾客不易产生疲劳厌烦感，以延长顾客在店内的逗留时间。

⑤ 方便消费者找到自己想要的商品。

现代年轻人一旦看不到某种商品，也不想费力气搜寻，7-11 在商品的陈列上下了很多工夫，使消费者马上就能看清楚商品的外貌。

⑥ 留住消费者的新鲜感。

若商店的卖场一成不变，对顾客而言根本没有新鲜感，如果不能让顾客随时受到刺激，顾客不会继续光临。因此 7-11 经常变换店内布置，以不断制造视觉上的刺激。

7-11 这样直观、整洁、宽松、新鲜的店内环境，在不断冲击消费者眼球的同时，也在日积月累中潜入人们的大脑，形成了一种美好的品牌感受。

3. 商品布局 —— 激发冲动

7-11 分析了自己的顾客来源，即 40%为未婚男性，26%为已婚男性，18%为未婚女性，16%为已婚女性。很显然，男性和未婚者是它的顾客目标。围绕这些消费者，7-11 在商品布局上做了大量的功课。

单个 7-11 便利店大约有 3 000 种商品，其中食品占 75%，杂志及其他日用品占 25%，每一种商品对于目标消费者来说都是"方便好用、日常必需、不可或缺的"。在浏览了店内陈列的商品后，人们总是会不由自主地产生这个也想买、那个也想买的购物冲动。7-11 是怎样找到这些畅销商品并激起消费者购物欲的呢？提前消费者半步，满足他们的生活所需，是 7-11 各种热卖商品的成功关键。

在物质还不是很充裕的时代，东西只要便宜就会有购买量。而在当今社会，就算卖得便宜，顾客也不见得会上门，所以还是要考虑顾客的需求，不断创新，提供新的商品。

年轻人对新产品信息灵敏度特别高，是新消费趋势的导向者。7-11 利用 POS 机收集的购买信息能使其始终掌握消费新潮流的源头，从而开发出契合年轻人需求和喜好的各类产品。7-11 还曾推出以"你有 Say"为主题的活动，通过各种渠道，包括"你有 Say"热线、网上 e-意见箱及店内意见箱，收集客人意见，全面了解顾客需要，从而推出更多创新的增值服务，在青少年中引起很大反响。

在中国台湾，7-11 找来深受青少年喜爱的三位女歌手——SHE 组合一起参与开发商品，总共 8 大类 26 种商品，包含洋芋片、方便面、饮料等，不但限量，而且限期供应。有 SHE 肖像的包装、SHE 喜欢的口味，推出一个月之后，就带动了 7-11 同类商品销售增长 40%。

在日本，凉面的销售旺季是每年的 8 月，但 7-11 觉得，日本建筑物的室内冬天一般都会开暖气，时间长了会觉得又热又干，在这种"天气虽冷，但室内热，所以凉面可以卖得好"的假设下，7-11 在 2 月份就将凉面搬上了货架，并发起试吃活动，结果提高了销售量。

（摘自：7-11 便利店开店布局 http://big5.58cyjm.com/html/view/19356.shtml）

思考题：

7-11 便利店布局时首先考虑的是什么？

任务二　连锁企业商业网点扩张

【学习任务】

（1）熟知连锁企业的网点扩张战略规划。

（2）掌握网点区域扩张战略模式。

（3）掌握网点扩张路径。

（4）明确网点修枝战略。

【技能任务】

能结合具体门店进行其扩张战略的识别和分析。

【理论知识】

连锁经营的优势在于规模，它从本质上说是一种追求规模经济和规模效益的经营组织方式，虽然国内外有很多盲目扩张的连锁企业失败的案例，但是缺乏规模的连锁企业是很难提升自身竞争力的。因此，我们评价连锁企业时经常会用的指标就是门店数量、门店数量增长比例等衡量连锁企业网点扩张的数据，并以此来为连锁企业排名。在 2014 年中国连锁百强企业榜单中，国美电器有限公司以门店总数 1 698 个、门店增长率 7.1%、销售 1 435 亿元位居榜首。

连锁企业规模主要体现在门店的数量上，但是连锁企业商业网点扩张不仅仅指连锁企业门店的数量，还要考虑连锁企业商业网点的质量提升。在连锁企业商业网点扩张中，首要考虑的是网点扩张的战略规划，其常常涉及扩张区域、扩张路径和扩张支持系统三大内容。一个优秀的连锁企业在不断建立新商业网点的同时，还会对原有网点的质量进行监控，对于质量不达标或者质量下滑的网点进行及时调整，以保证连锁企业每一个网点都能够优质地发挥作用，以此提高连锁企业整体的实力。

一、区域扩张战略

当连锁经营企业资产积累到一定程度时，为求得更大范围内的客户群体，企业管理者就会考虑扩大再生产的问题，这种扩大再生产表现为企业分店规模的扩大和分店个数的增加。在企业规模扩张的过程中，企业需要考虑多方面的影响因素，从而产生了不同环境、不同阶段、不同行业的连锁经营扩张策略。连锁经营企业的扩张需要考虑以下 4 个方面的因素：

① 资本因素。连锁经营企业要扩张，首先必须有一定数量的资本，解决扩张的资本来源。扩张的第一步，连锁店可以用自己创业经营的积累作为扩张资金来源。但仅靠创业者自身积累和企业积累，扩张的步子难以迈大。因此，企业扩张资本的来源主要有两种：一是股票融资；二是举借外债。

② 方向因素。即业态的选择和区域的选择，如果创业业态市场已高度饱和，成长已无潜力，则可以考虑向其他领域扩张。向什么区域扩张取决于两个方面：一是所要扩张区域的市场情况与竞争水平；二是连锁总部分店的分布与其扩张区域联系是否紧密。

③ 速度因素。连锁经营企业的扩张速度取决于多个方面的其他因素，并且因不同行业、不同的发展阶段而有所不同。

④ 方式因素。连锁经营的扩张方式也和其他方面的因素有着密切的关系，其扩张方式有3种：第一种是自身增设分店；第二种是兼并，通过对小型连锁商店或零售商实施兼并以扩大连锁规模；第三种是特许加盟。

连锁经营企业在扩张过程中要十分重视企业发展的质量。因为扩大规模并不是企业追求的主要目标，企业的主要目标是盈利，是实现企业个体价值和社会价值的最大化。因此，成本控制是质量管理中的关键环节。连锁经营是需要精打细算的一种经营方式。这一点可以从企业利润的来源看出。企业利润的产生主要有3个方面的来源：一是企业产品或服务的产出携带利润；二是成本控制节省费用剩余利润；三是物流规模扩大创造利润。无论采取何种扩张方式，成本控制是企业扩张过程中首先应考虑的重要因素。

区域扩张战略，就是网点空间布局战略。区域扩张战略模式主要有两种：圈地模式和跳跃模式。

1. 圈地模式

圈地模式是指连锁企业在一个区域内集中资源开店，将可能开设的门店数量尽量开完，再寻找另外的开店区域，以便充分挖掘该区域市场潜力，发挥资源整合优势，降低管理成本和后勤服务成本，增大宣传效果，以达到获取规模效益的目的。

圈地模式的具体操作方式有以下两种：

（1）一种是以一个城市作为目标，集中资源在该城市迅速铺开网点，形成压倒性阵势，以吸引消费者的注意。这种网点布局战略对消费相对分散且区域性竞争不明显的便利店、冷饮店尤为适用。

（2）另一种操作方式是连锁企业在考虑网点布局时，先确定物流配送中心的地址，然后以配送中心的辐射范围为半径逐步扩张。这种方式更注重配送中心的服务能力，以充分发挥配送潜力。配送中心的辐射范围一般以配送车辆 60~80 km/h 的速度，在一个工作日（12 小时/24 小时）内可以往返配送中心的距离来测算。

圈地模式的主要优势包括以下 5 个方面：

（1）可以降低连锁企业的广告费用。连锁企业广告宣传媒介主要是地区性的电视台、电台、报纸和海报等，无论宣传区域内的一家门店或者 100 家门店，广告费用都是相同的。因此，在一个区域内开店越多，广告费用分摊到各门店就越低。

（2）可以提高形象上的相乘效果。在同一个地区开设多家门店，会很容易树立该连锁企业的形象，提高知名度。如果某一个门店缺少某种商品，可以在很短的时间内从邻近门店调配，顾客也可以马上到邻近门店去购买。

（3）节省人力、物力、财力，提高管理效率。企业总部管理人员可以在各个门店之间合理分配时间，不必担心由此带来的不便和往来费用，在同样的时间内增加巡回次数，增加对每家门店的指导时间，便于对各门店的管理。同时，培训员工也变得更加容易。

（4）可以提高商品的配送效益，保证及时送货。为了使各门店的存货降至最低，通常要求配送中心必须采取多种类、小数量、多批量的配送方式。尤其是一些速食品和生鲜食品，如面包、糕点、饮料、蔬菜、水果等，为保证食品新鲜可口，每天要送货 2~3 次，因此必须采取集中开店战略，缩短订货到送货的时间，防止缺货，提高商品的新鲜度，降低流通成本。

（5）可以充分发挥配送潜力，减少总部的投资压力。在目前我国缺乏社会化配送中心的情况下，连锁企业的商品配送不是依赖供应商低效率高成本的配送，就是依靠自建的配送中心。而建一个配送中心，尤其是一个现代化程度较高的配送中心，企业的投资是巨大的。连锁企业在配送中心的辐射范围内不断开设新店，可以合理规划运送路线，统一采购，集中配送，在削减车辆台数的情况下，也能集中资源按时配送。这样就会尽可能发挥配送潜力，收回投资，同时由于不需要分散建多家配送中心，从而减少了总部的投资压力。

圈地模式的主要劣势包括以下 2 个方面：

（1）采取圈地的扩张模式，必须等待在一个区域开完计划的门店数量才进入另一个区域，则连锁企业要完成在全国的整体布点工作可能需要较长时间。

（2）由于圈地的扩张模式是一个一个区域渐进开店，因此有可能其他一些当前值得进入的区域或城市在等待中丧失了最佳机会，让竞争对手抢占了有利地址。

2. 跳跃模式

跳跃模式是指连锁企业在当前值得进入的地区或竞争程度相对较低的地区分别开设店铺，即看准一个地方开一家，成熟一家开一家，可以同时不断跳跃式在各区域开店。在投资领域也常用到跳跃模式，它是指大跨度地进行投资布局，通过在一个地域大量投资，使其经济得到迅速发展。

跳跃模式的优势包括以下 2 个方面：

（1）可以抢先占领有较高价值的地点，取得先发优势。这实际上是对未来行为的一种提前行动。对这些地区，该连锁企业以后一定会进入，而由于各种竞争关系，未来的进入成本远远高于目前，尤其是某些连锁企业的经营模式对地点有特殊要求，那么尽早在主要市场锁定理想地点，将使连锁企业扩张活动变得更为主动。

（2）企业优先将门店开设在商业网点相对不足的地区，或竞争程度较低的地区，可以避开强大的竞争对手，迅速站稳脚跟。这对于刚刚起步的连锁企业尤为重要。较偏远的地区，或城市郊区，往往被大型连锁企业所忽略，那里租金低廉、开店成本低、商业网点相对不足、不能满足当地居民的消费需要，企业在该地区设店能有效避开与强大竞争对手正面冲突，从而形成自己的优势，取得规模效益，以便后来居上。

跳跃模式的风险包括以下 4 个方面：

（1）对于那些对物流配送要求较高的连锁企业而言，在缺乏可供依赖的社会化配送中心的情况下，采取跳跃模式的连锁企业需要充分考虑自己物流配送的能力，如果门店之间跨度太大，企业物流配送跟不上，则难以满足各门店的配送需求。

（2）由于不同地区的市场差异性太大，企业难以根据不同市场的要求选择适销对路的商品，无法满足消费者的需要，因而在发展初期难以有效整合企业资源，这些可能使连锁企业陷于战线过宽带来的陷阱。

（3）如果连锁企业设店的区域跨度过大，必然要求更多的权力下放来适应不同市场的需要，而如果连锁企业没有相应的管理控制系统，容易出现一盘散沙的状况，不利于树立连锁企业的统一形象。

（4）跳跃模式对门店的管理人员要求较高，在总部后勤服务不到位的地方设店，门店管理人员必须独立处理相关事务，必须具备较高的能力素质，否则会延长门店经营的摸索期或亏损期。

对于创建时间不太长的连锁企业，多数专家建议不要将战线拉得太长，以免顾此失彼，得不偿失。

二、网点扩张路径

连锁企业的网点扩张路径主要有 4 种：自建、并购、加盟、合作。

由于这 4 种路径各有优势和风险，企业必须对即将进入的市场进行深入研究，结合自身具体情况选择最适合的路径。当然，企业也可以在一个时期同时运用这 4 种路径加速扩张，但这需要高超的资源整合能力和运作能力。

1. 自　建

自建路径是指连锁企业借助自己筹集的资金，通过对当地市场进行详细的商圈分析，对备选地址逐一分析优选，确立店址并开设新的连锁门店，通过自身力量逐步拓展市场。

优势：新的连锁门店一开始就能按企业统一经营模式运行，迅速走上正轨；有利于企业的一体化管理，公司原有的经营理念和经营模式能不折不扣地贯彻实施；有助于树立良好的企业形象；由于选址时对当地商圈进行了周密的调查分析，前期的市场调查对新店开业后的经营策略调整有很大帮助。

风险：该方式前期投入需要大量资金，企业必须有雄厚的资金支持，且对内部资源应用要求较高；发展相对较慢，企业需要对新区域市场有一个了解、认识、把握的过程，当地消费者需要时间了解、接受新的进入者，因而初建的门店需要一个过渡期才能站稳市场。

2. 并　购

并购是指连锁企业采取资本运营的方式，将当地现有的企业收购、兼并过来，再进行整合，使兼并企业能与母体企业融为一体。

优势：通过收购兼并，连锁企业可以共享市场资源、扩大顾客基础、提高讨价还价的实力；容易进入一个新市场，因为兼并过来的企业就是当地已经存在的企业，熟悉当地情况，了解本地市场，或者已经积累了一定的无形资产，被当地消费者所接受，并购能使总部迅速占领新的市场；可以利用被并购企业的人力资源，如果运作较好，投资成本可以相对减少，而扩张速度也会加快。

风险：兼并过来的企业本身的组织结构、管理制度以及企业文化与母体企业相差较大，还需要对其按母体企业的标准进行改造，需要一个磨合阵痛期，这同样需要成本；寻找合适的被并购企业需要机会，这可能会贻误进入一个新市场的时机；并购本身及整合被并购企业是一项复杂的工作，需要高超的管理技术和专业知识。

3. 加 盟

加盟一般称为特许经营，是总部将自己所拥有无形资产包括商标、商号、专利和经营管理模式等许可给投资者或加盟商，加盟商按合同规定在总部的统一指导下从事经营活动。

优势：可以节省大量资金投入和时间成本，迅速提高市场占有率；可以节省总部的人力资源和财力，风险小；充分利用加盟者在当地的人缘优势和经营积极性，可以提高成功率。

风险：加盟不能适合所有零售业态和服务行业，这使得该路径扩张范围受到限制；管理特许门店难度较大，加盟双方容易闹矛盾，总部不能随意更换店长和工作人员，不利于整体营销战略的实施和服务品质的整体统一；个别加盟店行为或经营失败会对总部品牌形象造成损害，不利于树立良好的企业形象。

4. 合 作

合作是指连锁企业与有合作意向的伙伴进行多方面合作，包括引入战略投资伙伴共同开发新市场，与合作方结成联盟体采取复合连锁的方式进入新市场，向合作方输出管理、人力资源等方式，共同开发某地区市场。

优势：可以利用合作伙伴的人力、财力、物力等资源，减轻总部的投资压力；可以利用合作方的影响力占领市场，降低投资风险；双方可以互享顾客资源；相对加盟形式、合作形式更为灵活，店面招牌可以灵活处理，或打上连锁企业商号，或采用双商号；合作方式较加盟更容易被对方所接受，双方是在平等的位置上谋求双赢。

风险：合作伙伴有权利参与决策，不能独立决策，不利于统一管理；市场的开拓受到制约，不能按自己开店的一贯模式运作，时间和速度不能控制；合作方式不太稳定，如其他事情变化，容易导致合作失败或合作终止。

连锁企业 4 种扩张路径比较如表 2-1 所示。

表 2-1　连锁企业 4 种扩张路径比较

项 目	自 建	并 购	加 盟	合 作
资金来源	总部	总部	加盟者	合作双方
管理统一性	高度统一	中度统一	高度统一	低度统一
扩张速度	慢	快	快	不定
稳定性	高	中	低	低
企业形象	一致	不太一致	一致	不一致
风险	高	高	低	低
操作难度	相对简单	难	较难	较难

三、网点扩张支持系统

连锁企业市场发展战略目标的达成需要一定的支持系统作支撑，没有基础的盲目扩张有时会适得其反，出现欲速则不达甚至不堪设想的后果。连锁企业规模不大，门店数量在十家左右时，连锁企业的领导者可能会游刃有余、管理得井井有条。但是当连锁企业门店数量扩展到几十家、上百家时，管理者可能就会面临应接不暇的问题而陷入管理困境中。

1. 亚细亚的没落

盲目扩张是危险的，曾经作为中国商战的一面旗帜，20 世纪 90 年代初"亚细亚"在中国商业领域创造了无数个第一，"亚细亚"的商标和品牌风靡一时，妇孺皆知。然而，1998年 8 月 15 日，郑亚商场悄然关门！由于经营管理不善，"亚细亚"的辉煌没能续写下去。随后长达数十年的时间里，"亚细亚"归于沉寂。2001 年 10 月 14 日，郑州亚细亚五彩购物广场被河南建业住宅集团有限公司以 2.3 亿元买下整体产权。面对这残酷的事实，人们众说纷纭。

1993 年，国外连锁经营的理念刚刚传入中国，作为我国商场改革先驱的亚细亚闻风而动，决定大举发展连锁霸业。

亚细亚先是成立了郑州亚细亚集团股份有限公司，后又由王遂舟领衔，组建了专门的零售业管理公司 —— 亚细亚商业经营总公司，组织和筹备连锁计划。

但当时对于连锁经营这个新事物，亚细亚的认识还非常模糊，王遂舟本人也是刚刚去了日本一趟，见过这种经营方式，而亚细亚的干部、员工则都是从他的介绍中才得出一个模糊的概念。

王遂舟曾经仔细描述过当年投资连锁店的决策过程："1993 年 9 月份之前，连锁店这个词在中国还没有，9 月份以后才在报纸上见过，当时对连锁店的概念还不清楚。我和几位董事长在一起策划，提出 3 个理论：（1）看准了就上马；（2）生一个孩子是养，五年以后再生一个还要作难，干脆放在一起作难算了；（3）当时看过一个电视剧，一个老板在讲述他为什么那么有钱时说，我先办了一个纺织厂，然后用这个纺织厂作抵押，办起了两个纺织厂，又用这两个纺织厂作抵押，办起了 4 个纺织厂。基于这种情况，我们确立了宏伟的目标，几位老板为亚细亚集团制订的三年规划是在全国开设 30 ~ 50 个商场，年销售额 500 亿元，我改为100 亿元。于是，亚细亚雄心勃勃的全国连锁扩张计划开始了！"

1993 年，河南省内的南阳、濮阳、漯河、开封 4 家连锁店在不到一年的时间里几乎同时开工建设。这 4 个连锁店投资了 3 亿元左右。

1994 年，就在这 4 家直接连锁店紧张建设的同时，在北京、广州、成都、上海等地也出现了穿着亚细亚场服，使用亚细亚场徽，飘扬着亚细亚旗帜的 7 家仟村百货连锁店。

在 1993—1995 年不到三年的时间内，亚细亚老总王遂舟亲手签署了在各地投建 15 家大型商场的命令，平均每 4 个月开业一家大型商场，所需投资近 20 亿元。

而当时，亚细亚的自有资金也就是 4 000 多万元，其余的全是银行贷款和职工集资款，可以说，亚细亚在以 4 000 万元"豪赌"20 亿元。

"欲速则不达"，亚细亚的"中国零售连锁帝国"之路也逐渐走向了失败之路。

就在亚细亚迅速扩张的同时，庞大的连锁体系还未健全，不幸就一个接一个而来，南阳亚细亚一开业就亏损经营，西安仟村未开业就销声匿迹。

而 1996 年，刚刚开张的连锁店纷纷遇到了资金上的困难，11 月以后，天津亚细亚商厦等多家商场纷纷关门或休整。

与此同时，亚细亚郑州市场也不尽如人意。

1996 年 10 月 26 日，被王遂舟等人视为"拼死一搏"的郑州亚细亚五彩购物广场开业，但当天的销售只有 100 多万元。

1997 年 3 月 5 日，王遂舟召集亚细亚商业经营总公司部分高层干部及工作人员，向他们宣布了自己的辞职决定（稍后他又辞去了郑州亚细亚集团公司总经理的职务）。他说："我们遇到了一些暂时困难，但是为河南省乃至全国商业趟出了路，没有白干。"那一天是他的 40 岁生日。"四十不惑"，他说："我也得到了很多很多的教训 —— 我们每个人都得到了经验和教训。"

此后，王遂舟远避美国，行踪鲜为人知。

亚细亚失败的主要原因归纳起来如下：

（1）外部原因。

① 过度商战。

中原商战的一个结果是刺激大商场的过度增加，不仅仅是郑州市大商场剧增，全国也是如此。1993—1995 年，全国大型零售业以每年 30% 的增长速度递增，超过社会零售总额增长速度 10 多个百分点。总量缺乏调控，结构严重失衡，大部分都是高档大商场 —— 供大于求，整个行业的萧条很快就到来了。

同时，亚细亚的一些经验被同行学习、复制，以及商场与商场之间大打价格战、恶性竞争，这样导致利润急剧下降。

② 消费者环境发生变化。

进入 20 世纪 90 年代的中国，消费者正逐渐理性，告别刚开放时的过热、不理性的消费，消费市场环境发生了很大变化。

（2）内部原因，即盲目扩张。

客观地说，连锁扩张的确是一个趋势，但是郑州亚细亚这一步走得太快，太盲目。

① 盲目性首先表现在对于连锁经营认识不深。

王遂舟是个不注重实际的人，正如当年开设亚细亚商场一样，边学边干，摸索着前进，"跟着感觉走"等，没想到亚细亚成功了，于是对连锁经营也是采取了边学边干的策略。

王遂舟可能没有想过改革的学习成本越小，转换成本就会越大。亚细亚在仅对"连锁经营"的概念进行了粗略的、漫不经心的了解之后，便快速开起一家又一家"大型连锁店"。

② 盲目性还表现在连锁发展速度的盲目性。

正如制订连锁发展计划时，几位老板为亚细亚集团制订的三年规划是在全国开设 30 ~ 50 个商场，年销售额 500 亿元，超过了客观的发展规律。而当时亚细亚的自身资本不足 4 000 万元，却敢连续开 15 家，投资近 20 亿元的连锁店。这一切直接导致了亚细亚这个曾经商界明星的坠落。

盲目的根源还是决策者的盲目自信，源于决策者的自我膨胀，亚细亚连锁经营后期，王遂舟曾对此认真反思过，说自己"自信心过于膨胀，总想着不论干什么事都能成功"。

这也是很多企业领导人容易犯的错误，会把过去的偶然成功当成必然成功，会把过去的一时成功看成永远成功，会把自己看成神或超人，其结果就是很容易出问题。

（摘自：中国商战经典失败案例 4：亚细亚 —— 不成熟时代不成熟英雄 http：//www.yingxiao360.com/htm/20101128/415.htm）

连锁企业的扩张必须考虑各种资源状况，包括资金实力是否雄厚、人力资源是否足够、信息资源是否充足等，这些因素都会制约扩张步伐乃至以后的经营业绩，如图 2-1 所示。

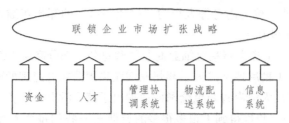

图 2-1　连锁企业市场扩张战略支持系统

2. 国美的迅速扩张

国美电器的网点扩张主要依靠的是资金、人才以及良好的管理协调系统，同时它还拥有一套系统化的信息系统和物流配送，利用这些资源来进行企业的市场扩张。

（1）资金。

国美电器 2010 年曾表示，当年将在一级市场继续"优化网络、提升单店盈利能力"策略，同时在二级市场新增"相当"数量的门店，使全年"净开店"数量达到 80 家左右。国美电器代理首席财务官方巍曾在 2010 年 1 月 12 日出席一个机构投资者会议时表示，2010 年将增加 50 家左右门店，新增门店重点指向二线城市，开店布局将以目前发展较为成熟的区域和靠近一线城市的区域为主，门店规模主要为 3 000～4 000 m² 的旗舰店（这个规格相当于一线城市的标准店）。截至 2009 年 12 月 31 日，国美电器持有现金及现金等价物达人民币 60.29 亿元，负债与权益总额比率为 48.34%。因此在扩张过程中有强大的资金支持。

（2）管理协调。

国美电器采取连锁化经营的管理模式，采用"正规连锁"和"加盟连锁"两种经营形态。经营业务由总部统一管理、统一订货、统购分销、统一形象，这种规模化发展策略最大限度地降低了经营成本，使费用分摊变薄，以求得更实效、更迅速地扩展国美电器的连锁之路。企业管理采用分级管理模式：三级管理体系。组织机构分为总部、分部、门店 3 个层次：总部负责总体发展规划等各项管理职能；分部依照总部制订的各项经营管理制度、政策和指令负责对本地区各职能部门、各门店实行二级业务管理及行政管理；门店是总部政策的执行单位，直接向顾客提供商品及服务。国美的营销战略可以归结为两点：低价竞争、服务取胜。国美采用连锁经营的方式，创建了庞大的销售体系，采用承诺经销的销售模式与生产厂家直接合作，减少了中间环节，从而降低了企业的经营成本。这种经营模式在给国美带来庞大的市场份额的同时，也给国美的供应链管理带来了强大的压力。提高供应链管理的效率，减少不必要的环节，提高信息的准确度，乃至实现国美"零投诉"的服务高标准成为企业不断做强做大的关键性因素之一。

【小资料 2-2】

供应链管理

1. 供应链管理

供应链管理（Supply Chain Management，SCM）是以提高企业个体和供应链整体的长期绩效为目标，对传统的商务活动进行总体的战略协调，对特定公司内部跨职能部门边界的运作和在供应链成员中跨公司边界的运作进行战术控制的过程。

供应链管理就是要整合供应商、制造部门、库存部门和配送商等供应链上的诸多环节，减少供应链的成本，促进物流和信息流的交换，以求在正确的时间和地点，生产和配送适当数量的正确产品，提高企业的总体效益。

供应链管理通过多级环节，提高整体效益。每个环节都不是孤立存在的，这些环节之间存在着错综复杂的关系，形成网络系统。同时，这个系统也不是静止不变的，不但网络间传输的数据不断变化，而且网络的构成模式也在实时进行调整。

2. 供应链管理的特征

（1）以顾客满意为最高目标，以市场需求的拉动为原动力；

（2）企业之间关系更为紧密，共担风险，共享利益；

（3）把供应链中所有节点企业作为一个整体进行管理；

（4）对工作流程、实物流程和资金流程进行设计、执行、修正和不断改进；

（5）利用信息系统优化供应链的运作；

（6）缩短产品完成时间，使生产尽量贴近实时需求；

（7）减少采购、库存、运输等环节的成本。

以上特征中，（1）、（2）、（3）是供应链管理的实质，（4）、（5）是实施供应链管理的两种主要方法，而（6）、（7）则是实施供应链管理的主要目标，即从时间和成本两个方面为产品增值，从而增强企业的竞争力。

（摘自：沈莹主编，供应链管理，北京：北京交通大学出版社）

（3）物流配送。

国美电器抓住细节，在物流配送上，实现两条腿走路。资料显示，国美已建立起全国最大的自有电商物流。新的 ERP 系统能够支持 400 多个城市和国内县级以上市场在网上下订单，在全国一、二、三线城市均实现包括空调、冰箱、洗衣机、彩电等在内的大家电本地化配送安装，同时各地均配有仓储基地，使消费者享受到更为迅速、贴心的配送和售后服务。国美全国 1 700 多家实体店形成的网络体系，正在为线上实现大家电全国本地化物流配送提供一条天然物流网络，推动线上线下的品牌协同。

【小资料 2-3】

ERP

ERP 是 Enterprise Resource Planning（企业资源计划）的简称，是 20 世纪 90 年代美国一家 IT 公司根据当时计算机信息、IT 技术发展及企业对供应链管理的需求，预测在今后信息时代企业管理信息系统的发展趋势和即将发生的变革，而提出的概念。ERP 是针对物资资源管理（物流）、人力资源管理（人流）、财务资源管理（财流）、信息资源管理（信息流）集成一体化的企业管理软件。它包含客户/服务架构、使用图形用户接口、应用开放系统制作。除了已有的标准功能外，它还包括其他特性，如品质、过程运作管理以及调整报告等。

ERP 系统的特点如下：

企业内部管理所需的业务应用系统，主要是指财务、物流、人力资源等核心模块。

物流管理系统采用了制造业的 MRP 管理思想；FMIS 有效地实现了预算管理、业务评估、管理会计、ABC 成本归集方法等现代基本财务管理方法；人力资源管理系统在组织机构设计、岗位管理、薪酬体系以及人力资源开发等方面同样集成了先进的理念。

ERP 系统是一个在全公司范围内应用的、高度集成的系统。数据在各业务系统之间高度共享，所有源数据只需在某一个系统中输入一次，保证了数据的一致性。

ERP 系统对公司内部业务流程和管理过程进行了优化，主要的业务流程实现了自动化。

ERP 系统采用了计算机最新的主流技术和体系结构：B/S、Internet 体系结构、Windows 界面，在能通信的地方都可以方便地接入到系统中来。

ERP 利用计算机技术，把企业的物流、人流、资金流、信息流统一起来进行管理，把客户需要和企业内部的生产经营活动以及供应商的资源整合在一起，为企业决策层提供解决企业产品成本问题、提高作业效率及资金的运营情况一系列动作问题，使之成为能完全按用户需求进行经营管理的一种全新的行之有效的管理方法。它是一个以管理会计为核心的信息系统，识别和规划企业资源，从而获取客户订单，完成加工和交付，最后得到客户付款。ERP 系统是综合客户机和服务体系系统、关系数据库结构、面向对象技术、图形用户界面、第四代语言、网络通信等信息产业成果，以 ERP 为管理思想的软件产品。

（摘自：ERP 资讯网 http://www.tyerp.com/zhishi/4230.html）

（4）信息系统。

早在 2007 年，国美就开始进行信息系统的选型，最终选择了 SAP 与惠普公司，并采用了业界最高的信息化系统版本，成为全球范围内第一家应用该版本的零售企业。新系统全方位助推国美的日常运营。在门店和单品管理方面，国美门店可以共享整个商品和库存资源，在盘活商品资源的同时，还实现了从综合贡献方面充分考核单品收益。在团队管理方面，新系统详尽管理每位员工的绩效，有助于员工清楚自身情况，进而激发员工潜力。在物流方面，新系统实现了物流配送的时间窗管理，可按照消费者选定的时间来送货。

（5）人才。

国美的人才培训项目非常多，但是所有培训都基于一个大平台，那就是"3L"组合培训模式。

零售培训店模式起源于英国阿斯达百货。阿斯达百货后来被沃尔玛收购，它所创造的培训模式则被沃尔玛国际部保留，之后又被引进沃尔玛（中国），并进行了中国本地化改造。伴随着国美人才引进，沃尔玛的这套模式和思想也被引入到国美，被国美再次结合自身实际改造应用，并覆盖至少 15 万人。

零售培训店模式的最大特点便是理论和实践的结合，即"前店后校"的组合方式。"前店"就是国美正常运营的商场，主要用于接待顾客经营；"后校"则意味着提供销售理论、商品知识、测试测验等内容的培训，由老师讲授。学员上午接受培训，下午就能进入到商场柜台服务顾客，或者进入操作系统，熟悉商品知识。这也是国美实战性培训原则的体现。

国美的优势之一，是由每一家门店点滴积累起来后形成整体优势的，因此，国美实施店长岗位负责制。每家门店的强弱很大程度上取决于店长，店长带团队，店长强则门店强，门店强则国美强，店长一定是最重要人群，也是零售培训模式必须首先覆盖的重点人群。此外，国美每家门店会有 1~3 名副店长，他们也构成国美运营中非常重要的群体。但国美零售培训重点关注的人群，不是副店长或主任，而是庞大的营业员群体，因为顾客体验对品牌影响力非常关键，营业员则是直接影响顾客体验的因素。

【小资料 2-4】

魏秋立谈国美 "3L" 组合培训平台

国美培训体系搭建了"3L平台"。该平台由国美零售培训学校（Store of Learning）、国美E学院（E-Learning）、行动学习法（Action Learning）共同构建组成，如图2-2所示。

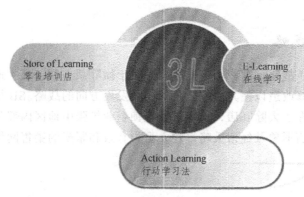

图 2-2　3L 平台

（一）零售培训学校（Store Of Learning）

Store Of Learning，译为"零售培训学校"，简称"SOL"。SOL培训模式起源于英国，并由沃尔玛在全球推广使用。沃尔玛从英国 ASDA 学习并引进了 SOL 培训模式，于 2002 年引入中国，至今历时 14 年，在推动公司标准化建设和培养输送后备人才方面，贡献卓著。国美电器培训体系适时引进 SOL 模式，根据公司自身的特点和需求，进行 SOL 网络化建设，组织内全部岗位为兼职。同时，国美 SOL 对原来模式进行了有益的创新和改良，使之更适应国际多样化的培训需求和资源条件。目前，国美电器在全国各大中型城市共建立 SOL 学校 103 家。

（二）国美 E 学院（E-Learning）

2008 年 10 月，国美开始筹备 E-Learning 平台的建设。经过近一年的项目规划与设计开发，国美 E 学院培训平台于 2009 年 12 月 12 日成功在全国上线推广，该平台涵盖了 3 万余个管理岗位，近 20 万员工的培训与考核，成为了家电零售行业最大的员工在线自助学习平台。E 学院的全国推广不但优化了培训的成本结构，还帮助国美电器推广了培训的标准化。目前，国美 E 学院中已有各体系课程近 1 000 门，其中包括企业文化课程、管理类课程、个人能力提升类课程、流程制度课程、ERP 系统操作课程、商品知识课程等相关内容，主要用于员工日常培训、销售服务、梯队人员发展等培训及相关考核。

（三）行动学习法（Action Learning）

行动学习法在国美内部的推广主要基于三个特点：（1）行动学习并不是单纯强调学习，它首先要求解决企业在战略发展过程中所遇到的问题；（2）行动学习所要求的学习不是一般意义上的学习，而是根据问题的需要活学活用，既有系统化、标准化的知识体系作为支撑，更能在实际工作中学以致用，举一反三；（3）行动学习可以打破部门间的壁垒，真正发挥各部门在企业发展中所担负的使命与任务，最终提高组织整体的效率。

国美电器高级副总裁魏秋立指出："国美人才发展的'3L组合培训平台'，为公司的人才培养打下了坚实的基础。通过这个平台，建立配套公司战略发展的核心岗位能力胜任模型，为公司的人才梯队建设提供了新的标准；培训体系的不断完善与创新也打通了各级员工良好的职业发展通道，帮助企业吸收、培养、稳定优秀人才；同时，通过该平台的建立，也可最大限度地激发员工的工作激情，挖掘员工的工作潜能，提高员工对企业的忠诚度和对工作的满意度，最终实现了绩效的提升和公司战略的达成。"

（摘自：腾讯科技 http://tech.qq.com/a/20120518/000244.htm）

四、网点修枝战略

SB（Scrap and Build）战略，即裁剪与重建，是关于撤除某一家、某一地区的门店或者对某个旧门店进行重新装修改造以使其更符合公司长远发展方向的战略。SB战略被称为连锁企业的修枝战略，其目的在于去除冗店，重新调整连锁企业扩张中地区内部和地区之间的连锁门店分布状况，调整门店形象及经营策略，建立更为有效和紧凑的销售网络，以提高竞争力，获得长期的发展。

1. 店铺危机

由于一些企业在开新店时速度过快，导致出现一些选址不合适、经营不善的情况，此时连锁企业需要考虑取消这些门店。另外，由于城市建设，如铁路、居民区等出现搬迁、新建的现象，原有门店需要更换地点时，连锁企业会实施 SB 战略，这种情况又被称为店铺地段危机。

2. 经营危机

由于门店自身经营不善，出于成本合理化的考虑，为整顿亏损店而实施 SB 战略。撤除缺乏竞争力的店铺，如缺少停车场的大型店、销售额难以提升的小型店，或地段欠佳的店铺。

3. 市场危机

由于市场差距（market gap）显著化，商品和楼面结构不合时宜而采取 SB 战略。造成市场差距的原因主要是消费者流动性变差，形成具有不同特征和购买力的区域，居民呈现极端化倾向，不能适应消费者需求而形成市场差距。

4. 合作危机

连锁企业与合作伙伴之间的关系变化也会引起 SB 战略的实施，这种情况通常是双方合作共同开发一个地区市场而合作发生变故时，这时连锁企业将不得不进行调整。

5. 管理危机

当连锁企业过度或盲目扩张后，发现自己没有足够的资源和管理能力支持或控制所有门店时，就会对一些地域分布较远的门店进行裁剪。有些企业可能会发现聚焦于某个地区，发展会好于全国扩张，因此会考虑把有限的资源投入到某个区域内部进行扩张发展，而剪裁掉该区域以外的门店。

以上 5 种情况通常会迫使连锁总部被动采取 SB 战略，但是更重要的是，连锁企业要主动审视自身的发展情况，以便有选择地实施 SB 战略，以免各门店在一无所知的情况下被裁剪掉，造成人员恐慌。实施 SB 战略意味着连锁企业已经习惯了向消费者希望的方向转移并对经营环境变化有了深刻的认识，连锁企业的经营变得更为灵活，当它们关闭不赚钱的门店时，也在开新的、赚钱的门店，或者将现有的门店转型成赚钱的门店。

本项目从连锁企业布局开始，探讨连锁企业布局的概念及其原则。进而探索连锁企业扩张战略和修枝战略，其核心目的是使连锁企业有一个良好的发展空间和竞争实力。

【思考题】

（1）连锁企业网点扩张的战略与路径有哪些？

（2）请结合亚细亚案例说明连锁企业布局由哪些因素决定？

（3）连锁企业扩张需要哪些支撑因素？

【案例分析】

中域电讯

中域电讯（前身为广东中域电讯连锁有限公司，2007年整体变更为股份有限公司）成立于1994年，是中国手机零售行业的领先企业，业务范围覆盖手机销售、配件销售、增值服务、移动业务、电子商务等领域。经过十几年的不懈努力和快速发展，中域电讯连锁店遍布全国各地，是国内最大的手机连锁企业之一，直营连锁店2 000多家，工作人员超过10 000人，占据市场的龙头地位。

中域电讯从销售通信产品的直营店起步，逐步迈向产品多元化和连锁拓展模式多样化，成为行业的领航者。

中域电讯一直以来专注于营销和管理模式的创新，勇于尝试新业务，不断探索出前沿的经营理念；在连锁扩张业态上率先突破行业固有的模式"瓶颈"，利用对加盟商进行分级管理的方式，创造出独具特色的连锁经营模式，从而奠定了中域电讯在行业内的领导地位。2002年，中域电讯以"攻城掠寨"的速度，走出广东，迈向全国，拉开了中国手机连锁扩张的盛大序幕。2004年，中域电讯携手家乐福，强强联合打造独树一帜的"店中店"模式，这标志着中域电讯连锁扩张步入一个全新阶段。到2006年，中域电讯将合作伙伴扩大到卜蜂莲花、好又多、百佳、乐购、大福源、沃尔玛、华润万家等国际知名零售巨头，"店中店"模式迅速得到"复制"，并在全国范围进行推广。2009年6月下旬，为顺应市场发展趋势，增加网络附加值，进一步提升市场竞争力，并复制手机零售领域的成功经验和经营模式，中域电讯大举进行3C产品线扩容，从专业手机连锁向专业数码连锁转型，将笔记本计算机、数码相机等3C产品全面引入终端卖场，在丰富产品品种的同时，也对服务进行了创新，在原先"手机两年超长保修"的基础上，推出了"相机三年无忧延保，计算机三年省心联保"的省心保服务，并在当年一举夺得"华南商业消费者最喜爱的3C卖场"和"最佳3C卖场"称号。注入新元素后，中域电讯深挖3C市场的号角正式吹响，中域连锁事业也插上了腾飞的翅膀。

中域电讯创始人李建明1994年在东莞虎门镇开了第一家寻呼机店。到2006年，李建明用了12年的时间，在手机终端复制出3 000多家"中域电讯"；在钻石终端复制出100多家"钻石世家"；在服饰终端复制出300多家休闲服饰"zhongyu"、顶级商务男装"OUVANO（欧梵诺）"。（根据网络资料编辑而成）

【思考题】

（1）中域电讯在扩张发展中的优势有哪些？

（2）中域电讯的扩张战略是什么？

（3）什么因素支撑了李建明的多元化发展？

【技能任务】

以小组为单位，设计一份调查本地某连锁企业网点的统计表，并以此调查该企业的网点分布情况。

具体要求：

① 判断该企业的网点分布是否合理。

② 请结合网点布局的因素，提出小组建议。

项目三　商圈及商圈分析技术

【项目内容】

（1）商圈的概念和构成。

（2）商圈调查内容。

（3）商圈调查流程。

（4）商圈分析的主要方法。

（5）商圈评估报告。

【项目意义】

（1）明确商圈构成。

（2）设计商圈调查问卷，进行商圈调查。

（3）对商圈进行分析评估，撰写调查分析报告。

【重点与难点】

（1）重点：商圈设定的方法。

（2）难点：实地调研商圈。

【项目成果】

（1）商圈调查流程。

（2）商圈的划定方法。

（3）撰写商圈调查报告。

【引导案例】

沃尔玛的商圈分析

选址对于零售企业来说是关系到企业成败的一个重要环节。广告、价格、顾客服务、产品及服务种类都能够随着环境的变化较迅速地做出调整。相比之下，商店选址可以说是零售战略组合中灵活性最差的要素，因为零售商店的选址本身资金投入大，同时又与企业后期经营战略的制定，以及适应消费趋向变动所作的经营决策的调整都息息相关，很容易受到长期约束。沃尔玛在进入中国之前，就对中国市场进行了长达数年的深入细致的市场调查。其实早在1992年，沃尔玛就已经被获准进入中国，但是沃尔玛在1996年才在深圳落户，在进入中国之前它一直在对当地商圈的交通、人口、竞争状况和市场发展格局进行考察，以便于选择一个好的店址。

沃尔玛的商圈分析：

一、需求状况分析

需求状况分析一般从人口与商业气候两处入手。

1. 人口分析

人口分析，是对人口总量、密度、年龄分布、平均教育水平、居住条件、总的可支配收入、人均可支配收入、职业分布、人口变化趋势、消费习惯、交通的便利性以及城市购买商品的邻近农村地区顾客数量和收入水平。

在店址选择上，沃尔玛也以方便顾客购物为首要考虑因素，一般选在可迅速方便到达的人口密度大的地方。在项目1.5千米范围内人口达到10万以上为佳，2千米范围内常住人口可达到12万~15万人。商圈内人口年龄结构以中青年为主，收入水平不低于当地平均水平。人口可支配收入较多为最宜且有很好的消费习惯。

2. 商业气候分析

商业气候分析，是对主导产业及产业向多元化程度等进行的分析。通过这些分析，商场可掌握商圈内是否存在产业、是什么产业会给商圈带来什么影响。

沃尔玛主导竞争力是产品天天平价，以"帮顾客节省每一分钱"为宗旨，实现了价格最便宜的承诺。同时，沃尔玛的产业向多元化发展，提出了"一站式"购物新概念。

在沃尔玛，消费者可以体验"一站式"购物（One-Stop Shopping）的新概念。在商品结构上，沃尔玛力求富有变化和特色，以满足顾客的各种喜好。其经营项目繁多，包括食品、玩具、新款服装、化妆用品、家用电器、日用百货、肉类、果菜等。另外，沃尔玛为方便顾客还设置了多项特殊的服务类型：免费停车，例如深圳的山姆店营业面积12 000多米^2，有近400个免费停车位，而另一家营业面积达17 800多米^{2}的沃尔玛购物广场也设有约150个停车位。沃尔玛将糕点房搬进了商场，更设有"山姆休闲廊"，所有的风味美食、新鲜糕点都给顾客在购物劳顿之余以休闲的享受。店内聘有专业人士为顾客免费咨询计算机、照相机、录像机及其相关用品的有关情况，有助于减少盲目购买带来的风险。店内设有阑克施乐文件处理商务中心，可为顾客提供包括彩色文件制作、复印，工程图纸放大缩小，高速文印在内的多项服务。另外，深圳山姆店办理一切移动计算机售机业务，销售的所有机型，价格均比其他代办网点便宜100元；它还代理销售润讯的通信产品，代收各类机型的台费，各种中文机、数字机均比市面其他润讯网点便宜50元。

社会环境：沃尔玛在自己国家会受到鼓励优惠等，但是在国外发展时会受到当地政府的一些政策的影响，因为当地政府会保护国内企业的发展，这会是不利的方面。

物业租赁期限一般为20年或20年以上，不低于15年并提供一定的免租期。

二、竞争状况分析

竞争状况是指零售商业之间的"竞-合"关系及其对顾客的影响。

就选购商品而言，顾客通常愿意去一个有两家或更多家商店的地方，以便进行挑选和价格比较。如果一个城市里有三家商店竞争销售相同的商品，那么集中在一起的两家商店比离开一段距离的另外一家商店更具有优势。因为消费者还是愿意到能够进行货物比较的地方购物（除非实力雄厚的零售商能使潜在的消费者确信比较购物毫无必要，那就可以利用孤店租金较低的优势，经销品种齐全、价格更低的商品）。另外，当店址周围有多种商店类型协调并存形成相关商店群时，往往会对经营产生积极影响，如经营相互补充类商品的商店相邻而设，就可在方便顾客的同时，扩大自己的销售。

1. 商业信誉

沃尔玛是全球零售业巨头，其产品质量、服务都非常好，且商品价格低，是信誉很好的商店，其商圈规模比同行业其他商店大。

2. 成本费用

沃尔玛超市的口号是：天天低价！沃尔玛超市能够把低价作为主要竞争手段，来自于规模经济性导致的成本领先，主要体现在卖场规模和采购规模这两个环节。自身的原因是采购成本、物流成本、配送成本等低。

3. 物流与供应链管理

沃尔玛在节省成本以及在物流配送系统与供应链管理方面取得了巨大的成就，与先进的信息技术应用有机结合，成本低，作业方式先进、迅速。

4. 经营规模

商店的经营规模越大，商品经营的范围越广，品种越齐全，其吸引顾客的空间范围就越大。

5. 竞争商店位置

相互竞争的商店之间的距离越大，它们各自的商圈也越大。但是，有时相互竞争的商店毗邻而设，顾客因有较多的选择而被吸引过去，则商圈也可能会因竞争而扩大。

6. 劳动力保障

善待员工，公平待遇。在沃尔玛的整体规划中，建立企业与员工之间的伙伴关系被视为最重要的部分。这种以人为本的企业文化理念极大地激发了员工的积极性和创造性，员工为削减成本出谋划策，设计别出心裁的货品陈列，还发明了灵活多样的促销方式。

7. 促销活动

商店通过各种促销手段扩大其知名度和影响力，吸引更多的边缘商圈顾客慕名光顾，从而使其商圈规模扩大。

8. 竞争情况

竞争情况包括现有商店的数量、现有商店的规模分布、新店开张率、所有商店的优势与弱点、短期和长期变动以及饱和情况等。任何一个商圈都可能会处于商店过少、过多或饱和的情况。商店过少的商圈内只有很少的商店提供满足商圈内消费者需求的特定产品与服务；商店过多的商圈，有太多的商店销售特定的产品与服务，以致每家商店都得不到相应的回报；一个饱和的商圈商店数目恰好满足商圈内人口对特定产品与服务的需要。

对商场来讲，商圈分析有重要的意义。它有助于企业选择店址，在符合设址原则的条件下，确定适宜的设址地点。因为商场在选择店址时，总是力求以较大的目标市场，来吸引更多的目标顾客，这首先就需要经营者明确商圈范围，了解商圈内人口的分布状况以及市场、非市场因素的有关资料，在此基础上，进行经营效益的评估，衡量店址的使用价值，按照设址的基本原则，选定适宜的地点，使商圈、店址、经营条件协调融合，创造经营优势。

（摘自：朱甫主编，沃尔玛与家乐福，中国经济出版社）

【思考题】

（1）沃尔玛是从哪些方面考虑来确定商圈的？

（2）商圈分析对选址有何重要性？

任务一　商圈概述

【学习任务】

（1）明确商圈的概念。

（2）了解商圈的分类。

（3）掌握影响商圈规模的因素。

【技能任务】

能够对目标城市进行商圈三级划分。

零售业被称为"选址的产业"，选址的好坏是其成功的关键。零售业选址的核心是商圈分析。商圈的确定不仅可以帮助投资者确定最具投资潜力的店址，还可以帮助零售业的经营者利用分析结果来调整经营战略。

【理论知识】

一、商 圈

商圈也称商业圈，是指店铺以其所在地点为中心，沿着一定的方向和距离扩展，那些优先选择到该店来消费的顾客所分布的地区范围，换言之就是店铺顾客所在的地理范围。如日本"7-11"超市将商圈定义为：以定位的店铺为中心，所居住的地区的顾客来店铺达到八成以上，交通条件为 10～20 分钟，开车 5 分钟左右，周边 1～3 千米的范围。

从商圈的定义可以推导出以下几个重要的概念：

（1）商圈是一个以店铺为中心的地理范围。在谈及商圈概念的时候必然隐含着店铺的地理位置，即街道门牌号。换言之，没有店铺就没有商圈的概念。

（2）商圈的最终范围取决于门店吸引顾客的能力。顾客是实现门店利润的基础，不同门店吸引顾客的能力存在差异，因此商圈范围也是不同的，例如，一般面积在 100 米^{2}左右的便利店的商圈是骑车 10 分钟车程内的范围，而面积在 3 万～5 万米^{2}的大型仓储超市的商圈会达到方圆 20～30 千米。

（3）商圈未必是个圆圈，交通是商圈地域划分的首要因素。

一般来说，商圈的形状从理论上来讲可由 3 个大小不等的同心圆来表示，关键在于确定各个商圈半径的大小。但事实表明，由于交通、自然环境、竞争店及互补效应等，实际上商圈多表现为不规则的多边形，在具体设定时还要考虑商店的业态、商店规模、经营商品品种、竞争者的位置、交通网分布等因素。

商圈的一个特点就是中心性，它总是出现在城市里交通最为便捷的区域。但是由于城市在不断发展，同时城市的交通也在不断发生变化，因而商圈范围也不是一成不变的，呈现动态化。

二、商圈研究对于发展连锁企业的意义

连锁店铺的经营状况与商圈之间存在着很强的依存关系。在实际经济生活中，并不是任何零售商店都必须拥有自己的商圈。依靠被其他原因吸引而来的顾客获取利润的"寄生店"就不必拥有自己的商圈，如购物中心的小吃店、火车站内的杂货柜等。但大多数零售商店仍都拥有自己的商圈，这是因为拥有一个恰当的商圈能给商店带来更多的好处。商圈研究是从连锁企业发展全局出发对商圈进行的总体规划和部署。商圈研究可以增强连锁店的吸引力和扩大顾客群，强化规模优势，促进经济效益的提高。具体来说，商圈研究的重要性体现在以下 3 个方面：

（1）商圈研究有助于连锁店网点建设。

连锁店在经营管理上有一定程度的相似性，也存在一定的差异性，针对不同的经营环境规划出店铺活动的空间，使各分店既能保持与总店的相同性，又具有自身经营活动的灵活性，连锁店的开张既能吸引消费者，又能加剧该地区同行业的竞争。商圈研究有助于连锁店认清这种协同效应和竞争效应，扬长避短，发挥自己的优势。

【小资料 3-1】

协同效应

简单地说，协同效应就是"1+1>2"的效应。协同效应可分为外部和内部两种情况：外部协同是指一个集群中的企业由于相互协作共享业务行为和特定资源，因而将其比作一个单独运作的企业取得更高的赢利能力；内部协同则指企业生产、营销、管理的不同环节、不同阶段、不同方面共同利用同一资源而产生的整体效应。

几乎所有的连锁店都希望多开分店以获得规模优势，但又担心分店的变型走样和同行业的有力竞争。连锁店在经营管理上有一定程度的相似性和差异性，由于各分店所处的环境各异，店铺营销活动的空间与消费者活动的空间的重叠就不同，商圈战略能够在整体上对这种重叠进行部署，针对不同的经营环境规划出店铺活动的空间，使分店既能保持与总店的相同性，又具有自身经营活动的灵活性。

（摘自：袁蓉丽，连锁店的商圈战略，中国商贸，2007）

（2）商圈研究有助于连锁店连锁组织形式的选择。

从总体上看，连锁店商圈应具有总店、分店及分店之间和消费者之间的共性。但是，由于各分店所处的外部环境不同，内部条件又参差不齐，消费者活动空间相差甚远，从而使连锁店组织形式的选择成为发展连锁的难题。商圈研究根据各分店所处的内外环境条件选择直营、特许或加盟形式，从而有效地解决了这一难题，最大限度地扩大了顾客群。

（3）商圈研究有助于连锁店增强吸引力。

连锁店必须是经营者去适应消费者，企业的营销行为是去适应消费者的购买与消费行为。商圈战略就是要求企业及时了解消费者需求的变化，及时调整自己的经营活动，更好地适合消费者的需求，从而增强企业的吸引力。

总之，商圈研究是发展连锁店的一项基础性的工作，对于企业如何将目标市场由点扩展到网络、如何创造发挥规模优势、增强竞争力等，都具有重要的意义，对于连锁店的发展起到关键性的作用。

【实践知识】

三、商圈的划分

1. 按商圈的形态划分

商圈的形态是指商圈内地域的居住性质或使用性质。对商圈形态的了解是进行商圈分析的基础，一般来说，商圈形态可分为以下几种：

（1）商业区：商业行业的集中区，其特色为商圈大，流动人口多、热闹，各种商店林立。其消费习性为快速、流行、娱乐、冲动购买及消费金额比较高等。

（2）住宅区：该区户数多，至少需有 1 000 户。住宅区的消费习性为消费者群稳定、便利性、亲切感、家庭用品购买率高等。

（3）文教区：该区附近有大、中、小学校等。文教区的消费习性为消费群以学生居多，消费金额普遍不高，休闲食品、文教用品购买率高等。

（4）办公区：该区为办公大楼林立。办公区的消费习性为便利性、外食人口多、消费水准较高等。

（5）混合区：住商混合、住教混合。混合区具备单一商圈形态的消费特色，属多元化的消费习性。

除以上 5 种常见的商圈外，还存在工业区、娱乐区等类型商圈。商圈形态往往并非单一的，尤其是在城市化水平较高的地区，或者是经济水平发达的地区，实践中尤其要注重多元化的交叉分析。

2. 按商圈中商家的关系划分

（1）互补型。此商圈内商家经营的商品存在互补性，建立在消费连锁反应的心理之上，消费者进入商圈内的任何一家专业商店，均有可能去别的专业店，这是一种错位现象。

（2）专业型。处于一种竞争型商业环境中，在此类商圈里的商家大多经营同一类型商品，在价格、品牌、服务等方面展开竞争。在竞争中，商圈形成同类产品的价格凹地，竞争者的大量广告投入及专业商圈的价格、商品种类、规格，吸引远近顾客的大量购买力，薄利多销的经营方针使商圈内商业企业得以在竞争中生存和发展。

（3）综合型。一般根据日常所需各种类型的商店，商圈内商家各行其道，相安无事。由于缺乏竞争，商圈内企业缺乏竞争力。在现代连锁商业迅速发展后，这类商圈原先的平衡被打破，或形成一个新的平衡或此类商圈衰落。

3. 按商圈的形成原因划分

（1）社区邻里型商圈：面向的顾客大部分为店铺周围的社区居民。

（2）地区中心型商圈：面向的顾客是该店铺所处的城市地区中心，如北京的国贸商圈、西直门商圈都是此类型。

（3）地域中心型商圈：典型的城市板块商圈类型，如北京中关村商圈。

（4）广域中心型商圈：往往意味着整个地域经济活动的中心。

（5）据点型商圈：此商圈具有核心发展的元素，由点成面形成，如北京亚奥商圈就是由北辰购物中心辐射形成的。

（6）特化型商圈：一般是人为特别形塑而成的。

【小资料 3-2】

ABCD 商圈的划分（见表 3-1）

表 3-1 ABCD 商圈的划分

商圈名称	商圈代号	主要描述	聚客点	主要交通方式	上海市商圈样例
市级商圈	A	全市所有的人都会光顾的商业区	各种零售商店，包括大型百货公司和高档专卖店，这些聚客点相对于全市其他地区，在数量、规模及品质上均显得比较大、比较高	公交或地铁相当便利，通达全市各地，该商圈中心内还有主要街道等	淮海路南京路徐家汇

商圈名称	商圈代号	主要描述	聚客点	主要交通方式	上海市商圈样例
区级商圈	B	全区所有的人都会光顾的商业区	一般会有中型百货公司及相当数量的零售商店	公交或地铁通达整个区	四川北路八佰伴
商业/居民区	C	商圈内有大量居民,并且有明显的零售行为,主要吸引附近居民	银行、邮电局及小型、中型零售店形成的零售商业街,为当地居民服务,有时偶尔会有大型超市或地方性百货公司存在于此区域内	公交线路相对较少,会有公交线路通向市中心	田林曹杨宜川长青
居民区	D	商圈内有大量居民,但相对明显缺少商业行为	只有小型零售或生活基本必需品的供应商店(小型食品店、面包房和洗衣店等),有时偶尔会有大型超市或较小规模的百货商场存在于此区域内	基本较少,仅供居民进出	彭浦中原北新泾

【拓展知识】

四、影响商圈规模的因素

商圈规模的大小对于连锁经营门店具有决定性的影响。商圈规模越大,吸引顾客的地理范围就越广,门店的经济效益就越高,因此商圈规模是门店选址必须着重考虑的因素。门店的内部和外部因素都会影响商圈的规模。

1. 内部因素

(1)门店的规模。门店规模越大,它供应的商品范围越宽,品种也越齐全,因此可以吸引顾客的空间范围也就越大,从而有助于扩大其销售商圈。然而,商圈范围不会因规模扩张两者就一定成比例地增加,还有其他因素影响商圈的大小。

(2)门店的经营特征。两家经营同类商品的门店即使设在同一商业区,它们对顾客的吸引力也不会完全一样。假如一家门店经营灵活、商品齐全、服务周到并且建立了良好的商誉,就越能吸引较远的顾客在门店进行选购,其商圈规模就比竞争对手范围大得多。

(3)门店经营商品的品种。一般而言,经营传统商品、日用品的门店商圈较小。这些商品购买频率高,消费者购买这类商品时主要是寻求购买方便,并不在价格和品牌比较上花费太多时间,因此商圈只限于附近几个街区。而经营技术性强的商品、特殊性(专业)商品的门店商圈相对比较大。这类商品购买频率低,消费者愿意为这类商品花费较长的时间比较商品价格、品牌、售后服务等,因此需要数千米或者更大范围的半径作为其商圈范围。

(4)门店的主体设计。其主要包括店铺所在楼层构成及配置、吸引顾客的设施状况,如停车场停车位的多少以及其所处位置等。例如,沃尔玛为方便顾客还设置了多项特殊的服务类型,其中一项就是免费停车。

2. 外部因素

(1)门店的促销策略。门店可以通过广告宣传、买赠促销、有奖销售、竞赛等各种促销段来不断扩大知名度和影响力，吸引更多的边际商圈顾客光顾，随之门店的商圈规模会骤然扩张。

（2）竞争店铺的位置。相互竞争的两店之间距离越大，它们各自的商圈也越大。很多相互竞争的店铺毗邻而设，产生集聚效应，顾客因此有较多的选择机会而被吸引过来，则商圈反而会因竞争而扩大。反之，如潜在顾客居于两家同行业店铺之间，各自店铺分别会吸引一部分潜在顾客，造成客流分散，商圈都会因此而缩小。根据相关专家研究发现，两家同类型的百货商店相距在 1.5 千米以外，8 千米以内，对顾客的争夺是激烈的，两家商店的商圈都会缩小，只有少部分的共同商圈。

（3）交通地理状况。交通地理条件是影响商圈规模的一个主要因素。它包括道路状况，是否有公共汽车、电车站或停车场，是否有地铁站连接等。位于交通便利地区的店铺，商圈规模会因此扩大，反之则限制了商圈范围的延伸。但对于不同的零售商店来说，考虑交通条件对商圈的影响时的侧重点应有所不同。如对一家大型零售商店而言，可将顾客利用各种交通工具都能很容易来店的地区列入商圈范围；而对一般的小型零售店来讲，则应更多地考虑周围居民步行花多少时间来店作为商圈范围确定的依据。

【小资料 3-3】

地铁来了，春熙商圈如何 "变脸"

2010 年，成都地铁的开通运行，全面改变了成都人的出行和生活方式。那么，地铁又会给城市的商圈带来怎样的改变？而贯穿成都主城区的地铁 2 号线、3 号线在春熙路交会，又将给成都人气、商气、财气最为炙热的春熙商圈以怎样的变革呢？

"地铁商业目前是一个全新理念，我甚至认为这是中国少有的投资机会！" 香港中文大学首席讲座教授郎咸平在 2009 年 12 月 16 日举行的中国西部（成都）地铁高峰论坛上发言说道。

"地铁的商圈效益，不是平面效益，而是一个立体的效益，它可以充分将黄金口岸的价格凸现出来，例如寸土寸金的春熙路，财富价值更将得到提升。" 这是西南财经大学教授杨继瑞对地铁经济的认识。杨继瑞认为，一个商圈，它最重要的功能是 "聚" 和 "通"，需要两者的有机结合，地铁正是地产经济与地产商业的有效纽带。同时，成都建设地铁，可以真正地将都市式的和田园型的两种城市发展蓝图进行有效结合，从而使成都的老百姓感受到出行的方便、购物的方便、休闲的方便，更充分地享受到城市和田园的生活。

四川大学经济学院教授吴丰也表示："地铁开通是在地段上的财富叠加，它能让城市最核心的商圈强者更强，它是商业地产的风向标。" 他告诉记者，地铁开通后能让城市最核心的商圈强者更强。比如，盐市口、春熙路，是成都最核心的商圈，以前由于交通的限制，更大程度上吸引的是城市中心居住的消费人群，但是一旦有地铁以后，商圈的辐射力会扩大，新都、郫县等区域也能够与核心商圈形成邻里化的关系。其人流密度和强度都将是空前的，其口岸价值将是其他任何区域没法比拟的。成都的主流人群、平民消费、时尚消费都将因地铁而汇聚。地铁网络化的出现，将对城市的商圈进行一个重新的洗牌。

说到地铁开通后的春熙商圈，业内专家断言，其商业重心必将东移。

第一，地铁交通，人流东移。作为地铁 2、3 号线春熙路地铁站出入口上盖物业，日均 60 万人流出入，变革式的交通网络将四面八方的庞大购物消费人潮集中汇集于此，通过银石广场分流进入春熙路商圈，人流因地铁交通而东移。

第二，商业提速，重心东移。现有的伊藤、伊势丹百货商业物业未来将与银石广场、九龙仓国际金融中心、群光广场、铁狮门项目等高端物业形成强大的资源整合，形成规模化商业集群效应，区域商业得以互补互进，快速提升。整个春熙商圈因商业发展重心而东移。

第三，商圈升级，规模东移。春熙商圈强大的商业资源与规模效应使现有以中山广场为中心的中低端商业形态向以银石广场为中心的中高端商业形态转变，未来商业品质的不断提高，将会加速吸纳人流东移，形成商圈升级源源不断的动力，商圈内自身形成高端、高效的商业发展循环模式，商圈更新换代必然使春熙商圈核心东移。

据记者了解，开发商对未来春熙路的价值是很有信心的，包括银石广场、喜年广场在内的五六个项目都摆在了红星路步行街的一侧，也就是整个春熙路的商业重心将向东发展，往红星路方向转移，目前已经有伊势丹、第一城、时代广场，一条线排下来的购物中心聚集了庞大人气，再加上红星路对面九龙仓城市综合体和银石广场综合体的修建，以后这个版块人气会更旺。

（摘自：成都晚报）

（4）人口流动性。人口流动是指在交通要道、繁华商业区、公共场所过往的人口。流动人口是此地区店铺的主要顾客来源，是构成边缘商圈内顾客流的基础。一个地区的流动人口越多，在这一地区经营的店铺可以"捕获"的潜在顾客就越多。

【技能任务】

五、商圈层次划分

一般而言，顾客离某商店越远，他们光顾该店的可能性就越小，反之光顾的可能性就越大。根据这种"距离递减功能"现象，可按顾客距离商店的远近，将一个商圈分为3个距离带：核心商圈、次级商圈及边缘商圈（见图3-1）。

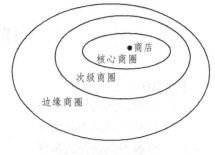

图 3-1　商圈

1. 核心商圈

核心商圈也称第一商圈，是指最接近商店的区域。在主核心商圈内，消费者去商店购物最为方便，一般情况下，包含商店顾客总数的 55%～75%，是最靠近商店的区域，顾客在总人口中所占的比例最高，每个顾客的平均购货额也最高，并且很少与其他商圈产生重叠，否则就易出现过度竞争。例如，北京的西单和王府井两个核心商圈。一般来说，小型商店的核心商圈在 0.8 千米之内，顾客步行来店在 10 分钟以内；大型商场的核心商圈在 5 千米以内，无论使用何种交通工具来店，不超过 20 分钟。

2. 次级商圈

次级商圈也称第二商圈、主力商圈，是指位于核心商圈外围的次要区域。在这一区域内，顾客较为分散，但消费者来店购买商品也较为方便，一般情况下，包含顾客总数的 15%～25%。日用品超市对这一地区的顾客吸引力最小。一般来说，小型商店的次要商圈在 1.5 千米之内，顾客步行来店在 20 分钟以内；大型商场的次要商圈在 8 千米以内，无论使用何种交通工具来店，平均不超过 40 分钟。

3. 边缘商圈

边缘商圈也称第三商圈、辐射商圈，是指位于次要商圈以外的区域。在这个区域的消费者来商店购买商品不太方便，包含其余的顾客，他们住得最分散。便利品商店吸引不了边缘区的顾客，只有选购品店才能吸引顾客。一般来说，小型商店的边缘商圈在 1.5 千米以外，顾客步行来店在 20 分钟以上；大型商场的边缘商圈在 8 千米以外，无论使用何种交通工具，来店时间平均在 40 分钟以上。

将商圈进行 3 个层次的划分具有非常重要的现实意义。由于门店资源的有限性，不可能满足所有来店顾客的需求，因此门店会将主要精力集中在核心商圈和次级商圈的顾客群上，根据消费者的特点创造高度的顾客满意度，进一步扩大商圈的范围。

上海既有著名的徐家汇商圈、豫园商圈，以及中山公园商圈等市级商圈（一级商圈），也有五角场商圈、曲阳商圈、长风商圈等区级商圈（二级商圈），还有凉城商圈、康桥商圈等社区型商圈（三级商圈），将聚集商业构成完整版块（见图 3-2）。

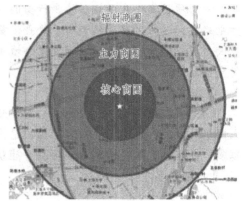

图 3-2　上海商圈

以小组为单位，对目标城市进行商圈三级划分，然后调研每个层次的业态构成、代表性商业项目、客流量以及消费者类型、消费特点等方面，使门店能够更有针对性地满足顾客的需求。

任务二　商圈调查

【学习任务】

（1）了解商圈调查的重要性。

（2）明确商圈调查的内容。

（3）掌握商圈调查的步骤。

（4）编制商圈调查问卷表。

【技能任务】

（1）能够编制商圈调查问卷表。

（2）绘制商圈简图。

【理论知识】

商圈调查在商店生命周期的任何阶段都需要，然而在开店选址时进行商圈调查显得尤为重要。因为商店所在地的人口总数、客流量、消费水平、营业额预计值、竞争对手情况等资料都是能否开店的先决条件。选址的成功在很大程度上可以决定其整个项目的成败。因此，无论是跨国的零售巨头还是本土的商业企业，都非常重视其前期商圈调查工作。

一、商圈调查的意义

（1）商圈调查可以预估商店坐落地点可能交易范围内的消费人群、流动人口量等人口资料，并通过消费水准预估营业额等消费资料。对商圈的分析与调查，可以帮助经营者明确哪些是本店的基本顾客群，哪些是潜在顾客群，力求在保持基本顾客群的同时，着力吸引潜在顾客群。

（2）商圈调查可以帮助开店者了解预定门市坐落地点所在商圈的优缺点，从而决定是否为最适合开店的商圈。在选择店址时，应在明确商圈范围、了解商圈内消费分布状况及市场、非市场因素的有关资料的基础上，进行经营效益评估，衡量店址的使用价值，按照设计的基本原则，选出适宜的地点，使商圈、店址、经营条件协调融合，创造经营优势。

（3）全面的商圈调查，可以使经营者了解店铺位置的优劣及顾客的需求与偏好，作为调整商品组合的依据；可以让经营者依照调查资料确定明确的业绩目标。通过商圈分析，制定市场开拓战略，不断延伸触角，扩大商圈范围，提高市场占有率。

二、商圈调查的目的

（1）了解地区居民的基本情况，如人口特性、社会经济状况及生活形态等。

（2）确定产品组合及促销重点。

（3）分析商圈是否重叠。

（4）计算在某一地理区域内应开几家店。

（5）找出商圈内的障碍。

① 道路设施不便。

② 人口拥挤。

③ 交通过度拥塞。

（6）法规方面考虑租税、执照、营运、最低工资及都市区域划分情况。

（7）其他因素：了解其地区内同性质的竞争店数（竞争是否激烈）、将来的变动趋势、供应商位置、运输是否方便（交通状况）、可否利用物流中心一次补齐所需物品及停车场是否宽畅等。

【实践知识】

三、商圈调查的内容

在确定商圈的基本位置后，还应对商圈进行详细调查，主要调查包括商圈总体要素和竞争店的情况，具体如下：

（1）商圈人口结构：人口规模、收入水平、消费能力、消费结构、生活习惯、消费期望等。

（2）商圈经济结构：人流集中区域、消费什么、消费多少、服务需求、配套需求、竞争环境等。

（3）商圈入驻条件：租金水平、人口分布、位置优势及障碍、交通状况、建筑条件、商业布局等。

（4）商圈政策条件：法令法规、城市发展现状及未来规划等。

（5）商圈特征：建筑形态、行业形态、分布家数、分布情况等。

（6）住宅特征：建筑形态，商用、商住、纯住宅分布情况，集会场所，人潮流动方向等。

四、商圈调查的步骤

首先以麦当劳的商圈调查为案例。麦当劳市场目标的确定需要通过商圈调查，在考虑餐厅的设址前必须事先估计当地的市场潜能。

1. 确定商圈范围

麦当劳把在制定经营策略时确定商圈的方法称作绘制商圈地图，商圈地图的画法首先是确定商圈范围。

一般来说，商圈范围是以这个餐厅为中心，以 1～2 千米为半径，画一个圆，作为它的商圈。如果这个餐厅设有汽车走廊，则可以把半径延伸到 4 千米，然后把整个商圈分割为主商圈和副商圈。

商圈的范围一般不要越过公路、铁路、立交桥、地下通道、大水沟等，因为顾客不会越过这些阻隔到不方便的地方购物。

商圈确定以后，麦当劳的市场分析专家便开始分析商圈的特征，以制定公司的地区分布战略，即规划在哪些地方开设多少餐厅为最适宜，从而达到通过消费导向去创造和满足消费者需求的目标。

因此，商圈特征的调查必须详细统计和分析商圈内的人口特征、住宅特点、集会场所、交通和人流状况、消费倾向、同类商店的分布，对商圈的优缺点进行评估，并预计设店后的收入和支出，对可能净利进行分析。

在商圈地图上，他们最少要标注下列数据：

餐厅所在社区的总人口、家庭数；餐厅所在社区的学校数、事业单位数；构成交通流量的场所（包括百货商店、大型集会场所、娱乐场所、公共汽车站和其他交通工具的集中点等）；餐厅前的人流量（应区分平日和假日），人潮走向；有无大型公寓或新村；商圈内的竞争店和互补店的店面数、座位数和营业时间等；街道的名称。

2. 进行抽样统计

在分析商圈的特征时，还必须在商圈内设置几个抽样点，进行抽样统计。抽样统计的目的是取得基准数据，以确定顾客的准确数字。

抽样统计可将一周分为三段：周一至周五为一段；周六为一段；周日和节假日为一段。从每天的早晨 7 时开始至午夜 12 点，以每两个小时为单位，计算通过的人流数、汽车和自行车数。人流数还要进一步分类为男、女、青少年、上班和下班的人群等，然后换算为每 15 分钟的数据。

3. 实地调查

除了进行抽样统计外，还要对顾客进行实地调查，或称作商情调查。

实地调查可以分为两种：一种以车站为中心，另一种以商业区为中心。

　　同时还要提出一个问题：是否还有其他的人流中心。答案当然应当从获得的商情资料中去挖掘。以车站为中心的调查方法可以到车站前记录车牌号码，或者乘公共汽车去了解交通路线，或从车站购票处取得购买月票者的地址。

　　以商业区为中心的调查需要调查当地商会的活动计划和活动状况，调查抛弃在路边的购物纸袋和商业印刷品，查看人们常去哪些商店或超市，从而准确地掌握当地的购物行动圈。

　　通过访问购物者，调查他们的地址，向他们发放问卷，了解他们的生日。

　　然后把调查得来的所有资料一一载入最初画了圈的地图。这些调查得来的数据以不同颜色标明，最后就可以在地图上确定选址的商圈。

　　应该说，正因为麦当劳的选址坚持通过对市场的全面资讯和对位置的评估标准的执行，才能够使开设的餐厅，无论是现在还是将来，都能健康稳定地成长和发展。根据麦当劳的经营，商圈的调查步骤如图3-3所示。

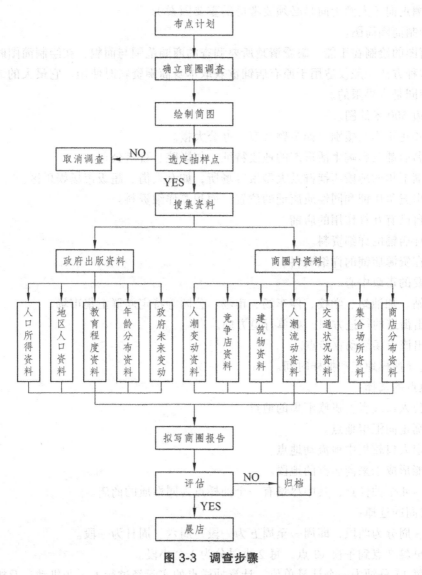

图3-3　调查步骤

（1）划分商圈。

商圈范围的划定因行业类别的不同而不同，以服饰专卖店来说：主力商圈大约50米，次级商圈为50~150米，辅助商圈为150~250米。

商圈基本上是没有形状的，然而为了方便计划，一般事前规划可用圆形或地形形式来为商圈推算。如有以下各种情况限制，可为商圈的范围划分为点：

① 商圈半径以500米为限。

② 马路的分界，凡超过40米宽的道路、四线道以上或中间有栏杆阻隔的主要干道。

③ 铁路、平交道的阻隔。

④ 安全岛的阻隔。

⑤ 大水沟。

⑥ 单行道。

⑦ 人潮走向（人潮走向是必须要考虑的重要因素）。

（2）绘制商圈简图。

商圈简图的绘制在于能一眼看清楚所要调查的商圈范围与面貌，在绘制简图时会标示下列地貌。这种方法一般仅适用于原有店铺欲获取本身商圈资料时使用。它最大的缺点是，设定出来的商圈是有界限的。

① 周边500米简图。

② 重要建筑物及楼别，如金融大厦、办公大楼。

③ 著名店铺及影响生活形态的地段特征，如影院、百货公司。

④ 人潮汇集的地段店铺群及大型聚客场所，如女人街、超级市场娱乐区。

⑤ 标出竞争店铺和同性质店铺的位置、面积等详细资料。

⑥ 与自己有互补作用的店铺。

⑦ 目标店铺的详细资料。

⑧ 潜在资源店铺的详细资料。

⑨ 重要的市政中心。

⑩ 车站、加油站、学校、停车场、市场、公园等特定族群汇集市场。

⑪ 标出街道的行进方向，如单行道方向。

⑫ 标出该市场活动宣传点。

（3）选择抽样地点和抽样时间。

抽样地点的选择：

① 办公人口或者上班族汇集的地点。

② 人潮走向汇聚地点。

③ 固定人口较集中地流动地点。

④ 可能形成未来商店群的地段。

预定3~4个抽样点，其中尽量有一个抽样点为同性质的商店。

抽样时间的选择：

① 将一周分为两段，即周一至周五为一段，周六、周日为一段。

② 将早晨7点到午夜12点，每2小时分为1个小段。

③ 以每15分钟为一个计量单位，计算抽样点的实际经过行人、非机动车及机动车数。

④ 将抽样计算任务转变为 2 小时为单位的人潮流动数。以 15 分钟为抽样得该抽样点人数为 Y，$Y \times 8 = Z$，则 Z 为其可能的人口流动。然后将其计入人潮流动抽样调查表（见表 3-2）。

表 3-2 人潮流动抽样调查表

以下抽样时间： 年 月 日 星期____ （15 分钟/次）

区 域	甲			乙			丙			丁		
时间分类	A	B	C	A	B	C	A	B	C	A	B	C
07：00～09：00												
09：00～11：00												
11：00～13：00												
13：00～15：00												
15：00～17：00												
17：00～19：00												
19：00～21：00												
21：00～24：00												

注：① A. 行人；B. 汽车、摩托车；C. 脚踏车、助动车。
② 甲、乙、丙、丁分别代表 4 个不同的商圈。
③ 只统计有购买能力的人。

（4）收集信息资料。

预备调查时，收集的资料最少应有下列几种：

① 某预定地区的人口数、户数资料。
② 都市规划、都市建设指定用图。
③ 竞争店分布图。
④ 竞争店或未来大型店的预定计划。
⑤ 竞争店销售实绩。

竞争者分析表如表 3-3 所示。

表 3-3 竞争者分析表

竞争店	位置	营业面积	租金	营业时间	价位	来客数	日业绩	经营特色	强弱势及未来发展情况

五、商圈分析与确定

在对商圈进行了详细调查，收集到相关资料后，接下来就需要对预选商圈进行深入分析。商圈分析是关系门店选址成败的关键一环。通过商圈分析，连锁企业就可以选择一个最为合适的目标商圈。

【拓展知识】

六、商圈调查注意事项

在进行商圈调查的时候，建议以数字为中心，最好能画出详细的图纸，并加以细致的文字说明，这对最后的选择会起到至关重要的作用。需要注意的因素如下：

（1）目标区域内的建筑及分布，建筑内人群资料及与交通的关系。

（2）目标区域内业态的具体分布，尤其关注那些小的商业气候，如若干家同类型扎堆、分析其为什么要扎堆、其中有无龙头店、各自经营的主要项目有无冲突、如何解决、观众的反应等，并进行详细统计。

（3）关注那些生意好的孤立店，为什么生意好，有无可能在其旁边开店借势。

（4）关注规划的变化，在一个成熟商圈内，规划的变化往往预示着后来者的巨大机会，因为老客户一般都会有"恋栈"心理，对规划变化无意进行排斥，反应迟钝，给后来者夺取和转移前者的优势带来了机会。

（5）几个需要单独考虑的因素，比如，影响巨大的品牌店，如商圈内麦当劳、肯德基及一些人气旺盛的大型商场，这些因素经常会改变商圈气氛，并形成商圈内局部的经营小环境，需视情况加以利用。

（6）商圈外因素，如戏院、政府机关、展览会场、学校、公园等，这些因素看上去好像与商圈无关，但却经常会带来对经营者意想不到的影响，在调查中需关注这些因素，然后加以利用或规避。

有一个需要特别注意的问题是，在对商圈调查的时候，或进行商铺选址的时候，每一个人都要特别关注位置，但却甚少有人注意到，商业选址要注意的其实不是地理位置，而是客流位置，所以要特别关注商圈内人潮的流向，关注其行动规律，并注意考察人潮流向形成背后的各种影响因素，如心理、历史、环境等，这一点非常重要。

【技能任务】

1. 商圈调研问卷设计（见表 3-4 ~ 3-6）

表 3-4　竞争环境调查表

	内　容	竞争对手 1	竞争对手 2	竞争对手 3
竞争环境调查	店铺地址			
	店面面积			
	店铺类型			
	开业时间			
	员工人数			
	营业额/月（预计）			
	服务特色			
	距您意向店铺距离/米			
	顾客认知度			
	是否经常进行宣传、促销活动			
	其　他			

表 3-5　店铺周边环境调查

您的店铺（或意向中的店铺）					
地址		面积		年租金	
房屋类型	自有□　租赁□	5 年内有无拆迁可能		有□　　无□	

A．请绘出店铺内部结构图（可附页）

B．请绘出店铺外部及周边图（相邻店面、街道、单位等）（可附页）

C．请绘出店铺区域（半径 500 米内）的商圈图（包括居民区、机关、学校、公司及其名称）（可附页）

D．请提供标明有店铺位置的城市地图（以作为加盟后给您网上推广用）（可附页）

表3-6 店铺周边市场调查

市县名		总人口		城市类别		城市面积	
加盟店店址							
加盟店所在城市或地区经济发展水平		□高		□中		□一般	□低

小区资料	小区名称	小区档次（注明价）	居民户数	距店距离（步行）	中低档居民所占比例	中高档居民所占比例

消费者情况分析	
年龄层次	□老年 □中年 □中青年 □青年
收入水平（月）	□3 000元以上 □2 000～3 000元 □1 000～2 000元 □1 000元以下
职业情况	□白领 □工薪 □公务人员 □工商业人士 □其他
消费特征	□注重品牌 □注重价格 □注重服务 □注重流行时尚
	高档品牌服装店数量：□非常多 □不是很多
出入工具	①私家车____% ②公交____% ③其他____%
距店距离情况（步行）占人口总数的比例	①5分钟内____% ②10分钟内____% ③15分钟内____%
加盟店所在位置的交通和车流量情况	车流情况 ( )辆/小时
	店周围交通情况 □便利 □好 □一般 □门前是否有隔离栏
	红绿灯情况(若有请注明地点) □无 □有 数量( ) 地点：
	店门前是否可停车 □可 □不可

商圈内其他服务行业和企事业单位情况		
类型	数量	详细情况（规模、人流量、经营情况）
社区服务类		
机关、院校情况		
金融单位		
医院等其他事业单位		
写字楼		
工厂类		
消费休闲类		
肯德基、麦当劳		

请根据所学连锁门店的理论，结合某一区域，选择一种具体的业态的零售企业，编制相关的商圈调查表，并进行实地调研。

2. 如何绘制商圈图（见图 3-4）

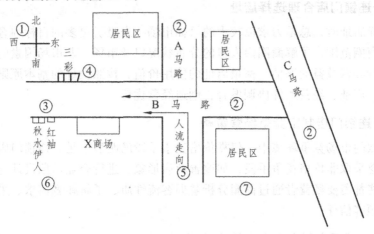

图 3-4 画商圈的七大要素

① 店址方向；② 店址名称（所在马路名称）；③ 店址周边各经营店铺的名称；④ 店址所在商圈的位置；⑤ 店址目标消费群体人流走向（时间段：早上和晚上）；⑥ 了解竞争对手的基本情况，如面积大小、营业人数、营业额、货品情况、价格等；⑦ 居民区所在商圈的位置。

以小组为单位，请选择某一连锁门店，绘制一个商圈简图，为商圈调查作参考。

任务三　商圈分析

【学习任务】
（1）了解商圈分析的概念和作用。
（2）明确商圈分析的内容。
（3）掌握商圈划定的方法。

【技能任务】
基本能运用商圈分析理论对已确定商圈进行简单分析。

【理论知识】

一、商圈分析

商圈分析是指对商圈的构成、特点和影响商圈规模变化的各种因素进行实地调查和综合分析，也称为商圈实务。进行商圈分析的目的有 3 点：一是明确该商业区或商店的商圈范围；二是了解商圈的人口分布状况及生活结构；三是在此基础上进行经济效益的预测。如计划开设超市，根据周边居民的人口规模、收入水平和竞争对手情况等指标，就可以基本计算出该店可能达到的营业额。

二、商圈分析的作用

商圈分析的作用主要表现在以下 4 个方面：

1. 有助于连锁门店合理选择店址

门店在选择店址时，总是力求以较大的目标市场，来吸引更多的目标顾客，这首先就需要经营者明确商圈范围，了解商圈内人口的分布状况以及市场、非市场因素的有关资料，在此基础上，进行经营效益的评估，衡量店址的使用价值，按照设址的基本原则，选定适宜的地点，使商圈、店址、经营条件协调融合，创造经营优势。

2. 有助于连锁门店制定竞争经营策略

在日趋激烈的市场竞争环境中，仅靠价格竞争手段已明显不足。连锁门店在竞争中为取得优势，已广泛采取非价格竞争手段，如改善商店形象、进行企业形象设计与策划、完善售后服务等。这些都需要经营者通过商圈分析掌握客流性质、了解顾客需求、采取针对性的经营策略，赢得顾客信任。

3. 有助于连锁门店制定市场开拓战略

一家连锁店的经营方针、策略的制定或调整，总要立足于商圈内各种环境因素的现状及其发展趋势。通过商圈分析，可以帮助经营者明确哪些是本店的基本顾客群，哪些是潜在顾客群，力求在保持基本顾客群的同时，着力吸引潜在顾客群，制定市场开拓战略，不断延伸经营触角，扩大商圈范围，提高市场占有率。

4. 有助于连锁门店加快资金周转

连锁门店在经营之初和正常经营过程中都不得不面临流动资金占用多的尴尬局面，在多数情况下，资金都是短缺的，因此，加快资金周转速度是门店在选址时必须考虑的因素。

一般而言，门店的经营规模受到商圈规模的制约，商圈规模又会随着经营环境的变化而变化，当商圈规模缩小而门店经营规模仍维持原状，就有可能导致企业的一部分流动资金受到占压，影响资金周转速度，降低资金利润率。

【实践知识】

三、商圈分析的内容

1. 人口统计分析

这是对商圈区域内人口总量和密度、年龄分布、教育水平、可支配收入、职业分布、人口变化趋势、客户特点等方面的现状和发展趋势做调研。

（1）人口总规模指一个区域内的常住居民和流动人口量。人口规模的大小是影响基本生活资料需求的一个决定性因素，虽然说人口规模的大小与市场购买力水平的高低并无必然联系，但一个有着大量人口的城市市场对零售企业而言，是一个意义重大的市场，因为它发展的潜力极大，企业的营销机会极大。

（2）人口密度主要指人口的地理分布。同样的人口规模，人口密度大，地理分布集中，对零售企业而言，就容易获得顾客；反之较难。

（3）不同年龄的消费者由于其需求量不尽一致，可以将市场分为老年人市场、成人市场、青年市场、儿童市场。不同的消费群体其市场需求也有所不同。老年人群体对保健品、营养食品、药品市场需求量会大一些；而作为青年人群则不同，他们对精神方面的需求会更多一些。对零售企业而言，就必须考虑它的目标群体是否与所选区域内主要消费者群体相吻合。

（4）人均可支配收入是指个人收入减去直接负担的各项税款和非税性负担之后的余额。人均可支配收入高，其购买力就强，企业的营销机会就会随之扩大。它是影响消费需求构成最活跃的因素，对零售企业进行市场定位、选择目标市场、有针对性开展营销活动具有重要意义。我们常常用购买力指数来对其进行衡量，即有效收入、零售额、人口规模相加平均后得出的数字。

通过人口分析，可以把握商圈的目标顾客及购买特点，判断商圈的市场机会。

【小资料 3-4】

根据人口数量的网点设置和业态、业种选择

按照国外的经验和我国城市发展的实践，一般按照人口的数量规模和集聚程度进行零售商业和服务网点的配置。

（1）居民人数 5 000 以下：应设置小型超市、生鲜食品店、普通饮食店、书报亭、医药店、肉菜市场、服务类商店（如美容美发、照相冲印、洗衣、家电钟表及日用品维修、代理购票送票、影碟影带出租等）等网点，满足居民的日常需求。

（2）居民人数达到 2 万：应增加设置中型超市、超值折扣店、各类专业店（如服装店、医药店、家电店、书店等）等购物网点；餐饮店、咖啡屋等餐饮网点；影剧院、文体设施等文体娱乐场所。

（3）居民人数达到 10 万：应增加设置大型超市、百货商店、儿童游乐园、中大型书店、银行、邮局等。

（4）居民人数达到 50 万：应增加设置区域购物中心；超大型超市（货仓式商场）；商业街；各类中高档食肆酒楼、宾馆酒店等餐饮住宿网点；图书馆、博物馆、体育馆、大型文体娱乐设施等文化、体育、娱乐场所。

（5）居民人数达到 100 万：应增加设置大规模的购物中心，内设有 2 个以上大型超市或百货店、150 个以上中型专卖店和专业店、30 个以上餐饮店及 20 个以上室内室外娱乐休闲场所；大型百货商厦；高级酒店等。

（摘自：王新宏主编，现代管理学，天津大学出版社）

2. 客流量调查和分析

在激烈的市场竞争中，客流量对连锁企业来说意味着人气，更关系到销售额和绩效。门店经营业绩的高低取决于客流量的大小。客流包括现有客流和潜在客流，同时除商圈内的固定客流外，流动的消费者也是门店的一个重要的客户来源。随着交通便利和生活方式的改变，人员往来频繁，无疑会给门店带来可观的经济效益，所以商圈的客流量调查和规律分析是非常重要的，具体分析点如下：

（1）分析客流目的、速度、滞留时间。

车站、码头、学校、公共场所等客流量大，却多属非商业因素，其客流的目的不是为了

购买商品，而是以其他目的为主，购物只是顺便。此地区的客流一般速度较快，停留时间短，流动时间比较集中。因此，可以把那些经营挑选性不强和携带方便的商品的门店设在这里，如烟酒副食品店、冷饮店、快餐店等。

（2）分析不同时间经过店址的人流总数、性别、进店人数等指标。

（3）分析街道特点。街道的特点也会影响客流量的大小。一般选择交叉路口人流量集中、交通便利和能见度高的地点。

测算人流量时，还需要注意以下几个要点：

（1）除了测算计划开店位置所在人行道上的人流外，还要测算马路中间和马路对面的人流量。

（2）在马路中间测算人数时，只算骑自行车的，不算开汽车的。

（3）依照马路宽度确定是否要对马路对面的人流量进行测算，如果路面较窄就进行测算，如果路宽超过一定标准，一般都有隔离带，顾客也不太可能过来消费，这时就不需再对马路对面的人流量进行测算。

【小资料 3-5】

餐厅选址错误实例分析

建外 SOHO 位于国贸南侧，是一个大型商住项目。第一期开盘，在南侧靠近通惠河一侧的 5 号楼同时开了很多家餐厅。有一个名为米和面的快餐品牌在 5 号楼靠东侧的位置开了一家店，开业后顾客寥寥无几，一年后再到此处时发现该餐厅已经不见了。其实同期在建外 SOHO 开业的很多餐厅的命运与米和面都一样，他们都犯了同样的错误，那就是贸然进入一个不成熟的商圈。

国贸桥西南角一带主要的地产项目除建外 SOHO 外，还包括银泰中心和中环广场两个大型项目，它们聚集在一起形成一个小商圈。SOHO 从 2004 年起陆续开始入住，中环到目前为止刚开始入住，银泰还没完工，只有这些项目全部投入使用并且入住率达到 8 成以上商圈才算基本成熟。米和面开业时仅有建外 SOHO 的几幢公寓开始入住，而这些公寓多数都是用来投资的，空置的很多，真正住人或办公的很少，导致商圈人口供给严重不足，这种情况持续了一年多，直到建外 SOHO 靠近三环路的两栋写字楼投入使用后才有所缓解。

商圈不成熟导致人口不足，却有几十家餐厅开业，餐饮供给严重大于需求，这种情况下即使降价促销也不能解决问题。唯一的出路就是赔钱养着餐厅，慢慢等待商圈成熟后再把投入的和损失的赚回来。但是，米和面这样的小品牌很难有充裕的资金和足够的耐心等待，最终只好中途撤出，赚钱的梦想破灭，所投入的资金血本无归。

建外 SOHO 虽然位于 CBD 核心区，但三年时间过去了，商圈仍然没有真正成熟起来。最初开业的餐厅大多数都已经易主，这里外表看起来依旧繁荣，但餐饮投资者却是"血流成河"。类似的商圈很多，例如海淀区远大路、望京等商圈。不成熟商圈是一个"大火坑"，却有很多投资者敢于贸然往里跳，真佩服他们的"勇气"。

目前，成熟商圈的快餐店址十分紧缺，于是很多品牌都瞄上了新商圈。新商圈成熟度低，客源不足，房租水平一点儿都不低，竞争依然激烈，对快餐企业来说所面临的风险会更大。进驻不成熟商圈一定要有以下准备：开业后相当长一段时间会赔钱，投资回收期一般比成熟商圈长一年左右，要有足够的资金和耐心支撑到餐厅开始赚钱时。因此，对于一些中小品牌来说，进入一个不成熟的商圈时一定要掂掂自己的钱袋，如果不够赔一年的本钱就不要冒险。

（摘自：餐厅的选址策略 https://www.haosou.com/）

3. 消费者研究

（1）消费者购买行为和习惯研究。消费者购买行为和习惯包括购物场所选择、购物频率、购物品种、消费金额、交通工具等。如肯德基的市场定位就和麦当劳相同，其顾客群都是集中在 15 ~ 25 岁的青少年阶层。因此，人们经常可以看到有些地方的同一条街上，一边是麦当劳，另一边则是肯德基。把店开在拥有共同顾客群的竞争对手附近，也是两大快餐连锁企业选址的一个重要原则。

（2）消费者满意度研究。消费者满意度包括对目前商圈的满意度、对不同商家的评价和喜好度。

（3）消费者购买力研究。这涉及商圈及商圈内经济结构是否合理、区域的经济稳定性、在较长时间内客户收入增长的可能性等。比较不同的商圈的购买力指数，可以为发现潜在消费者市场提供依据。

$$购买力指数 = 50\%A + 30\%B + 20\%C$$

式中　A ——商圈内可支配收入总和；

　　　B ——商圈内零售总额；

　　　C ——具有购买力的人口数量。

例如，北京西郊某商厦在立地之初，就对周围商圈 1 ~ 2 千米半径的居民按照分群随机抽样的方法，抽取出家庭样本 2 000 个。经过汇总分析，这 2 000 户居民中，人均月收入在 1 万元左右的约占 50%，5 000 ~ 10 000 元的占 20%，10 000 ~ 15 000 元的占 20%，人均月收入 5 000 元以下的占 10%，人均月收入 20 000 元以上的约占 10%。由此说明，该地区居民大都系工薪族家庭，属于中等收入水平。

企业在选择立地时，应以处于青年和中年层顾客、社会经济地位较高、可支配收入较多者居住区域作为优先选址为佳。

4. 竞争对手分析

竞争对手分析主要包括现有竞争者的商业形式、位置、数量、规模、营业额、营业方针、经营风格、经营商品、服务对象分析；所有竞争者的优势与弱点分析；竞争的短期与长期变动分析；饱和程度分析。

任何一个商圈都会出现门店过少、过多和饱和的情况。门店过少使得商圈不能充分满足消费者的需求，提供相对较少的产品和服务；而过多门店的商圈，提供太多的特定商品和服务，以致每家商店都得不到相应的投资回报。所以竞争者分析还必须考虑下列因素：现有门店的数量、现有门店的规模分布、现有门店的优势与弱点、新门店开张率、短期和长期变动以及饱和情况等。

饱和指数表明一个商圈所能支持的门店不可能超过一个固定数量，饱和指数可由下列公式求得。

$$IRS = C \cdot RE/RF$$

式中　IRS ——商业圈的零售饱和指数；

      C——商业圈内的潜在顾客数目；

      RE——商圈内消费者人均零售支出；

      RF——商圈内商店的营业面积。

连锁企业必须对所拟选的地区进行比较评估，观察饱和指数的高低。一般来说，饱和指数高，意味着零售潜力大，而饱和指数低则意味着零售潜力小。

例如，某一零售商计划开设一家连锁店，经过初步调查分析，拟选了 3 个地区，决定从这 3 个地区中选择一个适合建 5 000 米²的连锁店的地区。根据预测，所建的连锁店每平方米必须带来 20 元的销售额，以实现盈利。在这样的条件下，对 3 个地区的零售饱和指数进行了测算，如表 3-7 所示。

表 3-7　3 个地区的零售饱和指数测算表

项　目	地　区		
	A	B	C
需要该商品的顾客购买人数	30 000	15 000	5 000
顾客平均购买额/元	20	24	30
经营该商品的营业面积/米²	15 000	10 000	2 500
零售饱和指数	40	36	60

零售饱和指数越高，表明市场未饱和程度越高。从计算结果看，C 区的零售潜力高于 A、B 两地区，是零售商开设连锁店较为理想的地区。

5. 城市规划分析

城市规划情况是指城市新区扩建规划、街道开发计划、道路拓宽计划、区域开发规划等，这些因素都将会影响到连锁经营门店未来的商业环境。

城市建设规划既包括短期规划，又包括长期规划。有的地点从当前分析是最佳位置，但随着城市的改造和发展将会出现新的变化而不适合设店；反之，有些地点从当前来看并不是理想的开设地点，但从规划前景看会成为有发展前途的新的商业中心区。例如，某大型百货商场位于老城区商业中心，人流量大、店铺多、商业旺盛，但道路狭窄、交通不方便，如果其道路状况得到改善，那么该百货商场的商圈将会变大；如果政府规划了新的商业中心，那么该百货商场的商圈就会缩小。因此，连锁门店在选址时一定要分析该地区的规划前景。

6. 商圈内经济状况的分析

如果商圈内经济很好，居民收入稳定增长，则零售市场也会增长；如果商圈内产业多样化，则零售市场一般不会因对某产品市场需求的波动而发生相应波动；如果商圈内居民多从事同一行业，则该行业波动会对居民购买力产生相应影响，商店营业额也会相应受影响，因此要选择行业多样化的商圈开业。

四、商圈的划定方法

划分商圈非常复杂，受很多因素的制约，因此，必须根据各个店铺的具体情况决定。

对于已设店铺和新设店铺来说，划定商圈的方法有所不同。一般来说，现有店铺由于顾客资料容易取得，商圈的大小、形状和特征可以比较精确地确定。国外通常利用信用卡和支票购物可以调查出顾客的地址、购物频率、购物数量等情况。虽然国内信用卡消费也越来越普遍，但还是主要通过售后服务登记、顾客意向征询、赠券等形式收集有关顾客居住地点的资料，进而划定商圈。

对还没有建立店铺的连锁店来说，其具体的顾客还没有确定，不能根据实际到门店购买的顾客来获取所需资料。此时，应重点对打算开店地区的客流、车流、城市规划、交通设施、公路建设、住宅建设进行观察，同时，要密切注意当地居民的消费特征和生活形态，并配合其他调查材料，大体测算出新开店铺商圈范围。常见的划分商圈的方法有以下几种：

1. 参照法

参照法即参照某一类似市场或地区已有的店铺的商圈规模大小确定。这种方法在使用上为了尽可能接近本店铺所在地区的实际情况，可根据参照市场或地区店铺在经营规模、经营特色上的不同，以及居民人口分布、城市建设、交通设施状况、商业布局等方面的差异，进行合理修正，以取得较为准确的商圈零售饱和指数。

【小资料 3-6】

肯德基的商圈划分

肯德基计划进入某城市，就先通过有关部门或专业调查公司收集这个地区的资料。把资料收集齐了，才开始规划商圈。

商圈规划采取的是计分的方法，例如，这个地区有一个大型商场，商场营业额在 1 000 万元算一分，5 000 万元算 5 分，有一条公交线路加多少分，有一条地铁线路加多少分。这些分值标准是多年平均下来的一个较准确的经验值。通过打分把商圈分成好几大类，以广东为例，有市级商业型、区级商业型、定点消费型，还有社区型，社、商务两用型，旅游型等。

（摘自：肯德基的商圈战略 http://news.winshang.com）

2. 调查法

调查法即通过填写问卷调查的方法，间接调查了解顾客的住址，再将所得到的顾客住址标注在地图上，然后把地图上最外围的点连成一个封闭曲线，曲线以内的范围就是商圈所在。

问卷调查的内容应包括住址、来店频率（次/周或次/月）等信息。对消费者的调查可通过问卷的形式，最直接的调查方式是入户访谈，还可以辅之以街头拦截访谈、电话访谈等。问卷发放数量的多少要视具体情况而定，需要综合考虑商店业态、规模、商圈内人口数等特点。问卷发放范围应该以店铺为中心尽量覆盖半径 3 000 米以内的区域（见附表 1）。

其中聚客点的调查也非常重要。聚客点是指聚集客流的地点，如公交车站、地铁站、出租车站、百货商场、大型超市、停车场、休闲娱乐广场、有人行道的十字路口等。在选址过程中，一定要留意是否有一到两个聚客点，尤其是在三四线城市，本身城市规模较小，商圈划分不明显，聚客点就显得至关重要。以肯德基为例，其选址成功率几乎能够达到 100%，正是强调聚客店分析的结果。北京西单是很成熟的商圈，但西单任何位置不可能都是聚客点，肯定有最主要的聚集客人的位置。肯德基开店的原则是努力争取在最聚客的地方或其附近开店。要确定聚客店就需要分析人流动线是怎么样的，肯德基选址人员会派人去掐表，去测量，测得一套完整的数据之后才能据此确定地址。为了规划好商圈，肯德基开发部门投入了巨大的时间和精力。

3. 经验法

根据以往经验来设定商圈,这种经验包括以往经营过程中获得的各种经验等,也可以是该行业内大多数企业通用的做法或竞争者在确定商圈时所采取的方法。例如,经营购买频度较高的商品的便利店商圈一般为消费者步行 10 分钟左右的距离;而经营购买频度较低的商品的店铺商圈大小以步行 30 分钟的距离为标准。便利店(如 7-Eleven 店)的商圈半径为 500米。这些都是根据他人或自己过去的经营经验所得出的结论。使用这种方法来划定商圈范围时还需考虑当地的具体商业环境及自然条件等。

(1)商圈的习惯划分标准以店铺位置为轴心,以习惯性的一定距离为半径。国外习惯用的半径标准如表 3-8 所示。

表 3-8 商圈划分标准表

商圈层次	交通工具	距离半径	时间	速度
第一商圈	徒步	600 米	10 分钟	4 千米/小时
第二商圈	自行车	1 300 米	10 分钟	8 千米/小时
第三商圈	汽车	6 000 米	10 分钟	40 千米/小时

实际商圈的确定可以根据店铺位置的具体情况,对上述半径标准进行具体调整,最终描述出每个商圈的实际范围。

(2)业态不同,商圈的范围不同。

超市与百货店、购物中心等业态相比,商圈偏小,来店单程时间约为 10 分钟。超市奉行小商圈主义,地处社区或居民区,商圈人口为 7 万~12 万人;以经营食品为主的超市的商圈更小,商圈人口仅为 3.5 万~5 万人。调查表明,人们对肉、鱼、蔬菜、水果的经常性购物距离不足 2 千米,而对服装、化妆品、家具、耐用消费品的购物距离为 4~5 千米。连锁超市的每个小型商圈又互相连接,形成由点及线、由点到面的销售网络,占领市场的能力很强。

(3)商店所处位置不同,商圈范围不同。

一般位于都市中的商店商圈大都小于城郊的商店商圈范围。日本对超市的调查统计表明,商店与商圈范围的关系如表 3-9 所示。

表 3-9 商店位置与商圈范围

位 置	徒步商圈范围	自行车商圈范围	小汽车商圈范围
都市	300~500 米	700~800 米	—
郊外	500 米	1 500 米	3 000 米

4. GIS-商业地理分析技术法

地理信息系统(Geographic Information System,GIS)是从 20 世纪 60 年代产生并飞速发展的一门新型的管理地学信息的决策支持科学技术,是对与地理环境相关问题进行分析和研究的科学。随着 50 多年的飞速发展,地理信息系统的研究和应用在人们生活的各个领域日益广阔,在地质学、测绘学、环境科学、经济生产研究等多领域发挥了重要的作用,显示出巨大的能力。合理有效地开发和利用这些空间资料,可以优化资源配置、降低商业运行成本,并用于规划、监测、改善区域商业和经济环境。而地理信息系统以其强大的数据处理功能和空间分析能力，不仅是关于地理资料的获取、存储、转换、分析和表示的原则、方法和工具，而且提供了认识空间现象的思维方式和解决空间问题的方法，可用于定义、分析、表现复杂的空间经济现象及规律。由于地理信息系统独特的优越性和强大的功能，使得地理信息系统在商业中的应用也逐步发展，并呈现出广阔的前景，并且形成了一门新的 GIS 分支——商业地理分析技术（business geographic）。

目前，国内市场上在零售选址中采用 GIS 技术的零售企业只有家乐福、沃尔玛等极少数国际零售巨头。其他国内外零售企业由于各种原因，尚未见有在选址工作中应用 GIS 技术的，但有不少企业已经开始这方面的尝试，如上海联华、北京物美等。

GIS 的优势在于它能将不同来源、类型的大量数据通过地理空间结构有效整合在一起，提供其他传统分析方式不具备的空间分析能力、数据可视能力和空间决策支持能力，获得常规方法难以获得的重要信息，具体表现如下：

（1）商业活动与地理单元及区域社会、经济、自然、人文等密切联系，而处理和分析地理数据信息 GIS 具有强大的功能，应用 GIS 数据库中的资料及其有关功能，辅之以相应的市场及商业信息，可以方便地进行市场营销中所需要的各项空间分析工作。

（2）决策者可以在电子地图上更加直观地看到人口分布、商业布局及交通道路情况等选址要素的信息，从而有助于决策者进行科学分析和决策。

（3）用户可以通过对不同地图图层的控制，对需要的信息进行分层和叠加，同时还可以自由设置这些要素显示的风格和样式，有利于决策的科学化。

（4）通过专题地图的分析，用户能够快速发现可利用的市场空间；用户在确定预选位置后，系统可根据用户输入信息的不同进行模拟分析和评估预测，找出优选方案，并以定性和定量的方式将结果反馈给用户，极大地提高了用户的决策效率。

（5）用户可以将地图上的任意区域布局设置和打印，方便分发和使用。

GIS 的发展及应用是现代信息论、系统论和计算机科学技术的有机结合，其应用一方面提高了作业效率和成果质量，另一方面节约了人力、物力、财力等，在信息共享、信息充分利用方面具有无与伦比的优越性，是现代商业信息管理和决策依据的重要工具。

5. 利用数学方法确定商圈

（1）雷利法则。

美国学者威廉·J.雷利（W. J. Reilly）利用三年时间调查了美国 150 个城市，在 1931 年根据牛顿力学万有引力的理论，提出了"零售引力规律"，总结出都市人口与零售引力的相互关系，该理论被称为雷利法则或雷利零售引力法则。他认为一个城市对周围地区的吸引力，与它的规模成正比，与它们之间的距离成反比，用以解释根据城市规模建立的商品零售区。

该法则表明特定区域人口越多，消费规模越大，商业基础越发达，对顾客的吸引力就越大，商圈也就越大。商店的吸引力是由邻近商圈的人口和距离共同作用的结果。

雷利法则的公式如下：

$$D_{ab}=d/(1+\sqrt{P_b/P_a})$$

式中　d ——城镇 A 和 B 之间的距离；

P_a ——A 城人口；

P_b ——B 城人口；

D_{ab} ——A 城商圈距离。

例如，A 城镇人口 20 万人，B 城镇人口 2 万人，A 城镇距 B 城镇 12 千米；C 城镇有 4 万人口，距 A 城镇 10 千米；D 城镇有 5 万人口，距 A 城镇 3 千米，求 A 城镇在这些方向的商圈范围。

$$D_{ab} = \frac{12}{1+\sqrt{2/20}} = 9.1（千米）$$

$$D_{ac} = \frac{10}{1+\sqrt{4/20}} = 6.9（千米）$$

$$D_{ad} = \frac{3}{1+\sqrt{5/20}} = 2（千米）$$

由此可见，A 城镇在吸引 B、C、D 方向的顾客范围分别为 9.1 千米、6.9 千米和 2 千米，将它们在图上标注后连接起来，就可以得到 A 地区大致的商圈范围，如图 3-5 所示。

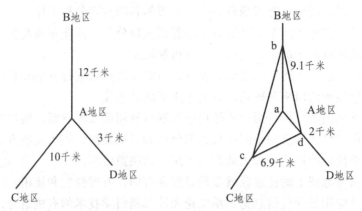

图 3-5　A 地区商圈范围

但是，雷利法则也有其局限性。

① 只考虑距离，未考虑其他交通状况（如不同交通工具、交通障碍等），若以顾客前往商店所花费的交通时间来衡量会更适合。

② 顾客的"认知距离"会受购物经验的影响，如好的品牌、服务态度、设施等通常会使顾客愿意走更远的路。

③ 因消费水准的不同，人口数量有时并不具有代表性，改以销售额来判断更能反映其吸引力。

（2）赫夫法则。

美国加利福尼亚大学的经济学者戴维·赫夫（D.L.Huff）教授于 1963 年提出了关于预测城市区域内商圈规模的模型——赫夫概率模型。赫夫认为从事购物行为的消费者对商店的心理认同是影响商店商圈大小的根本原因，商店商圈的大小规模与消费者是否选择该商店进行购物有关。通常而言，消费者更愿意去具有消费吸引力的商店购物，这些有吸引力的商场通常卖场面积大、商品可选择性强、商品品牌知名度高、促销活动具有更大的吸引力；反之，如果前往该店的距离较远，交通系统不够通畅，消费者就会比较犹豫。根据这一认识，赫夫提出其关于商店商圈规模大小的论点：商店商圈规模大小与购物场所对消费者的吸引力成正比，与消费者去消费场所感觉的时间距离阻力成反比。商店购物场所各种因素的吸引力越大，则该商店的商圈规模也就越大；消费者从出发地到该商业场所的时间越长，则该商店商圈的规模也就越小。

赫夫模型的公式如下：

$$P_{ij} = (S_j / T_{ij}) / (\sum S_j / T\lambda_{ij})$$

式中　P_{ij}——i 地区的消费者在 j 商业区或商店购物的概率；

　　　S_j——j 商店的规模（营业面积）或 j 商业区内某类商品总营业面积；

　　　T_{ij}——i 地区的消费者到 j 商店的时间距离或空间距离；

　　　$S_j / T\lambda_{ij}$——j 商店或 j 商业区对 i 地区消费者的吸引力；

　　　$\sum$——同一区域内所有商业区或商店的吸引力。

例如，一个消费者有机会在同一区域内 3 个超市中任何一个超市购物，已知这 3 个超市的规模和 3 个超市与该消费者居住点的时间距离如表 3-10 所示。

表 3-10　3 个超市规模和 3 个超市与消费者居住点的时间距离表

商　店	时间距离/分钟	超市规模/米^2
A	40	50 000
B	60	70 000
C	30	40 000

如果 $\lambda = 1$，则每个超市对这个消费者的吸引力如下：

A 的吸引力：50 000/40 = 1 250。

B 的吸引力：70 000/60 = 1 166.67。

C 的吸引力：40 000/30 = 1 333.33。

该消费者到每个超市购物的概率分别如下：

到 A 的概率 = 1 250/（1 250+1 166.67+1 333.33）= 0.333。

到 B 的概率 = 1 166.67/（1 250+1 166.67+1 333.33）= 0.311。

到 C 的概率 = 1 333.33/（1 250+1 166.67+1 333.33）= 0.356。

赫夫模型的局限性：在赫夫模型中，通常用到卖场的时间距离作为阻力因素，而用卖场的面积来代替卖场的吸引力，但如果仅用卖场的面积来代替卖场的吸引力，那相同面积的百货店、超市、商业街就具有相同的魅力，这显然过于武断。

【拓展知识】

五、人流量的测算方法

1. 人流量

人流量就是指一定时间内人数与时间的比。人流量测算是计算预估营业额中的重要组成部分，是预估营业额过程中唯一最实际的数据来源。

$$人流量=人流数量×人流质量$$
$$人流数量×捕捉率=门店来客数（T_C）$$

人流质量决定门店单笔消费评价金额（A_C）。

$$销售额=T_C×A_C$$

2．人流量的测算方法

（1）人流量测算的时间为1周（7天），每天的测算时段为早上7点到晚上10点。

（2）在进行测算的7天内，应避免法定节假日。

（3）不得因为天气因素而调整实测人流量；如遇特殊的天气（如台风），则应延后再测。

（4）除了经过特批的那些特殊城市以外，人流量的统计对象不得包括机动车（轿车、摩托车或公交车）。

（5）统计的人流，应当是店址一侧，经过门店主入口正前方的人流。

$$店址一侧人流量=总人流量$$

情况一：商业街较长，门店处于商业街中部，且周围几条道路车辆较多，行人不便穿过道路，如图3-6所示。

人流量统计方法：统计1、2两条动线人流量之和。

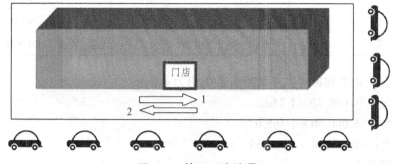

图3-6　情况一人流量

情况二：门店处于商业街街角，周围道路车辆较多，行人不便通过，如图3-7所示。

人流量统计方法：统计1、2、3、4四条动线人流量之和。

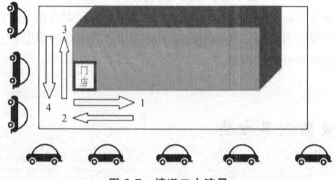

图3-7　情况二人流量

情况三：如果门店正前方的步行街宽度小于 20 米，且步行街中间没有任何障碍，则可将对面人流全数计入，如图 3-8 所示，则总人流量的计算如下：

店址一侧人流量+店址对面人流=总人流量

注：步行街宽度大于 20 米，或者马路中间有障碍存在，则一律不得统计对面人流。

人流量统计方法：统计 1、2、3、4 四条动线人流量之和。

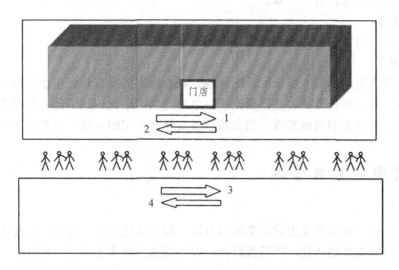

图 3-8 情况三人流量

情况四：门店处于商业街街角，周围道路车辆较少，行人比较容易通过，如图 3-9 所示。

人流量统计方法：统计 1、2、3、4、5、6、7、8 八条动线人流量之和。

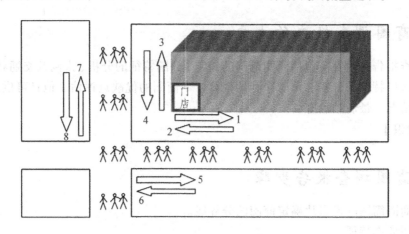

图 3-9 情况四人流量

【技能任务】

以小组为单位，选择不同区域的店铺，进行本店铺人流量的调查，统计数据，以 PPT 形式在课堂上进行报告。

任务四　商圈调查报告

【学习任务】

（1）了解商圈调查报告的演绎方式。

（2）明确商圈调查报告的内容。

（3）掌握商圈调查报告的步骤。

【技能任务】

基本能撰写一份完整的商圈调查报告。

【理论知识】

商圈调查报告是全部调查成果的最终体现，调查报告的撰写和应用也是整个商圈调查过程的最后环节，其主要任务就是要把研究的结果以恰当的形式传达给他人进行交流。调查报告撰写的水平，直接影响到研究成果的交流以及其社会作用的发挥，因此必须加以重视。

一、商圈调查报告方式

1. 演绎法

此方法是一种一开始便提出建议事项的方法。即在选址工作一开始，便提出此商圈何处适合开店及开何种类型的店铺，然后再以各种收集到的资料来支持这一论点。

2. 归纳法

此方法是一种慢慢导入结论的一种方法。即先按照商圈调查办法收集到各种资料，再加以分析而得出最后的结论。

【实践知识】

二、商圈调查报告的内容

商圈调查报告的内容应包括商圈范围的确定、商圈特征的分析、人潮及交通状况的分析、消费特征与人口特性的分析、可能净利的推算、本商圈的优缺点评估、他日可供设店的有利地段及发展情况、最后结论等。

【拓展知识】

三、商圈调查报告步骤

（1）用商圈简图的投影片确定商圈的分界线。

（2）介绍商圈特征。

① 介绍商业干道旁的建筑、行业形态及分布家数。

② 介绍住宅特色，说明此商圈的建筑情况及分布密集度。

③ 介绍集会场所，说明场所类型及聚集人口类型。

④ 介绍竞争者情况，用竞争者分析表加以说明。

（3）介绍人潮及交通状况。

① 介绍户数及人数，说明固定住户及人口情况。

② 用人潮分布图，说明平日和节假日的人潮状况及走向。

③ 说明公交车的往返方向。

④ 说明公交车乘客下车后的走向。

⑤ 说明未来捷运系统对本商圈的影响。

（4）介绍消费特征与人口特性。

① 用消费者年龄分配图，说明此商圈消费者的年龄层，如图 3-10 所示。

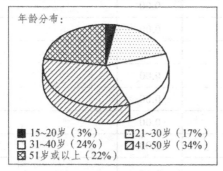

图 3-10　消费者年龄分配图

② 用教育程度分配图，说明教育分配情形，如图 3-11 所示。

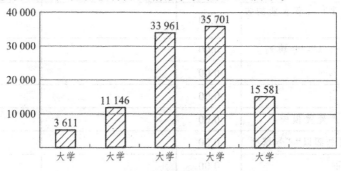

图 3-11　教育程度分配图

③ 用消费者平均收支情况分配图，说明此商圈人口平均每年每户的个人支出，如图 3-12 所示。

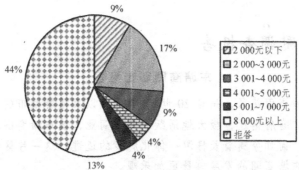

图 3-12　消费者平均收支情况分配图

（5）简介可能净利的推算。

① 用利润预测情况统计表，说明各假设点的预估收支情况，如表 3-11 所示。

② 分析此商圈的优缺点。

③ 说明此商圈可供设店的地段。

④ 简述未来的发展情况。

表 3-11　某年全年利润预测情况统计表

项　目	合　计	1～8 月实际数	9～12 月预测数
一、营业收入	0.00		
减：营业成本	0.00		
营业税金及附加	0.00		
销售费用	0.00		
管理费用	0.00		
财务费用	0.00		
资产减值损失	0.00		
加：公允价值变动收益（损失以"-"号填列）	0.00		
投资收益（损失以"-"号填列）	0.00		
其中：对联营企业和合营企业的投资收益	0.00		
二、营业利润（亏损以"-"号填列）	0.00		
加：营业外收入	0.00		
减：营业外支出	0.00		
其中：非流动资产处置损失	0.00		
三、利润总额（亏损总额以"-"号填列）	0.00		
减：所得税费用	0.00		
四、净利润（净亏损以"-"号填列）	0.00		

【技能任务】

四、撰写商圈调查报告

东塘商圈调查报告

东塘商圈位于长沙市雨花区，是自 20 世纪 80 年代以来随着城市的东拓南进而逐步形成的一个重要商业中心。省府南迁，极大地活跃了南区商业，使东塘商圈逐步成为仅次于五一商圈的长沙市主商圈。而如今随着长株潭一体化脚步的迈进，这一片区已率先建立起长株潭的空间链接，从而使东塘商圈的发展前景更加乐观。

商圈是指以项目所在地为中心，沿着一定的方向和范围发展。简单地说，商圈就是来店顾客所居住的区域。所以，消费的最终目标还是居民。因此，能否充分满足消费者衣、食、住、行的需求，是商圈能否良好发展的重要条件。而商圈满足消费者衣、食、住、行的档次，则是评价商圈发展程度的一个重要依据。所以，我们将从居民的衣、食、住、行方面对东塘商圈进行调查，以充分显示东塘商圈目前的现状。

商圈一般分为3个层次，即核心商圈、次级商圈、外围商圈。我们此次调查主要是以东塘核心商圈为主。核心商圈的测量方法：从项目地出发，步行10~15分钟的圆圈范围。通过测试，再结合东塘商圈人口规模与经济发展客观现状，把此次调查的东塘商圈的核心部分界定为以东塘立交桥为圆心，北至湖南省电信有限公司长沙分公司，南至长沙市工人文化宫，西至枫树山小学，东至家润多超市。

一、东塘商圈内的交通情况

1. 商圈内主要交通干道

东塘商圈内主要交通干道包括劳动路、韶山路、桂花路。

其中劳动路和韶山路都是长沙市的主要交通干道。韶山路北连人民路，南接南二环。而劳动路西接湘江路，向东则穿过芙蓉路、车站路与京珠高速公路相连。可见，东塘商圈的地理位置是比较优越的。

从路面情况来看，劳动路和韶山路的路面宽度都达到10米以上，且道路状况比较良好，路面比较平整干净。

2. 交通现状

（1）公交状况。

公交车方面：路经东塘商圈内的公交车车次总共达到28辆，其公交路线已经覆盖了全市大部分地区。公交车的服务时间基本上在上午5:30至晚上24:00之间，保证了不同时间段的消费者的出行便利。公交车发车频率为5分钟/趟，其平均载客量基本上都在20人/车以上，这说明东塘商圈内公交运输能力基本上已达到饱和（见表3-12）。

表3-12　东塘商圈内公交车情况

公交车次	发车方向	服务时间	发车频率	平均载客量
2	东塘西—东塘北站	05:30~24:00	5分钟/趟	20人/车
6	东塘东—溁湾镇	05:30~24:00	5分钟/趟	20人/车
7	火车站—汽车南站	05:30~24:00	5分钟/趟	30人/车
8	树木岭—南门口西	05:30~24:00	5分钟/趟	20人/车
11	赤岗冲—新河	05:30~24:00	5分钟/趟	20人/车
102	汽车南站—五一路立交桥	06:00~21:45	5分钟/趟	20人/车
103	汽车南站—汽车东站	05:30~24:00	5分钟/趟	30人/车
104	火车站—1103厂	06:00~21:30	5分钟/趟	20人/车
116	桔园小区—新河大市场	06:30~21:30	5分钟/趟	30人/车
124	东塘—大塘	06:00~21:00	5分钟/趟	20人/车
137	科技职院—灵官渡	06:30~21:30	5分钟/趟	20人/车
143	万家丽建材超市—华厦大市场	06:00~22:00	5分钟/趟	20人/车
旅游二线	圭塘—华厦大市场	06:20~21:30	5分钟/趟	20人/车

公交车站台方面：东塘商圈内总共有 7 个站点，分别是韶山北路的东塘北站、韶山中路的东塘南站、劳动西路的东塘西和雅礼中学站及劳动中路的东塘东、市客管处和赤岗冲站。其中韶山路上的东塘北和东塘南站分别距商圈中心 200 米左右，由于距离较远，可能会给往南北方向的消费者乘车带来不便。而劳动路上的几个站台之间的距离较短，有利于人流分散。

（2）流量状况。

人流量方面：从东塘商圈步行人流差异图（12 小时双向人流）可以看出，东塘商圈内主要街道的人流量差异不是很大。其中人流量最大的是韶山中路，为 80 人次/分钟，最小的是劳动中路，为 60 人次/分钟，韶山北路和劳动西路分别为 75 人次/分钟、70 人次/分钟，如图 3-13 所示。

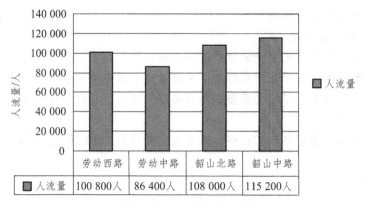

	劳动西路	劳动中路	韶山北路	韶山中路
人流量	100 800人	86 400人	108 000人	115 200人

图 3-13　步行人流差异图

车流量方面：从东塘商圈车流量差异图（12 小时双向车流）来看，东塘商圈内主要街道的车流量差异也不是很大。其中车流量最大的是劳动西路，为 70 辆/分钟，最小的是劳动中路，为 55 辆/分钟，韶山北路和韶山中路分别为 60 辆/分钟、65 辆/分钟，如图 3-14 所示。

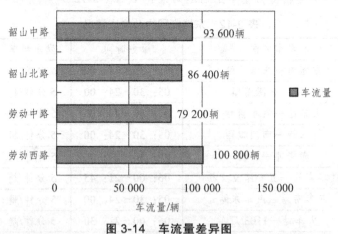

图 3-14　车流量差异图

总体来说，东塘商圈的流通量还是相当大的。12 小时内，东塘商圈内的流量（包括人流和车流的双向流量）达到了 770 400 次，为 1 070 次/分钟。从一定程度上反映出了东塘商圈的繁华，以及其内在巨大的潜力。但同时，我们也能够看到在巨大的交通流量下，东塘商圈内的交通情况也存在一些问题。

（3）秩序状况。

东塘商圈内的交通秩序相对来说比较流畅。虽然东塘商圈核心位于劳动路和韶山路的交汇处。但东塘立交桥的建立缓解了这里的交通情况。再加上友谊商城、步步高超市、南枫酒店、平和堂等大型商店提供的停车场，避免了整个商圈内的交通拥挤状况。较多的地下通道，也缓解了路面状况，提高了消费者的安全性。

但同时，东塘商圈内还是存在一些交通隐患：① 劳动中路往东步行距离约 1 200 米，行人横过马路的问题较大，主要原因为往东方向无地下通道，隔路相望的两条街道仅仅由简单的人行横道线连接，安全性与畅通性非常之差。这一问题较为突出的地段有中国联通与步步高连接处、华宇大酒店与野坡小区连接处、赤岗冲公交站亭与家润多超市连接处。② 劳动西路东塘西站附近，由于距离地下通道较远，消费者横穿马路的现象较多，导致路面车辆堵塞较严重。雅礼中学站附近，由于靠近雅礼中学和枫树山小学，导致在上午、中午、下午上下学时间，车流、人流量较大，交通有所堵塞。③ 韶山北路东塘北站，靠近湖南广播大学附近没有地下通道，行人横穿马路现象严重，交通有所堵塞。

二、居民情况

1. 居民人数及分布情况

东塘商圈内总共拥有居民 18 085 户，分别分布于商圈的四周，其中大部分是周边企业职工宿舍。具体情况如表 3-13 所示。

表 3-13　东塘商圈居民情况

区域	小区名称	总栋数	主要单栋房屋基本情况			总户数	主要居住人群
			单元数	楼层数	每单元户数		
西北方	湖南省电力院宿舍	44	3	8	2	2 112	电力院职工及其家属
	湖南电力工业局宿舍	51	3	5	2	1836	电力工业局职工及其家属
	湖南省施管局宿舍	17	3	5	2	510	施管局职工及其家属
东北方	长沙印染厂宿舍	6	3	6	2	216	印染厂职工
	湖南省烟草公司宿舍	4	2	6	2	96	烟草公司职工及其家属
	华韵 07	1	—			316	各阶层居民
东南方	金科园	23	4	5	2	920	湖南冶金设计院职工及其家属
	海华花园	4	3	7	2	168	原东塘老居民
	桂花公园住宅小区	12	3	7	2	504	各阶层居民
	名都花园	12	—			1 168	各阶层居民
西南方	三万英尺	10		24			各阶层居民
	中机国际工程设计研究院宿舍	7	4	5	2	280	中机国际工程设计研究院职工及其家属
	华都	7	—				各阶层居民
	星都心	12		17			各阶层居民
	都市金领	1	—			136	各阶层居民

西北：西北方向的居民区多以省级事业机关宿舍为主，多为 7 到 8 层有点陈旧的老式房屋。这些宿舍都集中在一个区域内，宿舍区与宿舍区间的道路纵横交错，可用作店铺的路段很少，已有店面的面积也多为 10 米 ^{2} 左右的小店面。

东北：集中的宿舍小区很少，比较零散。在东北方范围的北面是一个比较大的经济适用房小区。稍南一些，才有如瑞宁花园、菁华源等现代化的新社区。菁华源、凯旋城社区离赤岗冲的家润多超市很近，周边生活设施配套也很齐全。除超市外没有大型的商铺店面，多为 12 米 ^{2} 左右的小店铺，而且基本集中在曙光路与劳动路两旁。

西南：西南方已建成的小区很少，除一个中机国际工程设计研究员宿舍外，其余均为现代化的时尚小区，如三万英尺、华都、星都心等，而且房价较高，能在该区域定居的居民，其经济能力必然不会很低。

东南：这个方向的小区情况是新老混合而成。新的小区有名都花园等；老的小区有金科院等。其居民组成虽然是多层次的，有原东塘老居民、国家机关的职工，还有经济能力能负担起一定价位的居民。但这一区域内的居民最接近东塘十字路口。金科园、海华花园出口就是步步高超市；香舍花园出门即见国美电器城，而且离周边生活设施距离近，生活极其便利。

2. 居民的消费水平

2007 年，雨花区实现地区生产总值（GDP）367.17 亿元，同比增长 12.5%，占全市地区生产总值的 16.8%。

其中第一产业实现增加值 3.21 亿元，同比增长 1.2%；第二产业实现增加值 187.37 亿元，同比增长 10%，其中工业增加值 156.14 亿元，同比增长 11.5%；第三产业实现增加值 176.59 亿元，同比增长 15.4%。三次产业结构比为 0.9∶50.9∶48.2。

在 GDP 增幅中，一、二、三次产业分别拉动 GDP 增长 0.01、5.09、7.40 个百分点，三次产业对 GDP 增长的贡献率分别为 0.1%、40.7%、59.2%。

三、东塘商圈内商铺的情况

1. 从整体来看

① 商铺数量。

东塘商圈内沿街商铺的数量为 410 家。其中韶山中路最多，为 130 家，占总数的 31.7%，但是主要以小型商铺为主。韶山北路最少，为 63 家，占 15.4%，但此处盘踞了好几家大型商店，如国美、平和堂、金色家族等。劳动西路和劳动中路的商铺数量分别为 96 家和 121 家，分别占总数的 23.4%和 29.5%。

② 业种分布。

从东塘商圈内商铺业种分布图（见图 3-15）可以看出，商圈内主要是以经营服装饰品、餐饮食品、日常生活服务和通信服务的几种商铺为主，分别占商铺总数的 23.4%、11.7%、9.2%和 8%。其他所占比例较多的还有洗浴按摩（5.9%）、医疗健身（5.4%）、烟酒水果（6.3%）。可以看出，东塘商圈内各种生活、医疗、休闲设施配置已经较为完善，东塘商圈已经成为一个比较稳定的商业地段和居住场所。

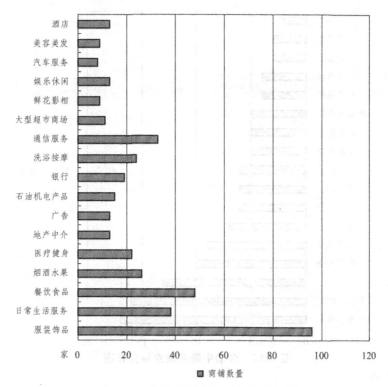

图 3-15　东塘商圈内商铺业种分析图

③ 业态分布。

从东塘商圈内业态分布图（见图 3-16）可以看出，东塘商圈内以专卖店的形式经营的商铺最多，为 166 家，占总数的 40%。而百货商店的数目最少，为 11 家，占总数的 3%，但大部分百货商店都是较大型的百货超市。便利店、专营店则分别占 22%、24%。

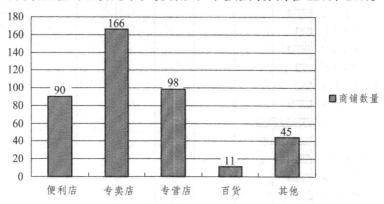

图 3-16　东塘商圈内商铺业态分布图

2. 从主要街道来看

① 劳动中路。

从劳动中路商铺业种分布图（见图 3-17）可以看出，劳动中路一带主要是以经营服装饰品和日常生活服务方面的商铺为主，分别占到商铺总数的 14% 和 13.2%。劳动中路因为靠近居民小区，所以商家都以经营日常生活用品和低价服饰为主。

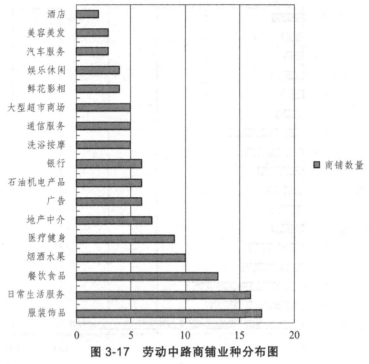

图 3-17 劳动中路商铺业种分布图

② 劳动西路。

从劳动西路的商铺业种分布图（见图 3-18）可以看出，劳动西路一带是以经营服装饰品和餐饮食品方面的商铺为主，分别占到商铺数目的 27.1% 和 20.8%。由于劳动西路向西连接到侯家塘，消费者流量较大，加之该路区拥有雅礼中学和枫树山小学两家学校及神禹服饰广场，所以以小饰品和餐饮店为主。

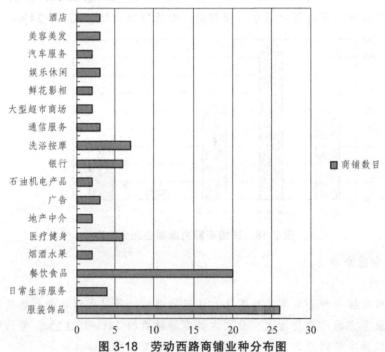

图 3-18 劳动西路商铺业种分布图

③ 韶山北路。

从韶山北路的商铺业种分布图（见图3-19）可以看出，韶山北路主要是以经营通信服务的商铺为主，占到商铺总数的 **34.9%**。韶山北路可以说是整个长沙市最大的手机市场，这里手机种类繁多，服务完善，并且栖居了中国联通和中国移动两家大型通信公司的湖南总部。因此这里的手机消费者占到了绝大部分。

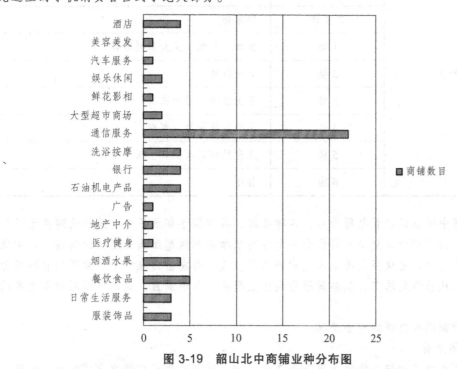

图 3-19　韶山北中商铺业种分布图

3. 东塘商圈内具有代表性的商铺（见表 3-14）

表 3-14　东塘商圈具有代表性的商铺

名　称	各楼层店铺情况	
友谊商城	1 楼	钟表、首饰、鞋业
	2 楼	女士品牌服饰
	3 楼	男士品牌服饰
	4 楼	运动品牌服饰
	5 楼	儿童服饰
东塘服装交易大楼	1 楼至 3 楼	服装市场
	4 楼	中南人力资源市场
	5 楼	湖南省文艺干校群星培训中心
通程电器城	1 楼	以手机为主
	2 楼至 4 楼	各种品牌生活电器

名　称	各楼层店铺情况	
平和堂	负1楼	化妆品、珠宝
	负2楼	超市
	负3楼	停车场
	1楼	首饰、女包、少女系列服饰
	2楼	女士服饰
	3楼	男士服饰、男士皮具
	4楼	运动品牌服饰、家电
	5楼	儿童服饰以及玩具、床上用品
	6楼	餐厅

这些商铺中通程以经营电器为主，各种品牌、各种规格都很齐全，是居民购买生活电器的首选场所；而东塘服装交易大楼作为一个伴随东塘商圈崛起而成长起来的商铺，以中低价位的各种服装为主，是众多居民以及进货商人的首选。而友谊商城和平和堂所经营的多为奢侈型消费品，从首饰到珠宝，从品牌服饰到床上用品，琳琅满目，是东塘商圈内最主要的高档消费场所。

四、东塘商圈内商铺的租金情况

1. 从整体来看

东塘商圈内商铺的租金价格主要分为3个层次，分别为靠近东塘立交桥的核心地段、位于商圈中部的中间地段、位于商圈边缘的末尾地段。总体来说，租金高的商铺有3类：靠近商圈核心地段、靠近主要街道、靠近小区和学校。因此，东塘商圈内核心地段的租金为商圈内最高，为140元/米²左右，其次为中间地段，为70元/米²左右。而末尾地段的租金就相对较少，为40元/米²左右（见表3-15）。

表3-15　东塘商圈内各个地段商铺的租赁价格

地　段	核心地段	中间地段	末尾地段
价格/（元/米²）	140	70	40

2. 从主要街道来看

东塘商圈内各主要街道中，核心地段商铺平均租金最高的是韶山北路和韶山中路，都为160元/米²，最低的是劳动西路，为110元/米²，劳动中路为120元/米²。中间地段商铺平均租金最高的是劳动中路，为85元/米²，最低的是韶山中路，为60元/米²。劳动西路和韶山北路分别为75元/米²和70元/米²。末尾地段商铺平均租金最高的是劳动西路，为60元/米²，最低的是韶山北路，为30元/米²。韶山中路和劳动中路分别为40元/米²和50元/米²（见图3-20）。

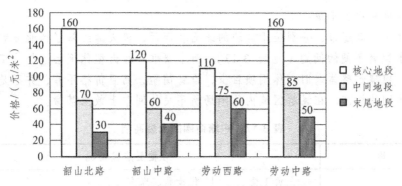

图 3-20 东塘商圈内不同地段商铺租赁情况

五、东塘商圈内生活配套设施的情况

东塘地段作为雨花区一个成熟的商圈，有着庞大的流动人口以及众多的固定居民，与之相配套的学校、银行、公园、医院、农贸市场等生活配套设施也很齐备，如表3-16所示。

表 3-16 东塘商圈4个方向上的基本生活配套设施表

名　称	类　型	位　置
芝林大药房	药店	劳动西路北侧
枫树山小学	学校	劳动西路北侧
雅礼中学	学校	劳动西路南侧
芝林大药房	药店	韶山中路西侧
中医附一医院	医院	韶山中路东侧
曹家坡小学	学校	韶山北路东侧
赤岗冲农贸市场	菜市场	曙光南路东侧
芝林大药房	药店	劳动东路北侧
现代女子医院	医院	劳动东路北侧
桂花公园	公园	桂花路
工商银行	银行	劳动西路北侧
交通银行	银行	劳动东路北侧
农业银行	银行	劳动西路南侧
建设银行	银行	韶山中路西侧
人民银行	银行	韶山北路东侧
招商银行	银行	韶山中路东侧

表3-16中的基本生活设施都紧邻主干道，而且均位于公交车站两旁，方便居民前往。商圈内的2所小学和1所中学，主要分布在商圈的西面和北面，很好地解决了固定居民子女教育的问题；东西南北4个方向六大银行均有分布，让生活上的资金流通也不成问题；3所药店和2家医院，也让区域内数量众多居民的健康生活有所保障；但是居民基本饮食所需的菜市场较少，只有一个，位于曙光路，离商圈中心较远；公园和休闲设施的情况也如出一辙，

使得生活休闲的构成过于单一。

平和堂和步步高超市，分别位于区域的北面和西面，极大地缓解了西北方和东南方居民购买生活基本饮食不便的问题（见表 3-17）。而东塘唯一的大型休闲去处长沙工人文化宫位于商圈南面。但建筑整体老旧，休闲项目少，设备简陋，而且价格不菲，并不是一个适合固定居民长久休闲的地方，在缓解区域内休闲场所不足的问题上效果甚微。

表 3-17　东塘商圈的大型商铺

名　　称	各楼层店铺情况	
平和堂	负 1 楼	化妆品、珠宝
	负 2 楼	超市
	负 3 楼	停车场
	1 楼	首饰、女包、少女系列服饰
	2 楼	女士服饰
	3 楼	男士服饰、男士皮具
	4 楼	运动品牌服饰、家电
	5 楼	儿童服饰以及玩具、床上用品
	6 楼	餐厅
长沙工人文化宫	1 楼	健身中心、电游厅
	2 楼	美容屋、休闲吧
	3 楼	舞厅
步步高超市	1 楼	超市
	2 楼至 3 楼	国美电器城

除基本生活所需外，东塘商圈的奢侈品消费场所众多。北面以手机市场为主，各种品牌各式店铺林立；南面以服装销售为主，中低价位档次服饰店众多；东西面各种商铺混杂，小到报纸杂志亭、电器维修店，大到金融证券所、国债期货所，应有尽有。

六、东塘商圈内建设中工程的情况（见表3-18）

表 3-18　东塘商圈内工程建设情况

名称	位置	价格/(元/米²)	户数	项目面积/万米²		开工时间	竣工时间	总栋数	周边情况
				建筑面积	项目总面积				
神禹家园	劳动西路北侧26号	6 000	306	0.5	3	2007.7.16	2008.12.30	1	神禹家园不临大街，离劳动西路有 5～10 分钟的步行路程。周边省级企事业单位宿舍众多。小区中生活店铺较少，而且规模小，只有 10 米²左右的门面

续表

名称	位置	价格 /(元 /米²)	户数	项目面积 /万米²		开工时间	竣工时间	总栋数	周边情况
				建筑面积	项目总面积				
建鸿达·华都	劳动西路南侧21号	5 900	/	3.1	23.6	2007.8.1	2008.11	7	华都小区临劳动西路,位于东塘十字路口西南角。小区出口不远处有一公交站点。小区周边的服装、银行、饮食、医药、百货等各种店铺齐全。距离省中医附一医院约10分钟的步行路程,与友谊商城隔街相望
东上一品	韶山北路西侧452号	6 300	444	1	7.2	2006.10.18	2008.8.31	3	临街,小区出口有公交车站。距离平和堂约8分钟的步行路程。周边以手机店铺为多,最近的生活电器铺是国美,步行约5分钟
瑞宁花园	桂花路南侧158号	5 138	926	2.1	9.1	2007.4.1	2008.12	4	距离东塘商圈中心步行约30分钟,有直达公交车,车程约10分钟。生活饮食所需可以至约10分钟路程的新一佳,或者约12分钟的赤岗冲农贸市场。小区前门临街,后门处和桂花公园相接
菁华源	曙光中路东侧26号	5 100	568	1.3	7.9	2007.3.1	2009.1	2	菁华源不临街,沿街道步行约5分钟可达。周边衣食住行的生活店铺众多,均以10米²左右的小店门为主。大型商场有步行约10分钟可到的家润多超市

　　从表 3-18 可以看出,在东塘商圈中心位置的楼盘的价格相比稍远地段的楼盘要贵将近 1 000 元/米²。可见东塘商圈的商业附加值对楼盘价值的提升是巨大的。而这些项目的开盘能让更多的经济收入较高的人群融入这个区域范围内,必然在提升商圈档次以及进一步提升商圈经济价值方面提供强有力的支撑。

　　七、政府对于东塘商圈的发展政策

　　1. 长沙市政府的整体规划

　　在《长沙市城市商业网点布局规划》中,政府将长沙市商业体系分为市级商业中心(一级商业中心)、区域性商业中心(二级商业中心)、社区(居住区)级商业中心、专业(特色)街(区)、中心镇商业、一般镇商业几大类。东塘商圈属于区域性商业中心(见图 3-21)。

　　长沙市政府对于东塘商业中心的规划:近期应注重引入专业店和专卖店等新型业态,增加餐饮、娱乐设施,配套建设方便居民生活的服务设施;远期规划中,创立区域中心的商务特色,在实施城市"开拓"战略中,以大型购物中心和大型消费中心建设为具体措施,扩大辐射范围和经营力度,并确定雨花区大型批发市场以汽车配件、机电、食品、蔬菜、图书音像、农资产品为主。

图 3-21 长沙市城市商业网点布局规划（2005—2020）商业网点规划图

2. 雨花区政府对于东塘商圈的政策

在雨花区的区政协二届五次会议上，关于东塘商圈发展的提案有2个：一个是《关于东塘商圈附近配套商业设施建设的建议》；另一个是《努力创造东塘商圈新辉煌》。从这2个提案题目涉及的大致研讨方向可以看出，关于东塘商圈现在更多的是着眼于未来如何发展，如何在全市商圈并起的时期进一步挖掘其潜力。配合长久以来雨花区在经济宏观层面执行的《长沙市雨花区外商投资政策》《关于加速经济发展的奖励办法》《关于进一步优化投资环境的若干规定》这一东塘持久发展的强力引擎，使得东塘商圈在进一步提升商业发达程度上有更坚实的基础，如表3-19所示。

表 3-19 雨花区政府经济宏观层面的政策法

名　称	意　义
《长沙市雨花区外商投资政策》	规范外商来雨花区投资细节，做到有法可依，规范整体经济市场的发展次序，使得市场向有序良性的方向发展
《关于加速经济发展的奖励办法》	对现有企业和新办企业设立各种奖项，积极鼓励各种企业创收，最大化地加速区域经济发展
《关于进一步优化投资环境的若干规定》	进一步将优惠招商政策、优质服务政策、企业保护政策具体化，提高了政策的权威性和可操作性。专门成立了"优化投资环境办公室"，对招商引资工作实行"一站制"审批、"一条龙"服务，对新办、重点企业全力扶植。优惠的政策、宽松的环境，使长沙市雨花区日益成为投资置业的热点

八、总　结

通过对东塘商圈内交通、居民、商铺、生活辅助设施等情况的调查。我们可以看到东塘商圈已经基本形成了一个较为完善的商圈气候。

（1）拥有发达的交通网络。消费者想到某个地方去进行消费，首先必须能够便捷、安全地到达消费地点。所以，交通是制约商圈发展的一个重要因素。拥有了发达、便捷的交通，商圈才能吸引更远的顾客前来消费，才能扩大商圈的辐射范围。

东塘商圈地处韶山路与劳动路的交汇处，拥有极好的地理位置。道路四通八达，容易到达全市各个地点。每天车流量和人流量较大，人口较为集中，拥有稳定的消费基数。同时，因为横贯东塘商圈南北的东塘立交桥的建立，交汇处的交通压力得到有效缓解。加上完善的公交体系，基本上已经能够保证消费者出行的要求。

（2）拥有固定的消费者。商圈内商场的目标是销售产品，取得利润。而销售的对象就是消费者。所以，消费者的人口数量、消费水平及消费观念直接影响了商圈的发展。

东塘商圈内拥有居民 18 085 户，分别散布于东塘商圈的四周，形成了一股巨大的固定消费群体。同时，由于东塘商圈内许多居民都是商圈内及周边大型企业的职工人员，消费水平相对来说不是很低，这样使商圈拥有更大的潜在发展力。

（3）商铺种类齐全，拥有优势业务。商铺是商圈的主元素，商铺的数量、种类、档次、规模，直接体现了商圈的情况。

东塘商圈内拥有商铺 410 家，且商铺种类较为齐全，保证了消费者的各种消费需求，且拥有自己的优势业务，如韶山北路的手机市场、韶山中路和劳动西路的服饰市场。加之大型商店如友谊商城、平和堂、国美电器的落户，加大了东塘商铺的影响力，扩大了商圈的辐射范围。

（4）生活配套设施完善。生活配套设施是居民生活质量的保证，生活配套设施建设程度体现了居民居住环境和条件的完善程度。它对整个居民区的稳定和发展起到保障作用，也影响到商圈的稳定发展。

东塘商圈内拥有 3 所学校、19 家银行、3 所大型药店、2 家医院，能够比较好地解决商圈内居民的教育、健康、日常生活上的问题。良好的生活环境和完善的生活辅助设施，不仅保证了现有居民的生活安定，同时还能吸引更多的人前来居住。这样保证了东塘商圈的稳定发展。

（5）政府大力支持。长沙市雨花区 2007 年和 2008 年初的经济走势呈现出良好的趋势，这保证了东塘商圈的发展能力，同时作为雨花区一个重要的商业圈，得到了政府的大力支持。近几年各项工程的制定和建设，加快了东塘商圈的发展，使东塘商圈更加成熟。

（摘自：http://yipu.com.cn/）

以案例为参考，结合本任务的学习，以小组为单位，要求分析一下你所在城市的商圈情况，推断出什么业态的连锁门店应该在此商圈内拓展业务。最后书写一份商圈调查报告，做成 PPT 进行展示和论述。

【项目小结】

商圈也称商业圈，是指店铺以其所在地点为中心，沿着一定的方向和距离扩展，那些优先选择到该店来消费的顾客所分布的地区范围，换言之就是店铺顾客所在的地理范围。

连锁店铺的经营状况与商圈之间存在着很强的依存关系。商圈研究从连锁企业发展全局出发对商圈进行的总体规划和部署。商圈研究可以增强连锁店的吸引力和扩大顾客群，强化规模优势，促进经济效益的提高。

商圈规模的大小对于连锁经营门店具有决定性的影响。商圈规模越大，吸引顾客的地理范围就越广，门店的经济效益就越高，因此商圈规模是门店选址必须着重考虑的因素。

商圈调查在商店生命周期的任何阶段都需要，然而在开店选址时进行商圈调查显得尤为重要。因为商店所在地的人口总数、客流量、消费水平、营业额预计值、竞争对手情况等资料都是能否开店的先决条件。选址的成功在很大程度上可以决定其整个项目的成败。

商圈分析是指对商圈的构成、特点和影响商圈规模变化的各种因素进行实地调查和综合分析，也称为商圈实务。进行商圈分析的目的有三点：一是明确该商业区或商店的商圈范围；二是了解商圈的人口分布状况及生活结构；三是在此基础上进行经济效益的预测。如计划开超市，根据周边居民的人口规模、收入水平和竞争对手情况等指标，就可以基本计算出该店可能达到的营业额。

商圈调查报告是全部调查成果的最终体现，调查报告的撰写和应用也是整个商圈调查过程的最后环节，其主要任务就是要把研究的结果以恰当的形式传达给他人进行交流。

【复习与思考】

（1）简述商圈的构成和类型。

（2）影响商圈形成的因素有哪些？

（3）假设在商圈内有 10 万人，每周在食品中支出 25 元人民币，共有 15 个店铺在商圈内，共有 144 000 米^2 的销售面积。则该商圈的饱和指数为多少？

（4）应该从哪些方面进行商圈分析？

【训练任务】

选择当地一家连锁经营门店，对其商圈进行调查和分析，要求分组实训，最后写出调查分析报告，上交指导教师评阅。

【训练目标】

（1）使学生学会运用商圈分析的理论与技能，掌握商圈分析的方法和技巧等。

（2）使学生学会解决门店选址中可能遇到的各种典型问题。

【训练内容与要求】

（1）学生以小组为单位对一家连锁企业门店商圈进行调研，分工合作，充分收集信息。

在收集信息的基础上，撰写商圈调查报告。

（2）课堂上进行小组作业展示，并结合本项目应具备的理论以及技能要求进行讨论。

【效果与检验】

（1）督促小组进行商圈调查分析，检查小组最后形成的商圈调查报告方案。

（2）由企业代表和教师分别对学生小组进行评分，按照一定比例得出总评成绩。

（3）对学生个人进行评分，其中学生所在小组的综合得分占其个人得分的 30% ~ 50%。

（4）具体评分标准以及比例由教师、学生以及企业代表共同商议确定。

项目四　城市评估技术

【项目内容】

（1）城市的概念及特征、城市的功能与作用、城市的结构划分及城市的类型划分。

（2）城市基本数据收集、分析与评估。

（3）综合评价方法的要素、步骤以及层次分析法。

【项目意义】

结合连锁企业的发展战略布局，撰写目标城市评估报告，为企业提供决策依据。

【重点与难点】

重点：城市评估的基础数据收集、分析。

难点：构建目标城市评价指标、目标城市综合评估方法。

【项目成果】

（1）掌握城市评估步骤和方法。

（2）撰写城市评估报告。

【引导案例】

肯德基 —— 第一店址怎么选

1986 年 9 月下旬，肯德基快餐店开始考虑进入中国市场。他们面临的首要问题是第一家肯德基店址应该选在哪个城市？这一决策对将来肯德基在中国市场的进一步开拓至关重要。当时有 3 个城市可供选择：上海、广州和北京。

上海，是当时中国最大的市场，有 1 100 多万居民、19 000 多家工厂和中国最繁忙的港口。上海是中国最繁荣的商业中心，其优越的经济地位在国内显而易见。上海的明显优势是在这里容易获得合乎质量的充足的肉鸡供应。通过兴办合资企业，泰国正大集团已经在东南亚地区建立了 10 个家禽饲养基地和饲料厂，可以为上海供应肉鸡。肯德基的东南亚办公室与正大集团有着良好的关系。虽然上海一直是主要的商业中心，但改革开放初人民收入水平增长不快，能否迅速接受西方快餐文化还是个疑问。

广州，是可供选择的另一个方案。它位于中国东南部，离香港很近，作为中国 14 个沿海开放城市之一，在批准外资项目、减免税收和鼓励技术开发等方面被赋予更多的自主权，而且广州人的收入水平增长很快。广州既是西方商人经常光顾的地方，也是当时大多数旅游者从广州出发进行香港一日游的好地方。广州与香港相距大约 200 千米，公路、铁路都很便利。在广州开店，很容易得到肯德基香港办公室的支援。另外，广州和香港同样说粤语，地域差别不大，而且初步调查表明，找到一个充分供应肉鸡的来源也没有什么困难。

北京，是中国的政治文化中心，当时有 900 万居民，人口数量仅次于上海。北京的外来人口数量众多，有潜在的消费群体。北京也是中国的教育中心，是高等学府的聚集地。北京的故宫、长城、十三陵吸引了大批的西方游客，这意味着肯德基有稳定的外汇收入。因此，如果从北京做起，无疑将更吸引人们的注意力，并且表明政府的赞同态度，这将有助于今后往其他城市进一步发展。调查也表明，北京城郊有好几个家禽饲养基地。

（摘自：肖怡主编，企业连锁经营与管理，大连：东北财经大学出版社）

思考题：

肯德基是如何选第一店址的？考虑的因素有哪些？备选城市各自的优劣势包括哪些？

任务一　城市概述

【学习任务】

（1）了解城市的概念和特征。

（2）了解城市的功能与作用。

【技能任务】

学会城市的结构与类型划分。

【理论知识】

一、城市的概念与特征

一般而言，城市是以非农业产业和非农业人口集聚形成的较大居民点。人口较稠密的地区称为城市，一般包括了住宅区、工业区和商业区，并且具备行政管辖功能。城市的行政管辖功能可能涉及较其本身更广泛的区域，其中有居民区、街道、医院、学校、公共绿地、写字楼、商业卖场、广场、公园等公共设施。

我国《城市规划法》第三条规定："本法所称城市，是指国家按行政建制设立的直辖市、市、镇。"城市的法律涵义，是指直辖市、建制市和建制镇。我国的城市为行政建制，分为直辖市、省辖市（地级市与副省级城市）和县级市。

城市具有如下几个基本特征：

（1）城市的概念是相对存在的。城市与乡村是人类聚落的两种基本形式，两者的关系是相辅相成，密不可分的。若没有了乡村，城市的概念也就无意义了。

（2）城市是以要素聚集为基本特征的。城市不仅是人口聚居、建筑密集的区域，同时也是生产、消费、交换的集中地。城市集聚效益是其不断发展的根本动力，也是与乡村的一大本质区别。城市各种资源的密集性，使其成为一定地域空间的经济、社会、文化辐射中心。现代城市作为区域政治、经济、文化、教育、科技和信息中心，使劳动力、资本、各类经济、生活基础设施高度聚集，人流、资金流、物资流、能量流和信息流高度交汇。相对于乡村、郊区来说，城市具备所需的各种社会资源，其生产要素具有聚集性。

（3）城市具有系统性。城市系统包括经济子系统、政治子系统、社会子系统、空间环境子系统以及要素流动子系统。城市各系统要素间的关系是相互交织重叠、共同发挥作用的。

（4）城市人口及其文化构成异质性。在专业化分工和市场网络的作用下，城市人口的种族构成、风俗与心理构成、语言与习俗构成以及宗教信仰、道德观念和政治意识的构成，都存在不同程度的差异，具有很强的异质性。城市是多元文化互相交汇、互相碰撞的场所。

二、城市的功能与作用

城市的功能也称城市的职能，是由城市的各种结构性因素决定的城市的机能或能力。城市的主要功能有生产功能、服务功能、管理功能、协调功能、集散功能、创新功能。城市功能是主导的、本质的，是城市发展的动力因素。具体来讲，城市的复合型功能有生产中心、商业中心、金融中心、交通中心、信息中心、政治中心。

城市的作用表现在城市对周边地区的影响力。城市的区位、人口、国民生产总值、商品流通总额、固定资产总额、基础设施总量与水平、平均文化程度与精神文明、城市环境质量、居民的收入和储蓄等组成的购买力等因素，都是其影响力的主要来源。

首先是城市的吸引力。城市的产生和发展，都要依靠外部的"输入"——资金、资源、劳动力、信息等的输入。城市的产值越大，与其相应的"输入"的需要自然会越大，因而城市的吸引力也就越大，输入的经济社会要素也就越多越快，输入和吸引所覆盖的地域也就越广阔。

其次是城市的辐射力。一个城市的存在和发展，总离不开对周围地区多方面的"输出"和供应。城市的产值越高，与其相应的"输出"就会越大，从而城市的辐射面也就会越广阔，且辐射的地域面积有时比吸引的面积还要广阔。

最后是城市的中介力。随着城市交通等基础设施的发展、市场体系的扩大和完善、社会信息服务的加强，城市作为交通运输中心、商业服务中心、金融中心、社会信息中心的功能越来越强，它的中介活动能力也就越来越强。

城市作为工业生产中心、区域商品流通中心、交通运输中心、金融中心、信息中心、经济中心、科学技术中心、文化教育中心，对区域的综合发展起着示范、牵引和带头作用，是区域发展的主要拉动力量。

【实践技能】

三、城市的结构划分

按照不同的划分角度，可以将城市划分为城市的经济结构、城市的社会结构、城市的空间结构。

（一）城市的经济结构

1. 城市的产业结构

城市的产业结构是指城市社会再生产过程中所形成的各产业之间及其内部各行业之间的比例关系和结合状况。目前，国际上普遍按照劳动对象的加工顺序，把社会生产划分为以下三类：

第一产业，是直接作用于自然物质、生产初级产品的产业，包括农业、畜牧业和林业等。

第二产业，是对初级产品进行加工的产业，如制造业、建筑业等。

第三产业，是为生产和生活服务的产业，包括交通运输业、商业、金融保险业、服务业以及教育、科学、文化、卫生事业等。

2. 城市的所有制结构

城市的所有制结构是指各种所有制经济在城市经济中的地位及相互关系。由于历史和现实因素的影响，我国城市建立的是以公有制为主体的多层次的所有制结构，即坚持以公有制经济为主体，个体经济、私营经济、外资经济等多种所有制经济长期共同发展。其中，公有制的主体地位主要体现在公有资产在社会总资产中占优势，国有经济控制国民经济的命脉，对经济发展起主导作用。在公有制为主体的条件下发展非公有制经济，是由多层次的生产力结构决定的，有利于充分利用社会资源，促进社会生产力的进一步发展。

3. 城市的流通结构、分配结构和消费结构

城市的流通结构主要包括城市流通与城市生产、城市消费之间的比例关系和相互衔接关系；国有商业、集体商业、个体商业及外资商业之间的相互关系；商品市场和生产要素市场的组成及相互关系；城市商业网点的布局等。

城市的分配结构主要包括积累和消费的比例关系，积累基金和消费基金的分配结构以及国家、集体、个人之间、中央地方之间的分配关系等。

城市消费结构是城市居民消费的各类消费资料的组成和相互关系。

4. 城市的企业结构

企业是城市进步的基础和基本动力，它主要包括企业的技术结构和企业规模结构两部分。

企业技术结构是指生产过程中各种技术要素和技术手段之间的相互关系和组合方式。企业的技术状况如何，可以根据技术进步对经济增长的贡献率、在不同层级的技术上使用的劳动力数量占所使用劳动力总数的比重等多个指标来衡量。要从自身的实际情况出发，兼顾城市当前和长远发展的需要，力求取得最佳的经济效益。

企业规模结构是指大、中、小企业的构成及其相互关系。由于一个城市内总是大、中、小企业并存，因此要按照不同行业生产发展的实际需要，解决好大、中、小企业的合理配置和相互衔接。

（二）城市的社会结构

我们通常所说的城市的社会结构主要是指城市的人口结构，具体来说，包括城市人口的自然结构和社会结构。

1. 城市人口的自然结构

（1）城市人口的性别构成。

城市人口的性别构成即城市人口中的男女比例，这种比例关系尤其是特定年龄段的性别构成，会直接影响人们组织家庭、生育子女等社会生活。

（2）城市人口的年龄构成。

根据城市人口年龄的结构状况，可以把城市人口划分为年轻型、成年型和老年型三种。

一般来说，合理的城市人口年龄构成，呈现上小下大、逐渐平缓过渡、无明显凸凹的金字塔形，这有利于城市社会经济的稳定和持续发展。随着社会经济发展水平的提高，城市的人口结构会逐渐从年轻型向成年型，进而向老年型演进。

2. 城市人口的社会结构

（1）城市人口的就业结构。

城市人口的就业结构是指城市劳动力的就业形势、渠道组成和城市劳动力的各部门、各行业的就业比例。从就业的产业部门来看，随着社会经济的发展，第一、二产业的就业人数的比重会不断下降，而第三产业的就业人数的比重会逐渐上升。当然，由于各个城市的具体情况不同，城市的就业结构也必然会有所不同。

（2）城市人口的户籍结构。

从户籍的角度看，城市人口可以划分为常住人口和流动人口两类。城市人口的户籍结构是指城市常住人口和流动人口的比例以及各自内部的具体构成。其中城市流动人口按居留时间的长短，又可分为常住流动人口、暂住人口、过往人口等。

（三）城市的空间结构

城市空间结构是指由于城市内部的功能分化所导致的城市诸要素在地域空间上的分布和连接状态，它是城市社会经济存在和发展的形式。一般来说，城市空间结构有以下几种表现形式：

1. 城市布局

由于城市内部功能的分化，城市的各类构成总是按一定的方式和方向散布于城市空间的不同位置上，呈现出多方位、多层次的立体形态。城市布局的合理与否，对于一个城市的发展具有举足轻重的意义，它不仅直接关系到城市的美观和谐，而且在实际效用上，能够使城市内经济要素的流动趋于合理和高效，从整体意义上促进城市的发展。

2. 城市密度

城市是由分属于经济、社会、生态等系统的诸多要素构成的社会经济综合体，城市各类要素在城市某一单位空间范围内的分布，形成各自的密度。城市的发展客观上需要一个与其发展相适应的城市密度，以利于节约土地资源，降低生产成本，同时方便信息的传递和交流，缩短流通时间，对城市政府的管理也能形成有效支持。

3. 城市形态

城市形态是城市空间结构的整体形式，是城市内部密度和空间布局的综合反映。城市形态一般可以分为城市内部形态和城市总体形态两部分。城市内部形态指市区空间范围内各类设施和建筑物的布局。城市总体形态是指中心城市与周围城镇的布局。

【小资料 4-1】

成都将被分割成 8 个卫星城 "独立成市"

根据 2015 年 11 月 4 日成都市政府新闻办发布的《成都市新型城镇化规划（2015—2020

年）》，按照"独立成市"的要求，成都将被分割成 8 个卫星城"独立成市"。卫星城将实现产城融合、职住平衡的功能，促进全市人口空间分布均衡化。

8 个卫星城包括龙泉驿、新都、青白江、温江、双流、郫县、新津和都江堰。

龙泉驿区的定位是成渝经济区发展带上重要的节点城市、天府新区高端制造业功能区、以汽车产业为主导的卫星城。到 2020 年，龙泉驿区的城市建设用地规模控制在 156 千米²（不含成都中心城区部分）以内。

新都的定位是成都经济区成德绵发展轴上重要的节点城市、省级历史文化名城、成都卫星城、重要的商贸集聚区及高端装备制造业基地。到 2020 年，新都的城市建设用地规模控制在 69 千米²（不含成都中心城区）以内。

青白江区的城市定位为成德绵发展轴上重要的节点城市、成都卫星城、主要的物流基地、高端装备制造业基地。到 2020 年，青白江区的城市建设用地规模控制在 85 千米²以内。

温江发展为成都市重要的教育科研基地、以现代服务业为主导的卫星城。到 2020 年，温江城区建设用地规模控制在 76 千米²以内。

双流发展为国际航空枢纽、以临空产业为主导的卫星城。到 2020 年，双流城市建设用地规模控制在 277 千米²以内，其中双流城区规划城市建设用地规模控制在 170 千米²以内。

郫县的定位是成都市重要的教育科研基地、以电子信息产业为主导的卫星城。到 2020 年，郫县的城市建设用地规模控制在 83 千米²以内。

新津发展为天府新区战略新兴产业功能区、成都市重要的物流基地、以新材料为主导的卫星城。到 2020 年，新津的城市建设用地规模控制在 73 千米²以内。

都江堰发展为国家历史文化名城、国际旅游城市、以旅游休闲业为主导的卫星城。到 2020 年，都江堰城市建设用地规模控制在 73 千米²以内，如表 4-1 所示。

表 4-1　成都卫星城发展定位表

成都卫星城	发展定位
龙泉驿	成渝经济区发展带上重要的节点城市、天府新区高端制造业功能区、以汽车产业为主导的卫星城
新　都	成都经济区成德绵发展轴上重要的节点城市、省级历史文化名城、成都卫星城、重要的商贸集聚区及高端装备制造业基地
青白江	成都经济区成德绵发展轴上重要的节点城市、成都卫星城、主要的物流基地、高端装备制造业基地
温　江	成都市重要的教育科研基地、以现代服务业为主导的卫星城
双　流	国际航空枢纽、天府新区空港高技术产业功能区、以临空产业为主导的卫星城
郫　县	成都市重要的教育科研基地、以电子信息产业为主导的卫星城
新　津	天府新区战略新兴产业功能区、成都市重要的物流基地、以新材料为主导的卫星城
都江堰	国家历史文化名城、国际旅游城市、以旅游休闲业为主导的卫星城

（摘自：成都市政府新闻办网站 http://www.chengdu.gov.cn）

四、城市的类型划分

按照不同的划分角度，城市可以划分出多种类型。

1. 按照城市的规模分类

目前，人们普遍采用的城市规模是以城市的人口规模来划分城市的等级。我国 1989 年制定的《中华人民共和国城市规划法》规定，我国城市可以分为特大城市、大城市、中等城市和小城市。具体来说，划分这四类城市的标准如下：

① 特大城市：非农业人口达到 100 万以上的城市。

② 大城市：非农业人口 50 万以上至 100 万以下的城市。

③ 中等城市：非农业人口 20 万以上至 50 万以下的城市。

④ 小城市：非农业人口不满 20 万的城市。

⑤ 镇：非农业人口 2 000 人以上，2 万人以下。

【小资料 4-2】

城市等级划分标准

城市规模结构的等级层次，世界各国的划分标准不尽一致。城市规模等级是衡量城市大小的指标，包括人口规模、用地规模、经济职能规模和基础设施规模四部分。在实际应用中，人口规模是衡量城市规模的决定性指标。

联合国划分的标准。人口在 2 万以上至 10 万以下为小城市，人口在 10 万以上至 100 万以下为大城市，人口在 100 万以上为特大城市。

已废止的法定标准。我国 1989 年制定的《中华人民共和国城市规划法》规定：小城市是指非农业人口不满 20 万的城市，中等城市是指非农业人口 20 万以上至 50 万以下的城市，大城市是指非农业人口 50 万以上至 100 万以下的城市，人口 100 万以上的为特大城市。2 000人以上，2 万人以下，其中非农业人口超过 50% 的为集镇。这部规划法已于 2008 年 1 月 1 日废止。

新的法定标准。2014 年 11 月 20 日，国务院发布《关于调整城市规模划分标准的通知》（下简称《通知》），正式调整我国城市规模划分标准。根据新的标准，全国各城市将以城区常住人口标准，被划分为 5 类 7 档，全国大部分城市将降级。其中，原来被划定为特大城市的140 个城市，将减少至 16 个。

根据新发布的《通知》，我国城市规模将按照城区常住人口分为五类七档。城区常住人口50 万以下的城市为小城市，其中 20 万以上 50 万以下的城市为 I 型小城市（以上包括本数，以下不包括本数，下同），20 万以下的城市为 II 型小城市；城区常住人口 50 万以上 100 万以下的城市为中等城市；城区常住人口 100 万以上 500 万以下的城市为大城市，其中 300 万以上 500万以下的城市为 I 型大城市，100 万以上 300 万以下的城市为 II 型大城市；城区常住人口 500万以上 1 000 万以下的城市为特大城市；城区常住人口 1 000 万以上的城市为超大城市。

（摘自：新华网 http://news.xinhuanet.com/yzyd/house/20141121/c_1113346021.html）

2. 按照城市的性质或功能分类

按照城市的性质或功能分类主要是指依照城市在国家或地区中所发挥的政治、经济或文化作用来划分，它反映了城市的个性和特点。按城市的性质划分，具体可以将城市划分为综合性城市、工业城市、矿业城市、交通港口城市、商业金融城市、风景旅游城市、科学文化城市。

① 综合性城市。综合性城市集多种功能于一身，既是政治中心，又是工业生产、交通运输、商品流通、科学技术、文化教育、金融中心，对全国或者地区的社会经济发展有着较大的影响和作用。

② 工业城市。工业城市以工业生产为主，工业部门的产值和就业人口在整个城市的国内生产总值和总就业人口中占有较大的比重。工业城市根据其主导产业的不同又可分为钢铁工业城市、轻纺工业城市、机械制造工业城市等。

③ 矿业城市。矿业城市以挖掘某种地下矿产资源为主，并围绕矿业加工生产一系列相关产品。

④ 交通港口城市。交通港口城市凭借优越的交通地理位置而发展，可分为铁路枢纽城市、海港城市、内河港埠城市等。

⑤ 商业金融城市。商业金融城市一般依托优越的交通运输条件和其他有利条件，成为商品的集散地和资金流通中心。

⑥ 风景旅游城市。风景旅游城市以自然风光、宜人的气候、名胜古迹闻名于世，风景旅游业是城市的主导产业，带动城市其他产业的发展。

⑦ 科学文化城市。科学文化城市是以科学研究和文化教育为主要职能的城市。

3. 按照城市的行政地位分类

依据城市行政地位的不同进行划分，城市可以划分为直辖市、副省级市、地级市、县级市。

① 直辖市。直辖市是许多国家的最重要省级行政区，即直接由中央政府所管辖的建制城市。直辖市属于省级行政单位，是直属中央政府管理的省级行政单位。目前，中国的直辖市包括北京、上海、天津、重庆。

② 副省级市。副省级市相当于准直辖市，在不改变现有行政隶属关系的前提下，具有省级计划决策权和经济管理权。我国副省级市目前有 15 个，按照地理大区的顺序分别为东北地区（4 个）：哈尔滨、长春、沈阳、大连；华东地区（6 个）：济南、青岛、南京、杭州、宁波、厦门；华中地区（1 个）：武汉；华南地区（2 个）：广州、深圳；西南地区（1 个）：成都；西北地区（1 个）：西安。

③ 地级市。地级市受省、自治区政府的直接领导和管辖，一般均为设区的市。以四川省为例，四川省辖 18 个地级市，包括成都市、绵阳市、自贡市、攀枝花市、泸州市、德阳市、广元市、遂宁市、内江市、乐山市、资阳市、宜宾市、南充市、达州市、雅安市、广安市、巴中市、眉山市。

④ 县级市。县级市是不设区的市，属于县级行政区，由地级行政区管辖，地位与县、区（市辖区）相同。以四川省为例，四川省有 14 个县级市：都江堰市、彭州市、邛崃市、崇州市（成都市代管）；广汉市、什邡市、绵竹市（德阳市代管）；峨眉山市（乐山市代管）；阆中市（南充市代管）；万源市（达州市代管）；江油市（绵阳市代管）；华蓥市（广安市代管）；简阳市（资阳市代管）；西昌市（凉山彝族自治州驻地）。

4. 按照城市的地理位置分类

按照城市的地理位置划分，城市可以划分为沿海城市、沿江城市、内地城市、边境城市。

① 沿海城市。沿海城市是指沿海岸线建立并发展起来的城市，一般以港口为依托。我国的沿海城市包括大连、秦皇岛、天津、烟台、青岛、连云港、南通、上海、宁波、温州、福州、广州、湛江、北海等。

② 沿江城市。沿江城市是指长江沿岸地带，即长江流域中从上海至四川攀枝花，东西绵延 3000 多千米；南北宽度在长江两岸 100~200 千米的范围内，是一个较为典型的"带状"区域。长江沿江地带包括 11 个省级行政区：云南、四川、重庆、贵州、湖南、湖北、安徽、江西、浙江、江苏、上海。

③ 内地城市。内地城市是指既不靠海又不靠边境线的城市。比如，四川省的所有城市都是属于内地城市。

④ 边境城市。边境城市是靠近国境线的城市。比如，我国东北边境城市包括东港市、丹东市、集安市、白山市、临江市、和龙市、龙井市、延吉市、图们市、珲春市、绥芬河市、穆棱市、密山市、同江市、黑河市、额尔古纳市、满洲里市等；我国西北边境城市包括二连浩特市、哈密市、阿勒泰市、塔城市、伊宁市、博乐市、阿克苏市、阿图什市、喀什市等；我国西南边境城市包括聂拉木县、亚东县、瑞丽市、畹町市、景洪市、河口县、凭祥市、东兴市等。

5. 按照城市结构的分类

按照城市的结构分类，可以将城市划分为以下类型：

① 单中心城市和多中心城市。根据市中心的规划结构类型划分，如果城市的主要职能多集中在一起，形成中心性很强的市中心，则为单中心城市；如果城市的主要职能分散于多处，则为多中心城市。

② 封闭式城市和开放式城市。根据城市建成区内部与郊区农业用地间的结构关系划分，封闭式城市指建成区与郊区截然分开，几乎没有穿插，形成封闭式的城市自然生活环境。开放式城市一般采取风扇式规划结构，构建城市和郊区的通道，将城市人造环境和郊区自然环境密切结合起来。

③ 集中式城市和分散式城市。根据城市各功能用地，特别是生活居住用地和生产用地的相对位置进行划分，城市可以划分为集中式城市和分散式城市。

此外，按照城市的辐射范围的广度和辐射力的强度，城市可以划分为国际性城市、全国性城市、地区性城市；按城市的发展历史的长短，城市可以划分为古老城市和新兴城市；按照城市外观形态的不同，城市可以划分为团状、带状、环状、放射状、组团状、星座城市等。

以小组为单位，对所在城市进行资料和数据收集，并通过对城市相关部门的实地走访，完成一份针对该城市结构和类型的调查报告。

【拓展知识】

五、都市圈

都市圈又称城市带、城市圈、城市群，指在城市群中出现的以大城市为核心，周边城市共同参与分工、合作、一体化的圈域经济现象。1957 年，法国地理学家戈特曼首次提出了大都市圈概念，用以概括一些国家出现的大城市群现象。这些大城市群往往具有以下特征：区域内城市高度密集，人口规模巨大，城市间具有建立在分工明确、各具特色、优势互补基础上的密切的经济联系，是一个国家和地区经济最活跃、最重要的区域。

都市圈是一种特殊的地域空间组织形式，是经济、政治、文化和社会共同作用的结果。一般认为都市圈是在特定的地域范围内，以一个或者多个经济较发达并且有较强城市功能的大城市或者特大城市为核心，以一系列不同性质、规模、等级的中小城市为主体，共同组成在空间上位置相近，在功能上紧密联系、相互依存的具有圈层式地域结构和经济一体化趋势的地域空间组织。都市圈最大的特点是圈内城市之间存在密切的互动关系，不同城市形成一个有机整体。

一些地理位置优越和产业优势明显的城市经济功能趋于综合型，金融、贸易、服务、文化、娱乐等功能得到发展，城市的集聚力日益增强，从而使城市的经济能级大大提高，成为区域性、全国性甚至国际性的经济中心和贸易中心，商业由单纯的商品交易向综合服务发展，商业活动也扩展延伸为促进商品流通和满足交易需求的一切活动。城市的经济功能已不再是由一个孤立的城市体现，而是由以一个中心城市为核心，同与其保持着密切经济联系的一系列中小城市共同组成的城市群来体现。都市圈是以大都市为依托的相关都市组成的在经济、产业、文化等有紧密联系，逐步融为一体的城市集合。

世界知名的都市圈包括纽约都市圈 —— 世界上产业分工布局最完善、最有序的大都市圈；北美五大湖都市圈 —— 产业升级和可持续发展能力的重建；伦敦都市圈 —— 创意产业和区域经济；巴黎都市圈 —— 依靠规划疏解城市人口压力，合理使用土地，提高城市生活质量，均衡发展；日本东海岸东京都市圈 —— 交通港口一体化。

【小资料 4-3】

我国主要城市群

近 20 年来，都市圈在中国经济中的地位作用大为加强，集聚能力急速提高，经济总量迅速扩大，中心城市的经济势能不断强化。我国的主要城市群包括珠三角城市群、北部湾城市群、海峡西部城市群、长珠江潭城市群、滇中城市群、黔中城市群、武汉城市群、长三角城市群、山东半岛城市群、京津冀城市群、哈长城市群、关中城市群、成渝城市群等。

2014 年 12 月 30 日，由上海交通大学城市科学研究院和《瞭望东方周刊》等联合承办的《中国城市群发展报告 2014》发布会在上海举行。该报告显示，中国 6 个城市群综合指数水平的排名依次为：长三角、珠三角、京津冀、山东半岛、中原经济区、成渝经济区。其中，京津冀、长三角和珠三角在优质人口集聚、居民生活质量和文化发展水平上走在前列，位居第一阵营。

以上海为中心的中国长江三角洲城市群（见图 4-1）包括上海市以及江苏（南京、苏州、无锡、常州、镇江、南通、扬州、泰州、盐城、淮安、连云港、宿迁、徐州）、浙江（杭州、宁波、温州、嘉兴、湖州、绍兴、金华、衢州、舟山、台州、丽水）和安徽的合肥、马鞍山、芜湖、滁州、淮南共 30 个市，面积约 30 万千米^2，人口超过 1.7 亿。长三角是中国经济发展最活跃的地区之一，以仅占全国 2.1% 的国土面积，集中了全国 1/4 的经济总量和 1/4 以上的工业增加值，被视为中国经济发展的重要引擎，是中国经济最发达的地区。

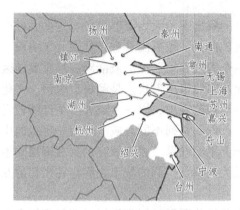

图 4-1 长三角城市群

珠江三角洲城市群（见图 4-2）以广州、深圳、香港为核心，包括珠海、惠州、东莞、肇庆、佛山、中山、江门、澳门等城市所形成的珠三角城市群，是我国三大城市群（其他两个是长三角城市群、京津唐环渤海湾城市群）中经济最有活力、城市化率最高的地区。珠三角城市群，是三个特大城市群之一，是我国乃至亚太地区最具活力的经济区之一，它以广东70%的人口，创造着全省85%的GDP。"珠三角"面积 18.1 万千米^2，以经济规模论，"珠三角"相当于长三角的 1.2 倍。2015 年 1 月 26 日，世界银行发布的报告显示，珠江三角洲超越日本东京，成为世界人口和面积最大的城市群。

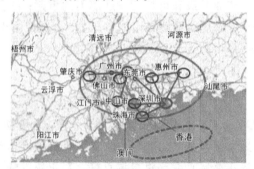

图 4-2 珠三角城市群

京津冀城市群（见图 4-3）的概念由京津唐工业基地的概念发展而来，是指以北京、天津两座直辖市以及河北省的保定、廊坊、唐山、邯郸、邢台、秦皇岛、沧州、衡水、承德、张家口和石家庄为中心的区域。该区域是中国的政治、文化中心，也是中国北方经济的重要核心区。

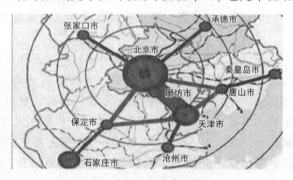

图 4-3 京津冀都市群

京津冀整体定位是"以首都为核心的世界级城市群、区域整体协同发展改革引领区、全国创新驱动经济增长新引擎、生态修复环境改善示范区"。三省市定位分别为，北京市"全国政治中心、文化中心、国际交往中心、科技创新中心"；天津市"全国先进制造研发基地、北方国际航运核心区、金融创新运营示范区、改革开放先行区"；河北省"全国现代商贸物流重要基地、产业转型升级试验区、新型城镇化与城乡统筹示范区、京津冀生态环境支撑区"。

（摘自：上海交通大学新闻网 http://news.sjtu.edu.cn/info/1005/99370.htm）

任务二　城市评估要素及数据收集

【学习任务】

（1）理解城市评估要素。

（2）了解综合评价方法。

（3）初步理解层次分析法。

【技能任务】

（1）构建城市评估指标体系。

（2）收集城市评估相关数据。

【理论知识】

一、城市评估基本要素

企业在准备对进入的城市或已经进入的城市进行综合评价前，首要的工作就是确定目标城市评估要素。但是，由于连锁企业所处的行业的特点不同、所销售的产品不同、目标市场定位不同，所选取的城市评估要素也不同。从宏观角度来讲，在进行城市评估时，可以从政治、经济、社会、文化、环境、法律、技术等方面进行数据收集。但是，在城市评估实践中，应结合连锁企业本身的状况，从微观的角度来评估更具针对性。所以，可以在微观的层面，选取一些关键的要素。下面针对城市评估中的一些基本要素，分别对城市地理、人口状况，城市未来发展规划，公共交通情况，房地产状况，商业发展水平情况，政府优惠政策进行重点分析。

（一）城市地理、人口状况

连锁企业所提供的产品或服务最终是为消费者服务的，而消费者的数量、消费者区域化差异都将影响连锁企业的发展，所以要对城市的自然地理、人口等状况进行综合考察。

城市地理位置主要包括3个方面：纬度位置、海陆位置、相对位置。例如，以我国海南岛为例，从纬度位置看，海南岛位于北半球的低纬热带地区；从海陆位置看，海南岛四周临海（南海），位于我国华南沿海地区；从相对位置看，海南岛靠近我国港澳台及东南亚，是我国发展海外国际贸易的重要前哨基地。

城市人口状况数据包括城市常住人口情况、流动人口情况、人口数量、人口密度、迁移流动状况、城镇化水平、人口素质情况、就业和社会保障状况以及婚姻生育状况等信息。此外，还要收集城市中各区县的人口状况数据。

【小资料4-4】

2013—2014 年中国各大城市人口数量前 50 名排名（见表 4-2）

表 4-2　2013—2014 年中国各大城市人口数量前 50 名排名

排名	城市名称	常住人口总数/万人	GDP/亿元	人均 GDP/（元/人）	排名	城市名称	常住人口总数/万人	GDP/亿元	人均 GDP/（元/人）
1	重庆市	2 884.62	7 894	27 367	26	东莞市	822.02	4 246	51 656
2	上海市	2 301.91	16 872	73 297	27	泉州市	812.85	3 565	43 855
3	北京市	1 961.24	13 778	70 251	28	沈阳市	810.62	5 017	61 891
4	成都市	1 404.76	5 551	39 518	29	济宁市	808.19	2 543	31 463
5	天津市	1 293.82	9 109	70 402	30	南京市	800.47	5 010	62 593
6	广州市	1 270.08	10 604	83 495	31	长春市	767.71	3 370	43 893
7	保定市	1 119.44	2 050	18 315	32	宁波市	760.57	5 126	67 394
8	哈尔滨市	1 063.6	3 666	34 467	33	阜阳市	760	720	9 474
9	苏州市	1 046.6	9 000	85 993	34	唐山市	757.73	4 469	58 980
10	深圳市	1 035.79	9 511	91 822	35	商丘市	736.25	1 140	15 484
11	南阳市	1 026.3	1 956	19 057	36	南通市	728.28	3 418	46 931
12	石家庄市	1 016.38	3 401	33 462	37	盐城市	726.02	2 266	31 215
13	临沂市	1 003.94	2 400	23 906	38	驻马店市	723.07	1 055	14 597
14	武汉市	978.54	5 156	56 367	39	佛山市	719.43	5 652	78 555
15	邯郸市	917.47	2 342	25 529	40	衡阳市	714.15	1 420	19 889
16	温州市	912.21	2 926	32 071	41	沧州市	713.41	2 203	30 880
17	潍坊市	908.62	3 091	34 018	42	福州市	711.54	3 068	43 121
18	周口市	895.32	1 228	13 715	43	邢台市	710.41	1 211	17 041
19	青岛市	871.51	5 666	65 016	44	邵阳市	707.18	730	10 327
20	杭州市	870.04	5 946	68 340	45	长沙市	704.41	4 547	64 551
21	郑州市	862.65	4 000	46 369	46	湛江市	699.33	1 403	20 059
22	徐州市	858.05	2 867	33 412	47	烟台市	696.82	4 358	62 548
23	西安市	846.78	3 241	38 280	48	济南市	681.4	3 911	57 394
24	赣州市	836.84	1 119	13 377	49	大连市	669.04	5 158	77 097
25	菏泽市	828.78	1 152	13 895	50	南宁市	666.16	1 800	27 027

　　注：① 人口数据来自各省市自治区第六次人口普查数据公报。
　　　　② GDP 数据来自各市、地区的 2015 年国民经济和社会发展统计公报、政府工作报告和统计局数据。

【小资料4-5】

成都市城市基本情况

成都市市域面积、常住人口在8个对比城市（北京、上海、重庆、广州、武汉、西安、昆明）中均排名第4位，处于中等发展水平。成都市城镇化率在8个对比城市中均排名第6位，处于相对偏低的水平，如图4-4、4-5所示。

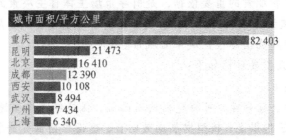

图4-4 成都与国内部分城市基本情况对比图

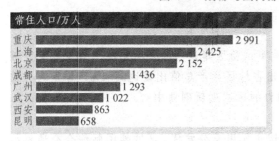
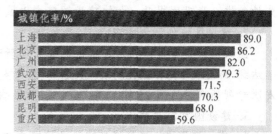

图4-5 成都与国内部分城市城镇化水平对比图

（摘自：《成都市城建攻坚2025规划》）

（二）城市未来发展规划

连锁企业在进行城市选址评估时，要综合考虑城市未来的发展战略、空间布局等因素，只有这样才能抓住发展机遇，抢占市场先机。城市未来发展规划是为了实现一定时期内城市的经济和社会发展目标，确定城市性质、规模和发展方向，合理利用城市土地，协调城市空间布局和各项建设所做的综合部署和具体安排。一般情况下，城市未来发展规划中所涉及的内容包括以下几个方面：

（1）制定城市发展战略，预测发展规模，拟定城市分期建设的技术经济指标。

（2）确定城市功能的空间布局，合理选择城市的各项用地，并考虑城市空间的长远发展方向。

（3）提出市域城镇体系规划，确定区域性基础设施的规划原则。

（4）拟定新区开发和旧城区利用、改造的原则、步骤和方法。

（5）确定城市各项市政设施和工程设施的原则和技术方案。

（6）拟定城市建设艺术布局的原则和要求。

（7）根据城市基本建设的计划，安排城市各项重要的短期建设项目，为各项工程设计提供依据。

（8）根据建设的需要和可能，提出实施规划的措施和步骤。

【小资料 4-6】

成都"十三五"规划六大发展目标

《成都市国民经济和社会发展第十三个五年规划纲要（草案）》根据《中共成都市委关于制定国民经济和社会发展第十三个五年规划的建议》编制，主要明确未来五年经济社会发展的宏伟目标、主要任务和重大举措，是全市人民的共同愿景，是政府履行公共服务、市场监管、社会管理、环境保护职责的重要依据，是引导市场主体自主决策的重要参考。

"十三五"时期，通过全市人民的共同努力，将高标准全面建成小康社会，基本建成西部经济核心增长极，初步建成国际性区域中心城市。

"十三五"期间六大发展目标如下：

1. 建设西部经济中心

在提高发展平衡性、包容性、可持续性的基础上，保持经济中高速增长，2020 年地区生产总值达到 2010 年的三倍以上；转型发展成效明显，建设中西部先进制造业领军城市、现代化国际化服务业区域核心城市，三次产业结构调整为 2.7：42.8：54.5；在副省级城市中的领先地位进一步巩固提升，加快建设国家中心城市。

2. 建设区域创新创业中心

国家创新型城市建设加快推进，全面创新改革试验区建设任务全面完成，科技进步贡献率达到 67%，研究与试验发展（R&D）经费支出占地区生产总值比重达到 4%，每万人有效发明专利拥有量达到 25 件，建成具有国际影响力的区域创新创业中心。

3. 建设国家门户城市

"一带一路"和长江经济带建设的战略支点城市作用充分发挥，区域性国际综合交通枢纽功能日益完善，在全球创新链、产业链、供应链、价值链中的地位逐步提升，实际利用外资年均增长 10%，进出口总额年均增长 6.5%，初步建成国家内陆开放型经济高地。

4. 建设美丽中国典范城市

以"双核共兴、一城多市"的网络城市群为特征的大都市区加快形成，卫星城和区域中心城加快成为独立成市的新城区，轨道交通加密成网，常住人口城镇化率达到 77%，户籍人口城镇化率达到 70%；生态制度体系、生态发展体系和绿色经济体系初步形成，生态环境质量明显改善。

5. 建设现代治理先进城市

民主政治建设加快推进，全面深化改革任务如期完成，城市治理的科学化、法治化、现代化水平不断提升，初步建成治理体系和治理能力现代化先进城市。

6. 建设幸福城市

中国梦和社会主义核心价值观深入人心，公民素质和社会文明程度普遍提升，实现居民收入增长和经济发展同步，覆盖常住人口的公共服务体系基本建立，基本公共服务支出占公共财政支出比重达到 55%。

（摘自：四川省人民政府网站 http://www.sc.gov.cn/ ）

【小资料 4-7】

成都市新型城镇化规划（2015—2020 年）

2015 年 11 月 4 日，成都市政府新闻办发布《成都市新型城镇化规划（2015—2020 年）》

（以下简称《规划》）。按照目标，到 2020 年成都将形成以"双核共兴、一城多市"网络城市群为特征的大都市区城镇形态格局，城镇化率达到 77%，常住人口规模约 1 650 万人。

根据《规划》，成都市在推动城市形态布局调整方面，将积极推进中心城区与天府新区（直管区）错位发展，实现"双核共兴"。其中，中心城区将全面推进城中村、棚户区等旧城改造，并最大限度地保持并维护城市空间形态和传统风貌特色。而天府新区则将加快发展总部经济、科技研发等现代高端服务业和科技创业研发产业等，加快打造成为城市发展新引擎。

同时，针对卫星城市和中小城市发展，《规划》对包括龙泉驿等在内的 8 个卫星城，以及包括金堂等在内的 6 个区域中心城分别提出了功能清晰有别的发展定位。

按照承载的不同功能，未来 5 年成都将逐步打破单中心和圈层发展模式，以城市中轴线为发展主轴，以中心城区和天府新区（直管区）为双核，以成龙走廊、成青金走廊、成灌走廊、成温邛走廊、成新走廊和南部走廊为纽带，加快构建轴线支撑、走廊展开的"一轴双核六走廊"城镇空间格局，构建 1 个特大中心城（双核）、8 个卫星城、6 个区域中心城、10 个小城市以及 68 个特色镇和 2 000 余个农村新型社区组成的市域城镇体系，如图 4-6 所示。

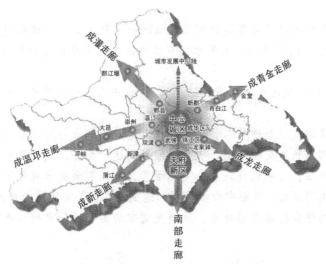

图 4-6　成都未来城镇空间格局

随着城镇布局形态的调整，成都的城镇工业布局也将随之协调推进，将构建更大范围的产业集群。其中，以高新区（南区）为主体区域，将联动双流、崇州、温江、郫县，重点打造电子信息产业集群；以经济开发区为主体区域，联动新都、青白江、金堂，重点打造汽车和高端装备制造业产业集群；以高新区（西区）、温江为主体区域，联动邛崃、双流、彭州，重点打造生物医药产业集群等。

（摘自：成都市政府新闻网站 http：//www.chengdu.gov.cn）

（三）城市公共交通情况

对于连锁企业来说，配送中心所起的作用越来越重要。而不管是总部还是第三方运营的配送中心，都要依托于所在城市的交通运输、物流网络建设状况，所以配送中心在很大程度上影响着企业的投资决策。公共交通，又称公共运输。广义而言，公共运输包括民航、铁路、公路、水运等交通方式；狭义的公共交通是指城市范围内定线运营的公共汽车及轨道交通、渡轮、索道等交通方式。公共运输的方式主要包括轨道运输（如区域铁路、轻轨、有轨电车、缆索铁路、高速铁路、磁轨铁路、动车、索道）、道路运输（如公共汽车和无轨电车、快速公交系统（BRT）、水运、水上的士）、航空运输（如民航、直升机）和其他运输。

对于企业而言，要考虑的公共运输状况既应该包括人员运输状况，也应该包括货物运输状况。

【小资料 4-8】

成都新一轮轨道交通线网规划：规划 6 条出川高铁

成都已完成新一轮轨道交通线网规划修编工作，其中规划 6 条出川高铁。按最新的轨道交通规划来看，成都将构建包括高铁、市域铁路、地铁和有轨电车在内的多层次轨道交通系统。

国家铁路：分高速铁路和一般铁路，如宝成铁路、达成铁路等，主要实现成都市对外联系。规划新增成都至重庆、西安、郑州、武汉、昆明、贵阳等多个方向，速度 350 km/h 的高速铁路出川通道。

市域铁路：如成灌铁路、成蒲铁路，主要是联系双核与市域第三圈层城市，最高运营速度可达 200 km/h。

地铁快线：主要连接双核与周边近郊卫星城的快速轨道交通，最高速度可达 140 km/h。

地铁普线：如地铁 1、2 号线，主要承担双核城区内部及双核与近郊的客流，平均运行速度为 35 km/h。

有轨电车：作为中心城区线网加密和卫星城、区域中心城公交骨干，平均运行速度为 20～30 km/h。

在布局上，成都的轨道交通将以"一轴双核六廊"结构来打造，从卫星城到中心城区和天府新区，至少有两条轨道交通连通，半小时即可到达。此外，成都还规划了 6 条出川高速铁路。在市域铁路方面，未来或许还会公交化运营，市民刷公交卡就能坐火车。

根据轨道交通线网规划，成都中心城区要加速成网，天府新区核心成网，形成放射骨干，打造全域基本覆盖的综合轨道交通体系，轨道交通布局为"一轴双核六走廊"的功能空间结构，如图 4-7 所示。

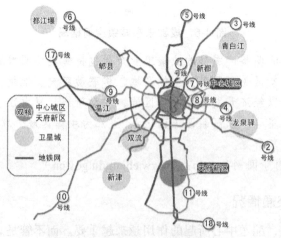

图 4-7 成都轨道交通线网规划图

具体来看，"一轴"指城市中轴线，"双核"指成都中心城区和天府新区，"六廊"则为都江堰—郫县—成都中心城区、青白江—新都—成都中心城区、邛崃—大邑—崇州—温江—成都中心城区、蒲江—新津—天府新区、淮口—龙泉驿—成都中心城区、空港经济区—天府新区。

到 2020 年，成都市轨道交通建设里程将达到 650 千米。中心城区尤其是三环内轨道交通密度将跻身国内先进行列，天府新区轨道交通也将初步成网，为天府新区城市发展提供良好的轨道交通条件，充分实现"轨道交通引领城市发展"。

作为承担连接中心城区各区域的地铁，同时也承担起了连接中心城区与温江等卫星城的连接。按照规划，成都市的地铁将分为普线与快线，承担中心城区与天府新区内部的地铁线路，如 1 号线、2 号线都为地铁普线，平均运行速度为 35 km/h。地铁快线则将连接中心城区、天府新区与周边近郊卫星城，最高速度可达 140 km/h。

同时，规划还表示，要发挥轨道交通的骨干作用，建立以"双核"为中心的半小时轨道通勤圈，保证卫星城与"双核"之间至少有两条轨道交通联系，且至少一条为"点对点"快速轨道，区域中心城与"双核"之间至少有一条市域铁路联系。

在轨道交通建设上，成都将采取铁路、地铁、有轨电车"三管"齐下的方式，构建多层次轨道交通系统。形成一体化发展的可靠、高效、协调的大公共交通体系，改善公交系统服务水平，提高公交系统整体效率，建设"公交都市"，为市民出行营造一个舒适、快捷、方便的公共交通环境。

（摘自：新华网四川 http://www.sc.xinhuanet.com）

【小资料 4-9】

成都国际性区域物流枢纽建设工程

依托成都作为长江经济带、丝绸之路经济带战略交汇点和国家向西向南开发开放战略支点的区位优势，建成西部第一、国内一流的物流设施网络，把成都建设成为"立足西部、辐射全国、影响全球"的西部区域物流中心和连接丝绸之路经济带、21 世纪海上丝绸之路以及中巴、孟中印缅等经济走廊的国际性区域物流枢纽，如图 4-8 所示。

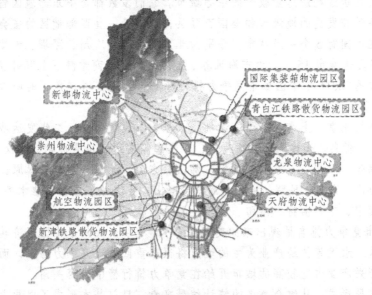

图 4-8　国际性区域物流枢纽建设工程

至 2021 年年末，实现成都新机场和双流国际机场国际（地区）直飞客货运航线总数达 50 条以上；货邮吞吐量突破 100 万吨/年，国际快件中心业务量超过 700 万件/年；铁路集装箱吞吐量突破 80 万标箱/年，"蓉欧快铁"往返班列实现每周 4 列以上稳定运行，铁路货运班列总数达 12 条以上；物流集中发展区标准化仓储设施面积达 400 万米²以上。

至 2025 年年末，实现成都新机场和双流国际机场国际（地区）直飞客货运航线总数达 65 条以上，货邮吞吐量突破 120 万吨/年，国际快件中心业务量超过 1 200 万件/年；铁路集装箱吞吐量突破 100 万标箱/年，"蓉欧快铁"往返班列实现每周 5 列以上稳定运行，铁路货运班列总数达 15 条以上；物流集中发展区标准化仓储设施面积达 500 万米²以上。

（摘自：《成都市城建攻坚 2025 规划》）

（四）城市房地产状况

连锁企业在进行选址评估时，无论是自建还是租赁物业，都要考虑房地产的投资或租赁成本问题，所以要收集关于房地产状况的相关数据，作为投资决策的依据之一。一般来说，房地产状况数据包括房地产市场的政策环境、城市土地市场分析数据、城市房产供应情况数据、城市房产需求情况数据、城市房地产市场价格走势分析数据、房地产市场投资机会、房地产市场发展形势预测等。对于投资企业来讲，尤其注重收集城市商业地产的相关数据，同时还应收集城市中各商圈房屋租金状况。

【小资料 4-10】

不同视角下的一二三线城市划分

根据城市的政治地位、经济实力、城市规模、区域辐射力的不同，将城市划分为一线、二线、三线等城市。一线城市指的是在全国政治、经济等社会活动中处于重要地位并具有主导作用和辐射带动能力的大都市。二线城市指对本国的经济和社会具有较大影响作用的大都市，相对于一线城市其影响较小，主要是地域性影响。相比于一二线城市，三线城市是指有战略意义或比较发达或经济总量较大的中等城市。它们多数都是中东部地区省域内的区域中心城市、经济条件较发达的地级市和全国百强县，也包括一些西部地区的省会首府城市。

据统计，在中国有 5 个一线城市，分别为北京、上海、广州、深圳、天津；二线发达城市有 8 个，中等发达城市 15 个。由东海证券、上海财经大学商学院、上海财经大学金融重点实验室联合主办的"2015 年中国城市竞争力排行榜 —— 上市公司视角下的城市排名"发布会，公布了 2015 年多项城市排行榜。

一线城市包括北京、上海、广州、深圳、天津。二线城市中，二线发达城市有杭州、南京、济南、重庆、青岛、大连、宁波、厦门；二线中等发达城市有成都、武汉、沈阳、西安、长春、长沙、福州、郑州、石家庄、苏州、佛山、东莞、无锡、烟台、太原；二线发展较弱城市有合肥、南昌、南宁、昆明、温州、淄博、唐山。三线城市包括乌鲁木齐、贵阳、海口、兰州、银川、西宁、呼和浩特、洛阳、邯郸。

2015 年城市竞争力排名呈现出来的变化，在一定程度上反映了中国经济转型和结构调整的现状。以钢铁、水泥等传统产业为主的城市将很难重回城市竞争力榜单，而医药、消费、环保、传媒等新兴产业占比较高的城市开始在竞争力排行榜中崭露头角。

三大梯队格局形成：从综合排名的统计结果来看，目前基本形成了以北上广等东部城市为代表的第一梯队，其次是湖北、陕西等中部城市为代表的第二梯队，最后是云南、广西、甘肃等西部城市为代表的第三梯队。第一梯队的形成是经济发展和改革开放多年积淀的结果，其地位短期内难以撼动。随着国家层面区域协调发展战略的实施，中部崛起、西部大开发、振兴东北老工业基地协同推进，可以相信，中西部将逐渐有更多的省份崛起。

（摘自：亿邦动力网 http://www.ebrun.com/）

【小资料 4-11】

2014 年 9 月中国各大城市前 30 名房价排行榜（见表 4-3）

表 4-3　2014 年 9 月中国各大城市前 30 名房价排行榜

排名	城市名称	平均房价	排名	城市名称	平均房价
1	北京	35 599 元/米^2	16	苏州	10 807 元/米^2
2	上海	30 646 元/米^2	17	台州	10 704 元/米^2
3	深圳	24 441 元/米^2	18	济南	10 232 元/米^2
4	厦门	23 044 元/米^2	19	大连	10 154 元/米^2
5	三亚	19 042 元/米^2	20	绍兴	9 615 元/米^2
6	广州	18 532 元/米^2	21	郑州	9 085 元/米^2
7	温州	17 964 元/米^2	22	南昌	9 066 元/米^2
8	杭州	17 568 元/米^2	23	武汉	9 026 元/米^2
9	南京	17 344 元/米^2	24	昆明	8 623 元/米^2
10	天津	15 147 元/米^2	25	兰州	8 485 元/米^2
11	福州	13 563 元/米^2	26	成都	8 475 元/米^2
12	宁波	12 666 元/米^2	27	石家庄	8 358 元/米^2
13	珠海	12 286 元/米^2	28	南通	8 006 元/米^2
14	青岛	11 631 元/米^2	29	太原	7 982 元/米^2
15	金华	11 085 元/米^2	30	扬州	7 944 元/米^2

（摘自：房产网站收集整理）

（五）商业发展水平情况

城市的社会经济发展水平是商业发展的基础。城市强大的经济实力、消费水平、完善高效的基础设施以及配套服务等对商业的发展有巨大的影响。商业往往在经济发达、人均消费能力高的地方率先发展起来。事实也证明，越是经济发达的地区，往往其商业发展水平也越高，其对经济的促进能力也越强，形成了互推互长的良性循环。

另外，商业属于社会的流通领域，与第一、第二产业有着千丝万缕的联系。商业在国民经济中的比重，及其与其他产业的结构分布情况，能够很好地反映商业在地区经济中的重要性。因此，当地的国民经济发展水平、商业在 GDP 中的占比都是衡量商业发展的社会经济基础性指标。

商业发展水平的相关数据包括社会经济基础性数据（如人均国民生产总值、第三产业的经济增长贡献度）、商业经济发展数据（如社会消费品零售额、社会消费品零售总额的增长速度、商业劳动力就业指数）、商业现代化数据（如消费品零售连锁率、连锁零售业人均营业面积）、商业区域影响力数据（如排名前 30 的商业企业的数量、外来购买力指标、批零比率）等。

【小资料 4-12】

2011 年全国主要城市社会消费品零售总额与人均可支配收入（见图 4-9）

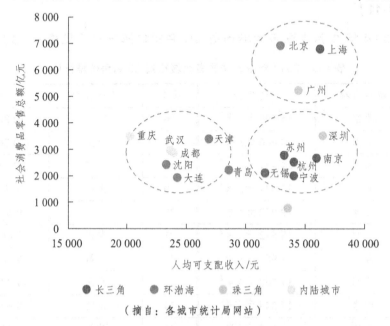

（摘自：各城市统计局网站）

图 4-9　2011 年全国主要城市社会消费品零售总额与人均可支配收入

（六）政府优惠政策

各级地方政府为抢占发展先机，吸引外来投资，竞相出台、实施各种招商引资优惠政策，通行的做法有 3 种：一是低价出让土地；二是使用优惠税费政策或者税费返还；三是采用补贴或优惠方式。

对于连锁企业总部或者加盟商来讲，收集并了解地方政府的有关优惠政策，并与当地政府商量协调，争取享有最优惠的税费政策，获得最大的地方补贴，减少税率，进而降低企业投资成本。

【实践技能】

二、城市评估数据收集

城市评估数据收集主要包括通过收集公开传播的有关数据和通过委托来收集数据两种途径。

1. 收集公开传播的有关数据

在当地，大量包含城市数据的信息是通过出版发行系统、广播影视系统和通信系统公开传播的，因而从图书、报纸、广播、电视以及网络中获得信息是收集城市评估数据的主要途径。具体的资料类别有以下几种：

（1）国家统计机关公布的统计资料。

（2）行业协会发布的行业资料。

（3）图书馆里保存的大量资料。

（4）出版社和杂志社提供的书籍、文献、报纸杂志等。

（5）专业组织提供的调查报告。

（6）研究机构提供的调查报告。

2. 委托收集数据

委托收集即通过委托专业的咨询机构、信息情报网站、企事业单位或个人帮助收集信息。

数据收集的途径和方法很多，但无论是从哪种途径、用哪种方法收集资料，均应做到如下几点：

第一，灵活性。即收集资料的途径、方法要灵活，不能一成不变。一般来讲，收集同一资料的渠道越多，经综合分析并整理后该资料的可靠性就越高。

第二，系统性。了解一个城市，必须掌握比较系统、全面的资料。

第三，可比性。这是指要收集可以相互比较的资料。

第四，连续性。即资料的收集不能时断时续，在资料整理过程中的分类登记项目也不能经常变更。

第五，可靠性。收集资料的目的是使用，如果不准确，则后续的评估工作就不够准确，影响最终的决策，因此要特别重视资料的可靠性。要将收集起来的资料认真分析，去粗存精，去伪存真。

【技能拓展训练】

家装公司目标城市数据收集

【训练背景】

东易日盛成立于 1997 年，专注于为中国精英阶层提供"有机整体住宅装饰"解决方案，形成独特的涵盖住宅装饰设计、施工、主材代理、自营木作产品配套体系的全产业链发展模式，已成长为中国住宅装饰行业的领军企业。东易日盛是我国家装行业唯一上市公司。截至 2013 年，东易日盛在全国 20 余个城市设立直营机构，特许加盟业务覆盖大中型城市达到 67 家，3 700 余名员工为不断满足客户的家装梦想孜孜努力。聚焦住宅精装修业务，在不盲目求大而专注做精品的战略指导下，东易日盛成为房地产开发企业的信赖品牌。

假设你具备东易日盛装饰公司的加盟条件，想在广东省的广州、深圳、东莞、佛山、珠海、中山这几个目标城市选一个城市开一家东易日盛装饰加盟店。

【训练任务】

根据目标城市评估的要求和目的，结合家装行业的特点、东易日盛的目标市场定位，收集这几座城市的相关数据。

【训练目标】

使学生能够结合所要加盟的项目，收集城市相关数据。

【训练内容与要求】

（1）学生以小组为单位收集城市数据，在整理和分析的基础上形成作业报告。

（2）课堂上进行小组作业展示，并结合本项目应具备的理论以及技能要求进行讨论。

【效果与检验】

（1）督促和检查小组进行城市数据收集和甄选、整理工作。

（2）由企业代表和教师分别对学生小组进行评分，按照一定比例得出总评成绩，并填写在表 4-4 中。

表 4-4　家装公司目标城市数据收集综合评分表

指导老师/企业代表		被考评小组	
考评地点			
考评内容	家装公司目标城市数据收集		
考评标准	内　容	分值/分	得分/分
	城市地理、人口状况	20	
	城市未来发展规划	20	
	公共交通、房地产状况	20	
	商业发展水平、政府优惠政策	20	
	其他相关信息	20	
合　计		100	

注：考评满分为 100 分，60~70 分为及格；71~80 分为中；81~90 分为良好；91 分以上为优秀。

任务三　目标城市综合评价步骤和方法

【学习任务】

掌握目标城市综合评价的步骤和方法。

【技能任务】

（1）结合连锁企业自身情况，构建目标城市综合评价指标体系。

（2）运用层次分析法，确定最适合的投资城市。

【理论知识】

连锁企业在进行选址评估时，经常是有多个目标城市可以选择的，同时，由于城市评估考虑的要素较多，为了对若干目标城市进行客观、公正、合理地全面评价，通常采用综合评价方法。综合评价法的目的就是根据评价系统的属性判断确定这些城市的状况哪个优，哪个劣，即按优劣对各目标城市进行排序或分类。

一、目标城市综合评价步骤和方法

（一）综合评价的步骤

综合评价的一般步骤如下：

（1）明确评价目的，确定被评价对象。

（2）确定综合评价指标体系，这是综合评价的基础和依据。

（3）收集数据，并对不同计量单位的指标数据进行同度量处理。

（4）确定指标体系中各指标的权重系数，以保证评价的科学性。

（5）选择或者构造综合评价模型，对经过处理后的指标进行汇总，计算出综合评价指数或综合评价分值。

（6）根据评价指数或分值对参评单位进行排序，并由此得出综合评价结果。

（二）综合评价方法

综合评价方法大体可分为以下4类：

第一类：专家评价法，如专家打分评价法。

第二类：运筹学与其他数学方法，如层次分析法、数据包络分析法、模糊评价法。

第三类：新型评价方法，如人工神经网络评价法、灰色综合评价法。

第四类：混合方法，这是几种方法混合使用的情况，如 AHP+模糊综合评价、模糊神经网络评价法。

常用的几种综合评价方法如表4-5所示。

表 4-5　各种评价方法的比较

评价方法	评价基本原理	优　势	劣　势	适用性
专家打分评价法	根据评价对象的具体情况选定评价指标，对每个指标均定出评价等级，每个等级的标准用分值表示；以此为基准，由专家对评价对象进行分析和评价，确定各个指标的分值，采用加法评分法、乘法评分法或加乘评分法求出各评价对象的总分值，从而得到评价结果	①使用简单、直观性强②能够在缺乏足够统计数据和原始资料的情况下，可以做出定量估计③计算方法简单，且选择余地比较大④将能够进行定量计算的评价项目和无法进行计算的评价项目都加以考虑	①理论性和系统性尚有欠缺，有时难以保证评价结果的客观性和准确性②要求参加评价的专家对评价的系统具有较高的学术水平和丰富的实践经验	定性描述定量化研究
层次分析法	将复杂问题按组成分解，再将这些因素按支配关系分组形成有序的层次结构，通过两两比较确定诸因素的相对重要的顺序	①简洁性，表现形式简单，易于操作②评价结果需要通过一致性检验，可信度高③实用性、定量定性分析均可以	①对于决策问题有较高的定量要求时不能单纯使用其进行评价②决策者应该对所面临的问题有比较深入和全面的认识	定量与定性研究
模糊综合评价法	应用模糊关系合成原理，用多个因素对被评判事物隶属等级进行综合评判	①克服传统数学方法结果单一性的缺陷，其结果包含大量的信息②简易可行，易于使用	①不能解决因评价指标间的相关性造成的评价信息重复的问题②隶属函数的确定没有统一的方法③合成的算法需要进一步改进	定性研究

评价方法	评价基本原理	优　势	劣　势	适用性
逻辑框架法	核心是事物层次间的因果关系，将项目目标及因果关系划分为宏观目标、目的、投入、产出4个层次，并由此形成垂直逻辑关系及水平逻辑关系，形成一个4×4矩阵	①逻辑框架通过对项目层次的详尽描述，使项目投资者、管理者和受益者清楚地了解项目目的和内容 ②有利于改进和完善项目的决策立项、项目准备和评估程序等	①对项目最初确定的目标必须做出清晰的定义 ②主观性比较强	定量与定性研究
数据包络分析法	通过保持决策单元的输入或输出不变，借助于数学规划将决策单元投影到DEA前沿面上，并通过比较决策单元偏离DEA前沿面的程度来评价它们的相对有效性	①适用范围广，易于处理大量的输入与输出问题 ②在不同的测度中受决策单元的影响不大 ③无须指标权重，不受决策者主观的影响	①必须分析分类数据的有效性及可信性 ②样本大小的限制性很强	定量研究
灰色关联度分析法	主要用于研究事物或因素之间的关联性，有利于对灰色动态过程发展态势的量化比较分析	①对样本大小要求不高 ②数学计算严格，人的主观因素影响不大 ③计算简单且应用方便	①不适于直接处理定性的问题 ②选择灰色关联系数的标准可以直接影响最后的评价结果	定量研究
人工神经网络评价法	该方法模拟人脑神经网络原理，建立可以"学习"的模型，并能充分利用经验性知识积累，达到求出最佳解与实际值之间的误差最小化的目的	①自适应能力强、可容错性、能够处理非线性和非局域性的较大型的复杂系统 ②在学习样本训练中，不用考虑输入因子之间的权重系数，受决策者主观因素的影响很小	①训练样本容量大 ②评价模型具有隐含性，评价算法也较为复杂 ③评价结果精度不高 ④应用范围具有一定的局限性	定量研究

以上几种主要的综合评价方法在基本原理、优势、劣势以及适用性方面都有所差异。其中，专家评价法是出现较早且应用较广的一种评价方法。它是在定量和定性分析的基础上，以打分等方式做出定量评价，其结果具有数理统计特性。对于具有一定专业知识和应用实践能力的高职高专院校的学生来说，对目标城市进行综合评估，可以采用这种方法。

专家评价法的主要步骤是：首先根据评价对象的具体情况选定评价指标，对每个指标均定出评价等级，每个等级的标准用分值表示；然后以此为基准，由专家对评价对象进行分析和评价，确定各个指标的分值，采用加法评分法、乘法评分法或加乘评分法求出各评价对象的总分值，从而得到评价结果。

将专家打分评价法运用到目标城市评估时，先确定城市评估的各种要素及其重要程度，然后对各个备选城市进行评分，最后确定最佳投资城市。城市评估的专家打分评价法如表4-6所示。

表 4-6　城市评估的专家打分评价法

城市评估指标	权重	备选城市得分			权重×备选城市得分		
		城市 1	城市 2	城市 3	城市 1	城市 2	城市 3
人口数量	5	7	8	8	35	40	40
人均可支配收入	5	6	9	6	30	45	30
交通情况	3	7	7	8	21	21	24
商业发展水平	4	5	6	6	20	24	24
城市基础设施	3	8	8	6	24	24	18
城市 GDP	5	7	7	5	35	35	25
市场规模	5	6	8	7	30	40	40
人才规模	4	5	7	6	20	28	24
房地产状况	4	5	6	6	20	24	24
政府优惠政策	2	3	4	3	6	8	6
合　计	—	—	—	—	241	289	255

说明：此处每一因素按重要程度分为 5 个等级（1、2、3、4、5）的权重，每个备选城市各因素评分分布
在 -10 ~ 10 的区间内。

从各种要素来综合考虑，城市 2 计算得分最高，因而可以作为最优投资城市。需要说明的是，不同业态类型和业务类型的连锁门店，城市评估的影响因素及权重是不一样的，这需要根据已有的城市评估经验进行选择和设定。

【实践技能】

二、构建目标城市评估指标体系

要为连锁企业选择出最佳投资城市，其中比较关键的一步是需要结合连锁企业的自身情况，在相关数据收集的基础上进行分析和筛选，最终选择出影响城市评估的关键指标，构建城市评估指标体系。该评价指标体系应由多层级、多项目指标构成，每一项指标都是从不同的侧面体现城市评估系统中每个分项目所具有某种特征大小的一个度量。目标城市评估指标体系应遵守系统性、科学性、可比性、可测性和独立性的原则。

【小资料 4-13】

2014 年中国城市成长竞争力排行榜

城市成长竞争力就是城市在动态发展的过程中，充分挖掘其潜的潜能，不断完善城市的社会组织体制，展示其创新活力，并依据城市可持续发展的内在规律逐步提升自身综合竞争力的能力。

《GN 中国城市成长竞争力评价指标体系》由实力指数、潜力指数、活力指数、能力指数四大指标综合而成，包括 4 项一级指标、29 项二级指标、67 项三级指标。2014 年中国城市成长竞争力排行榜如表 4-7 所示。

表 4-7　2014 年中国城市成长竞争力排行榜

排名	城市	分数	排名	城市	分数
1	天津	2 332.199	16	合肥	804.342
2	深圳	2 202.446	17	沈阳	755.047
3	重庆	1 893.292	18	宁波	754.325
4	上海	1 547.381	19	昆明	744.215
5	北京	1 507.276	20	长沙	739.845
6	广州	1 487.936	21	贵阳	732.206
7	苏州	1 387.078	22	厦门	703.19
8	杭州	1 020.169	23	东莞	643.683
9	青岛	1 000.697	24	无锡	638.526
10	南京	948.351	25	烟台	629.193
11	大连	941.472	26	哈尔滨	622.954
12	武汉	890.605	27	西安	598.306
13	香港	839.935	28	长春	595.346
14	济南	827.307	29	福州	569.794
15	成都	808.23	30	惠州	539.836

（摘自：中国城市竞争力研究会网站 http：//www.wasa-china.com）

【小资料 4-14】

城市竞争力评价指标体系

城市竞争力是一个综合、系统的概念，必须根据城市竞争力的本质内涵、基本特征及其主要内容，构建一个层次分明、结构完整、可比性强的评价指标体系。根据科学性、目的性、综合性、持续性和可操作性等原则，建立城市竞争力评价的指标体系，如表 4-8 所示。该指标体系包括基础竞争力、经济竞争力、科学技术竞争力、开放竞争力、政府作用和城市环境竞争力 6 个系统层指标，以及 15 个要素层指标和 40 个基本变量层指标。

表 4-8　城市竞争力评价指标体系

系统层	要素层	基本变量层
基础竞争力	城市规模	城市建区面积（千米^2）
		市区非农业人口（万人）
	城市基础设施	实有城市道路面积（米^2）
		人均城市道路面积（米^2）
		综合供水能力（米^3）
		规模以上企业电力供应量（千瓦时）
		邮电业务总量（亿元）
	经济规模	地区生产总值（万元）

系统层	要素层	基本变量层
经济竞争力	经济结构	第二产业占 GDP 的比重（%）
		第三产业占 GDP 的比重（%）
	经济发展	GDP 增长率（%）
	经济效益	工业增加值（万元）
		人均地区生产总值（万元）
	金融能力	年末金融机构存款余额（万元）
		年末金融机构贷款余额（万元）
		城乡居民储蓄年末余额（万元）
	市场规模	全社会固定资产投资（万元）
		社会消费品零售总额（万元）
		人均可支配收入（元）
科技竞争力	科研力量	科技活动人员数（人）
		研发经费总支出（万元）
		专利申请
	人才规模	普通高校在校生人数（人）
		科学家和工程师数（人）
开放竞争力	外资利用	实际利用外资总额（万元）
		进出口总额（万美元）
	对外联系能力	客运总量（万人）
		货运总量（万吨）
政府调控能力	政府调控	地方财政预算内收入（万元）
		地方财政预算内支出（万元）
		人均地方财政预算内收入（元）
		人均地方财政预算内支出（元）
环境竞争力	硬环境	生活垃圾无害化处理率（%）
		生活污水处理率（%）
		建成区绿化覆盖率（%）
		人均绿地面积（米²/人）
	软环境	每万人拥有医生数（人）
		人均居民生活用水量（升）
		图书馆数
		居民消费价格指数（%）

（摘自：王发曾，吕金嵘. 中原城市群城市竞争力的评价与时空演变[J]. 地理研究，2011）

以小组为单位，选择某家具体的连锁企业，结合其所在的行业特点以及本身的情况，对该连锁企业进行选址评估，构建目标城市综合评价指标体系（含评估方法、评价指标以及权重）。

【拓展知识】

三、层次分析法

由于在城市评估的时候涉及多个评估要素，这些要素有定性的，也有定量的，而且存在多个目标城市进行综合评估的情况，因此，从适用性和优劣势的比较来看，选择简单、易于操作、能够定性定量相结合进行研究的层次分析法比较适合。

层次分析法（Analytic Hierarchy Process，AHP）是将与决策有关的元素分解成目标、准则、方案等层次，在此基础之上进行定性和定量分析的决策方法。它把影响被评价对象的各种错综复杂的因素按照相互作用、影响及隶属关系划分为有序的递阶层次结构。根据对一定客观现实的主观判断，对相对于上一层次和下一层次中的因素进行两两比较，然后经过数学计算及检验，获得最低层因素的权重。层次分析法是一种定性与定量分析相结合的系统分析方法。运用层次分析法来确定最佳备选方案，具体步骤如下：

（1）建立层次结构模型。

以连锁企业选择最佳投资城市为例，建立包含目标层、准则层和方案层的3个层次结构的模型，如图4-10所示。

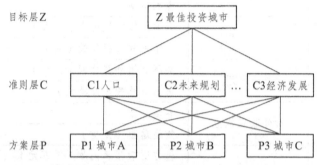

图4-10 选择最佳投资城市的层次结构图

（2）建立判断矩阵。

由专家利用1~9比例标度法，分别对每一层次的评价指标的相对重要性进行定性描述，并用准确的数字进行量化表示，数字的取值所代表的意义如表4-9所示。

表4-9 判断矩阵标度及其含义

标度 a_{ij}	含 义
1	指标 x_i 与指标 x_j 相比，具有同样重要性
3	指标 x_i 与指标 x_j 相比，指标 x_i 比指标 x_j 稍微重要
5	指标 x_i 与指标 x_j 相比，指标 x_i 比指标 x_j 明显重要
7	指标 x_i 与指标 x_j 相比，指标 x_i 比指标 x_j 强烈重要
9	指标 x_i 与指标 x_j 相比，指标 x_i 比指标 x_j 极端重要
2，4，6，8	上述两相邻判断的中间情况
倒数	指标 x_i 与指标 x_j 相比得 a_{ij}，则指标 x_j 与指标 x_i 相比得 $a_{ji} = 1/a_{ij}$

（3）求解判断矩阵，计算各指标权重。

判断矩阵最大特征值所对应的特征向量即为同一层次相应因素对于上一层指标相对重要性的权值。最大特征向量的求法有很多种，如列和求逆法、乘积方根法。本书采用的是乘积方根法。

具体计算过程如下：

设 m 阶判断矩阵为

$$A = \begin{bmatrix} a_{11} & a_{12} & \cdots & a_{1m} \\ a_{21} & a_{22} & \cdots & a_{2m} \\ \vdots & \vdots & & \vdots \\ a_{m1} & a_{m2} & \cdots & a_{mm} \end{bmatrix}$$

按行将 A 的各元素连乘并开 m 次方：

$$b_i = (\prod_{j=1}^{m} a_{ij})^{1/m}, \quad i = 1, 2, \cdots, m$$

b_i 归一化，得 $w_i = b_i \bigg/ \sum_{i=1}^{m} b_i$ ，$i = 1, 2, \cdots, m$

w_i 即为求得指标的权重系数，从而得到特征向量 $W = (w_1, w_2, \cdots, w_m)^T$，其中 $0 \le w_i \le 1$，且 $\sum_{i=1}^{m} w_i = 1$。

（4）对判断矩阵进行一致性检验。

使用 AHP 法需要专家对各个指标的相对重要性的评估协调一致，因此要进行一致性检验。具体步骤如下：

① 计算判断矩阵的最大特征根 $\lambda_{\max}$。

$$\lambda_{\max} = \sum_{i=1}^{m} \frac{(AW)_i}{mW_i}$$

② 计算 $C.I.$。$C.I.$ 是两两比较判断偏离一致性程度的指标。

$$C.I. = \frac{\lambda_{\max} - m}{m - 1}$$

其中 m 表示判断矩阵阶数，$C.I.$ 越小，判断矩阵的一致程度越高。

③ 计算 $C.R.$。

$$C.R. = \frac{C.I.}{R.I.}$$

$R.I.$ 是随机一致性指标，其取值根据判断矩阵阶数的不同而不同。$R.I.$ 取值如表 4-10 所示。

表 4-10 1~10 阶随机一致性指标 $R.I.$ 的取值

阶数	1	2	3	4	5
$R.I.$	0	0	0.514 9	0.893 1	1.118 5
阶数	6	7	8	9	10
$R.I.$	1.249 4	1.345 0	1.420 0	1.461 6	1.487 4

当阶数小于等于 2 的时候，判断矩阵总是一致的；当阶数大于 2 的时候，$C.R. < 0.10$，则认为判断矩阵具有满意的一致性，否则调整判断矩阵。

基于构建的城市评估指标体系，运用层次分析法确定目标城市无疑是一种简单易操作的方法。但是，如果所选的指标不合理，其含义混淆不清，或指标间的关系不正确，都会降低层次分析法的结果质量，甚至导致层次分析法决策失败。

为保证递阶层次结构的合理性，需把握以下原则：

第一，分解简化问题时把握主要指标，不漏不多。

第二，注意相比较元素之间的强度关系，相差太悬殊的指标不能在同一层次比较。

任务四　撰写城市评估报告

【学习任务】

掌握评估报告撰写要求。

【技能任务】

撰写城市评估报告。

【理论知识】

一、评估报告撰写要求

城市评估报告，一般是指评估者根据相关的评估准则要求，在履行必要评估程序后，针对备选城市撰写的对企业决策者有价值的专业书面意见。

城市评估报告是根据城市评估的目的与要求，在评估工作完成后，向决策部门提供城市主要情况和评估结果的综合性技术文件。它是城市评估的最终成果，也是投资项目贷款决策的重要依据，必须按规定的内容格式与要求撰写。

一般来说，评估报告的基本要求主要包括以下 7 个方面：

（1）应如实反映情况。

这取决于评估所用资料和数据的质量，调查研究深入细致，评估过程的测算分析认真扎实，所获资料数据就会真实、可靠和充分。同时，评估报告还应如实反映评估工作的过程，应包括评估人员的结构、评估起止时间、评估活动方式与过程、重点探讨过哪些问题、提供过什么资料、提出过什么建议，以利于决策部门了解评估工作的深度，研究并解决所存在的问题。

再次，要尽可能用事实、数据说明问题。如能充分利用事实说话，评估报告就会真实具体，令人信服。

撰稿人写作过程应该保持超脱的态度，客观地阐述问题。城市评估项目既不是从投资主体的角度出发，也不能直接站在决策者的立场，而是从宏观着眼，认真研究项目对整个社会经济发展的影响，全面论证项目建设的必要性与可能性。

（2）结论要科学可靠。

选址评估人员应该坚持客观、科学、公正的态度，实事求是地评估项目，在此基础上进行总评估，提出科学的结论。

（3）建议要切实可行。

选址评估人员提出的建议对项目的发展要有一定的参考价值，并且在实际中能够操作，不会流于形式。

（4）对关键问题要重点分析。

在城市投资项目评估中发现，某些关键性内容对项目正常实施与门店选址具有十分关键的作用。对这些内容，评估人员要予以特别注意，重点分析其变化对门店选址项目的影响程度。

（5）进行必要的比较、分析。

比较是鉴别事物异同、优劣的基础方法，撰写城市评估报告也不例外，也应注重纵向和横向的对比分析，以便为决策部门提供多方面的信息和对照选择的根据。比如，为确定目标城市选址的决策，则只有通过多方案的比选，剖析各个方案的优劣，才能有助于人们从多方面察看所选择方案的情形与优点，这样做出的评估结论必将更有说服力。

（6）层次清晰、剖析透彻、语言精练。

城市评估报告在叙述情况时，必须条理清楚，简明扼要，使决策者一目了然，切忌材料堆砌，数据杂乱，同时，反映事实要客观、公正，分析问题要深入透彻，所有测算均应附上必要的计算底表和依据。通篇文字的表述都应准确、简练、朴实、通畅，不能拖沓冗长、词不达意。

（7）正式的城市评估报告要由评估小组负责人、报告的撰稿人签名，以明确评估人员职责。

城市评估工作结束后，应将城市评估报告连同城市评估过程所收集整理的资料和计算表等一并立卷存档，作为以后审查扩大初步设计、概算预算、进行城市投资项目管理以及项目后评估的依据和参考。

【实践技能】

二、评估报告撰写内容

在城市数据收集和城市数据分析完成之后，应该撰写城市评估报告。一般情况下，一个完整的城市评估报告正文内容应该包括城市基本情况介绍、企业背景及发展状况、连锁企业综合环境分析、连锁企业在目标城市的发展规划、连锁企业在该城市发展的可行性分析、连锁企业在该城市发展的风险分析与提示、城市评估报告附件等，如表 4-11 所示。

表 4-11　《目标城市评估报告》大纲

序号	项　目	具体内容
1	城市基本情况介绍	城市的背景介绍、城市经济发展的综合评价和分析
2	企业背景及发展状况	①连锁企业背景，包括国家或行业发展规划、连锁企业扩张规划及缘由等； ②连锁企业发展概况，包括市场调查情况、已试验的成果等

序号	项 目	具体内容
3	连锁企业综合环境分析	①内部环境分析，即企业的优劣势分析； ②外部环境分析，即机会和威胁分析； ③市场分析，包括连锁企业所属行业在该城市的发展概况、竞争者分析、消费者分析
4	连锁企业在该城市的发展规划	包括连锁企业实施经营模式的充分性、连锁企业实施持续经营模式的必要性和连锁企业实施特许经营模式的计划构想（主要是指经营内容、经营结构、费用安排、运营战略、发展进度计划等）
5	连锁企业在该城市发展的可行性分析	分析该连锁企业是否适合于在该城市进行推广和发展，包括技术可行性（建设可行性、运作与维护可行性）、经济可行性（融资可行性、投资预测与收益估计）和社会可行性（社会效益、社会影响）
6	连锁企业在该城市发展的风险分析与提示	包括行业风险、市场风险、经营风险、政策法律风险、风险预测、防范与应对策略等

在撰写目标城市评估报告时，除上面正文内容外，一篇规范、完整的城市评估报告还应包括封面、前言、目录及附件部分。封面页的内容应包括城市评估报告的名称、研究单位、主要研究人员、编制报告的日期等基本信息；前言页是对城市评估报告中的研究的主要部分或核心思想进行高度概括总结，说明在研究过程中的主要发现，解释城市评估结论及对策建议等；目录页是对城市评估报告的逻辑架构的展现，需要注意的是，目录层级不宜过少，也不宜过多，目录层次最多可到三级；城市评估报告附件部分是对主体部分的补充，主要是城市评估报告所需要提供的参考资料，一般包括市场调研分析报告、贷款意向书、环境影响报告、需单独进行可行性研究的单项或配套工程的可行性研究报告、引进技术项目的考察报告、利用外资的各类协议文件、其他主要对比方案说明等。该部分要求所列附件应注明名称、日期、编号。

【案例分析】

太平洋百货华南首店入驻顺德

太平洋百货集团为台北太平洋SOGO百货集团事业之一。太平洋SOGO百货创立于1987年11月11日，为一个综合型的百货事业体。

太平洋SOGO百货集团1993年开始进入大陆百货零售市场，如上海太平洋百货徐汇店、上海太平洋百货淮海店、上海太平洋百货不夜城店、成都太平洋百货春熙店、成都太平洋百货全兴店、成都太平洋百货春熙新馆、重庆太平洋百货大都会店、重庆太平洋百货立洋店、北京太平洋百货盈科店、北京太平洋百货五棵松店、大连太平洋百货连洋店、大连太平洋百货青泥洼店。台湾有台北太平洋SOGO百货忠孝本馆、台北太平洋SOGO百货敦化新馆、太平洋SOGO百货中坜店、太平洋SOGO百货。

2011年6月，我国大陆首个台资独资建设的商业中心太平洋城市综合体项目在顺德奠基开工，投资方为我国台湾上市企业太平洋百货。这家台企引入"豪布斯卡"商业模式，集聚商业、商务、酒店、娱乐、居住、公寓六大业态，打造国内首个真正意义上的城市综合体。

该项目被命名为"顺德太平洋广场"，选址顺德陈村镇吴家围新商圈。台湾太平洋集团董事长章启光表示，"陈村位于广佛中心，同时顺德周边藏富于民，购买力很强，但本地的商业档次不够高。每到周末和节假日，总有大批顺德人到香港购物。因此我们希望能在这个项目中引入奢侈品牌的经营，留住这部分高端消费人群。"该项目是太平洋百货在我国大陆一线城市北京、上海、成都、重庆以外地区开设的首家分店，同时也将成为太平洋百货在华南总部的旗舰店。

资料显示，该项目占地 144 000 米^2，总建筑面积为 75 万米^2，总投资为 26.5 亿元。项目建成运营后，可包容 500 多家商户，商业经营人数达到 10 000 人。

同时，顺德政府已将太平洋广场城市综合体列入城市发展的重要项目，从城市规划上，2017 年的广佛双城地铁的通航，将规划中的广州 7 号线延长线及广佛环线双地铁交汇点，设立在太平洋广场板块上。其中太鼎中心地下负一层与 SOGO 百货地下一层全面打通，直通地铁，为未来提供了绝佳的商业人流设计。

（摘自：世界服装鞋帽网 http：//www.sjfzxm.com/news/shichang/20110609/238656.html）

思考题：

太平洋百货在华南选择的第一家店为何定在广东佛山顺德？考虑的影响因素主要有哪些？

以小组为单位，利用网络平台，如百度文库、360 图书馆等，选择一份现成的目标城市评估报告为案例进行研读，结合《目标城市评估报告》大纲，对该评估报告进行优缺点分析，并有针对性地提出改进建议。

【技能拓展训练】

大型超市目标城市选择决策

【训练背景】

沃尔玛计划未来几年在中国新增 115 家门店，新增门店不仅分布在上海、深圳、武汉等一二线城市，还将在新兴城市和城镇开拓消费者市场。假设你是沃尔玛中国的区域拓展部员工，该目标城市选择及评估的任务安排由你来完成。

【训练任务】

根据目标城市评估的要求和目的，收集相关数据，对关键评价指标进行评估，最终选择目标城市，形成一份目标城市选择的评估报告。

【训练目标】

（1）学会运用城市评估的基本理论与技能，掌握城市评估的方法和技巧等。

（2）分析和解决在城市评估中可能遇到的各种典型问题。

【训练内容与要求】

（1）以小组为单位对城市评估工作进行前期调研，分工合作，充分收集信息。在收集信息的基础上，按照城市评估的理论与实践相结合的原则，提出备选城市的详细方案。

（2）课堂上进行小组作业展示，并结合本项目应具备的理论以及技能要求进行讨论。

【效果与检验】

（1）督促小组进行连锁门店城市评估，检查小组最后形成的城市评估报告。

（2）由企业代表和教师分别对学生小组进行评分，按照一定比例得出总评成绩，并填写在表 4-12 中。

表 4-12　目标城市选择综合评分表

指导老师/企业代表		被考评小组	
考评地点			
考评内容	大型超市目标城市选择的决策方案评价		
考评标准	内　容	分值/分	得分/分
考评标准	目标城市选择决策依据	20	
考评标准	目标城市基本数据收集	20	
考评标准	企业在目标城市的 SWOT 分析	20	
考评标准	企业在目标城市发展的可行性分析	20	
考评标准	企业在目标城市发展的风险分析	20	
合　计		100	

注：考评满分为 100 分，60～70 分为及格；71～80 分为中；81～90 分为良好；91 分以上为优秀。

【项目小结】

（1）了解城市是城市评估的前提，城市是非农业人口大量聚集、具有综合功能的人类生产和生活共同体。城市的特征主要包括生产要素的聚集性、城市运行的高效性、城市功能的综合性、城市系统的开放性、城市人口及其文化构成的异质性。城市的功能有生产中心、商业中心、金融中心、交通中心、信息中心、政治中心。城市结构可以划分为城市的经济结构、城市的社会结构、城市的空间结构。按照不同的划分角度，城市可以划分出多种类型。

（2）城市的基本数据的收集是城市评估工作的重要基础。城市的基本数据包括城市的背景资料和城市的经济发展资料。城市评估的一些基本要素包括城市地理、人口状况、城市未来发展规划、公共交通情况、房地产状况、商业发展水平情况及政府优惠政策。

（3）为了对若干目标城市进行客观、公正、合理的全面评价，通常采用综合评价方法。第一，明确评价目的，确定被评价对象；第二，确定综合评价指标体系，这是综合评价的基础和依据；第三，收集数据，并对不同计量单位的指标数据进行同度量处理；第四，确定指标体系中各指标的权重系数，以保证评价的科学性；第五，选择或者构造综合评价模型，对经过处理后的指标进行汇总，计算出综合评价指数或综合评价分值；第六，根据评价指数或分值对参评单位进行排序，并由此得出综合评价结果。

（4）撰写城市评估报告，为决策者提供决策依据。城市评估报告应如实反映情况，得出的结论要科学可靠，提出的建议要切实可行，对关键问题要重点分析，进行必要的比较、分析，整篇城市评估报告要层次清晰、剖析透彻、语言精练，同时，需要注意点是，城市评估报告要由评估小组负责人、报告的撰稿人签名，以明确评估人员职责。一篇完整的城市评估报告应包括封面、前言、目录、城市基本情况介绍、企业背景及发展状况、企业综合环境分析、企业在该城市的发展规划、企业在该城市发展的可行性分析、企业在该城市发展的风险分析与提示以及城市评估报告附件。

【思考题】

（1）城市的结构和类型是如何划分的？

（2）进行城市评估前，需要收集哪些基本数据？

（3）综合评价的要素和步骤包括哪些？常见的综合评价方法包括哪些？

（4）撰写城市评估报告的要求是什么？城市评估报告的内容应包括哪些？

项目五　立地评估

【项目内容】

（1）门店立地评估的外部要素和内部要素。

（2）门店地理位置评估的宏观要素和微观要素。

（3）门店竞争对手评估的战略要素和战术要素。

（4）门店租赁门槛效应内涵及其促销办法。

【项目意义】

（1）具有分析门店立地评估中的不宜开店要素的实操能力。

（2）具有分析门店地理位置评估中的微观要素的实操技能。

（3）具有分析门店竞争对手评估中的战术要素的基本技能。

（4）具有分析门店租赁门槛效应中的店铺遴选的基本技巧。

【重点与难点】

（1）重点掌握门店立地评估的内部要素。

（2）重点掌握门店地理位置评估的微观要素。

（3）重点掌握门店竞争对手评估的战术要素。

（4）难点在于理解门店租赁门槛效应内涵。

【项目成果】

门店立地评估报告。

【引导案例】

某超市连锁店的立地调查

　　某超市是一家开店较早、具有一定经营规模的超市连锁企业。从 2005 年 3 月开始，以每日一家的速度开设新店，每开一家新店前照例要进行详细的商圈立地调查活动，主要包括两部分。一是从早晨 6 点起至晚上 10 点止在欲开店的地区对人流量与车流量进行统计。选择一天中的不同时段来测定客流量，这样的工作持续 3~5 天，从而掌握大量的第一手客流量的资料。二是进行商圈立地入户调查。他们在商圈范围内选择 60 户人家进行入户访问，如"我们要在这里开店，您愿意我们卖点什么？""希望我们几点开门？几点关门？""平时在哪儿买油、买盐？""平均几天买一次东西？"充分了解商圈立地内的各种经营信息，以确保新店开一家成功一家，开一家得利一家。

　　该企业开发部经理说："商圈立地调查对开店成败的影响力至少占 70%。但是不少开发者往往到开店运营后，再想方法来提高业绩，他们这样做往往是事半功倍。"

　　（摘自：百度文库 http：//wenku.baidu.com）

　　请思考：

　　（1）简述商圈调查的重要性。

（2）此超市之所以能成功地开发门店，得益于前期的商圈调查，商圈调查的主要内容是什么？

任务一　门店立地评估的内外要素

【学习任务】
（1）门店立地评估的外部要素。
（2）门店立地评估的内部要素。
（3）门店立地评估的不宜要素。

【技能任务】
能对连锁门店立地评估的内外部要素进行分析。

一个门店的成功除了受政府的政策、业态的接受程度、品牌知名度等大因素的影响外，还受门店立地能力的影响。门店的立地能力是经营成功的要素。所谓立地力就是指门店周围的微环境和门店本身的因素对门店业绩的影响。

一、门店立地评估之外部环境要素

一个门店的立地力，首先和它的周边环境密切相关，主要包括门前道路的类别、顾客来店的方便度、邻居的类别等。

1. 门前道路的类别因素

道路类别是立地力的第一要素，它直接影响消费行为。道路根据用途可分为交通枢纽、连接通道、交通干道、商业干道。如成都的蜀都大道就是商业干道，它是批发、零售等各式商业活动来往的动脉；成都的人民南路就兼具有商业干道和交通干道的双重功能。火车站和汽车站周围的道路主要起枢纽功能，而两个城市或区域之间的道路就是连接干道。对于门店立地评估来说，商业干道是最符合要求的道路类别，其次就是靠近商业区的交通干道。

2. 顾客来店的方便度要素

顾客是否容易接近门店，除了道路类别外还要考虑道路是否有障碍物，如交通栏杆或斑马线、红绿灯，道路是否平整；还有一个必须考虑的因素就是近期内是否有道路拓宽或各种管线的掩埋计划，这些工程都不利于门店的经营，影响顾客进门的意愿，尤其是新门店，开业后半年内有工程进行，将是对其致命的打击；备选门店应考虑附近是否有公共汽车停靠站，是否是大型超市、大型办公大楼来去的路线，这些都是使顾客容易接近门店的有利因素。

3. 邻居的类别要素

备选门店两侧的业态，也是调查门店周边环境要考虑的重要因素。同业经营将使新店面临强大的竞争，但同时也形成集市效应，带来滚滚人流；如果不是同业，那么就要考虑是互补或还是互斥店，一般来说，超市、百货、酒店、写字楼、餐饮属于互补店，顾客群具有交叉特性，大家可以共同培育市场，互惠互利；而五金配件、加油站、修理厂属于互斥店，各自的顾客群基本上没有交叉。

二、门店立地评估之内部条件要素

一个门店的立地力除了受周边环境影响外，它本身的因素也非常重要。

1. 是否容易找到

地址是顾客认识门店的"钥匙"，备选门店是否有明确的地址或参照物、路标对门店的营业很重要。比如，有一个回头客，他可以轻易地找到文殊院旁边的"宫廷桃酥"或春熙路上的"帅哥肥肠"，但是，如果不是有心留意，那么要到网络上查询后再找到现场门店则要困难得多。

2. 是否容易见到

易见性是门店与消费者沟通的第一步，现在门店的 VI 系统，除了体现产品特色和经营理念外，还有一个很重要的功能就是体现外观上的差异性。在 VI 系统确定后，门面宽一点，门前的绿化树矮一点，店堂明亮一点，都有利于顾客看到门店。

3. 建筑物内的设施是否齐全

店内有没有空调、供暖系统、消防系统，供电功率是否足够，自来水是否正常，有没有下水道接口，如有，是否通畅，这些都是开店后日常需要的设备，如果有了，可以节约成本，降低损益平衡点。

4. 安全性

安全性是指店面是否容易遭受洪涝灾害、是否位于盗窃案多发区、空调主机等设备是否会遭到曝晒从而降低其使用寿命等；还有一些老式建筑在承租后要费时费力去加固，这些都是做投资评估时必须考虑的问题。

5. 合法性

店面的合法性也是考察门店立地力时应该考虑的一个问题。为了避免租赁纠纷，要求与门店所有者签订合同。合同中还要约定有建筑物非法占地和本身就是非法建筑的责任条款。

6. 使用面积

无论何种经营业态，无论经营何种产品，对使用面积都有一定的要求。而我们在除了考虑使用面积外，门面宽度同样是考察的重点。

除了上面所列各点外，在选定门店之前，还要就租金及其递增比例、租期、市场状况、营运管理成本等进行综合评估，结合商圈调查报告，再决定是否开店。

三、门店立地评估之不宜开店要素

1. 商圈内人口极少

门店不适宜开在商圈内人口不足的地方，如果商圈内人口在 1 500 人以下，此店铺应摈弃,这意味着门店的固定顾客过少,从而会影响到销售额。

2. 车流的动线很少

车流的动线指车辆行走时的移动路线。如门店所在的位置车流的动线很少,则意味着门店的流动顾客会受到影响。如处在十字路转角处的店铺其车流动线有 4 条(东、西、南、北 4 个移动方向的路线),位于双向车道路的门店有两条动线,而处在单向车道道路的门店则只有一条动线。

3. 在道路上看不到门店

在道路上看不到门店,是指门店不是设在沿道路的街上,而是在某一脱离道路的区域内。其缺陷包括两点:一是不方便顾客来店;二是很难招徕流动顾客。

4. 地下店铺

地下店铺,是指设在地下室的门店,由于不能充分发挥门店的特殊功能,因此客流会受到影响。其主要缺点是顾客进出不方便;店铺位置不醒目而难以招徕流动顾客。

5. 要登楼梯的店铺

要登楼梯的店铺,是指店铺要登楼梯才能进入门店,这样会给顾客带来不方便,从而违背了门店主要提供方便的原则。

6. 不能设店招与灯箱的店铺

门店由于受到环境条件的制约不能设立店招或灯箱,意味着门店的醒目与一目了然会大打折扣,而门店的醒目与一目了然是保证客流的重要手段。设想在夜晚如果没有明亮的店招如何能让路过者知道这是一家 24 小时营业的门店。

7. 不在车站"回归动线"内的店铺

所谓"回归动线"是指上车与下车的客流必须经过门店门口的移动路线。如果门店的位置不在这条移动路线之内,即使门店紧靠车站,也会使来店的客流受到影响。

8. 店铺的形状不规则

长方形或正方形的商场比较适合门店的经营,如果商场的形状不规则,那么在一个本来营业面积就很小的空间内很难合理地去安排商品的陈列,这就会增加顾客选购商品的时间。

综上所述,门店的立地评估中既要关注外部环境因素,同时也需要重点关注自身的内部条件要素和不宜开店的要素,在内外要素综合分析下,做出门店立地选择的最终决策。

以小组为单位,对某家连锁门店进行实地考察,结合影响门店立地评估的内外部要素,对其立地评估的优劣进行分析,如有必要,请提出借鉴和改进方法。

【小资料 5-1】

零售药店的立地评估

商业是为了顾客而存在的,应该从顾客的角度来评估店铺。而立地评估作为基本的零售技术之一,首先应从顾客的角度出发,通过对店铺的立地评估分析,以帮助经营者掌握客流来源和客流类型,了解顾客的不同需求和特点,帮助门店采取竞争性的经营策略,实现与竞争对手的区隔，满足顾客现实与潜在的需求。所以立地评估不仅在新店选址中得到广泛运用，也较多地用于已开门店的经营评估和业绩提升，帮助实现店铺经营从"坐商"到"行商"的重要转变。

此外，越来越多的零售企业在进行门店品类结构优化之前，也开始对门店进行详细的立地评估。同时，根据目标顾客群的情况，适时调整门店中各品种的商品基本构成，从而在品种调整、业绩提升方面取得明显成果。

一般来说，全面的门店立地评估，主要包括商圈评估、客流评估、物业评估、经营评估4个方面的内容。

1. 商圈评估

商圈是指以门店所在地点为中心，沿着一定的方向和距离扩展，吸引顾客的辐射范围。简单地说，商圈也就是来店顾客所居住的地理范围。商圈是以距离标注的，通常核心商圈为顾客步行15分钟内，半径约为500米，客流贡献为55%~70%；次级商圈为顾客步行30分钟左右，半径约为1 000米，客流贡献为15%~30%；边缘商圈为顾客步行45分钟左右，半径约为1 500米，客流贡献为5%~10%。而核心商圈客流为基本客流，宜采取"稳固"策略；次级商圈客流为延伸客流，宜采取"开发"策略；边缘商圈客流为随机客流，宜采取"吸引"策略。另外，根据商圈性质的不同，又可以区分为商业区、住宅区、商住区、文教区、工业区等。值得注意的是，不同商圈的入店率、购买率和客单均价是有所不同的，以商业区为例，入店率为1%~3%，购买率约为60%，低于住宅区3%~5%的入店率和80%以上的购买率。商圈评估是对门店所处的局部市场的评估分析，主要包括市场规模分析、商圈特点评估、竞争门店调查。

（1）市场规模分析主要通过调查核心商圈、次级商圈、边缘商圈的固定人口数、人口密度、人口增长率、日夜人口数等指标来评估商圈的市场规模和门店的预期市场占有率。

（2）商圈特点评估主要是确定商圈的各种不同形态，是商业区、住宅区、文教区、办公区，还是工业区或混合区，然后结合店铺地址的客流来预估门店经营状况；也可根据商圈人口增减率来确定属于衰退区域或成长区域。

（3）竞争门店调查主要是通过对竞争对手的经营规模、客流情况、主营商品及价格带等经营管理情况来计算商圈饱和度、雷利零售引力、店均客流等，从而制定相应的市场竞争策略等。

2. 客流评估

客流是对潜在客流、入店客流、购买客流的统称，并非仅指门店销售统计中实际发生购买行为的客流。潜在客流（包括商圈内的住户人数，邻近店铺、聚客点的其他分享客流）体现的是店铺地理位置的吸引力，入店客流体现的是药店品牌的号召力，购买客流体现的是门店实际运营的把握力。所以，客流的提升一般应遵循购买客流——入店客流——潜在客流的顺序。客流评估是对顾客特点和消费习惯的调查，主要包括客流类型调查、客流结构统计、客流动线评估。

（1）客流类型调查是对店铺所处商圈内自身客流、分享客流、派生客流的细分。自身客流指商圈内专门来店购买商品的客流，适合进行基础性品类的推广；分享客流指从商圈内邻近店铺形成的客流中获得的客流，适合辅助性品类的推广；派生客流指商圈外顺路进店的顾客，适合便利性品类的推广。

（2）客流结构统计是对客流年龄、性别等基础要素的统计分析。一般来说，中老年顾客更适合药品的推广，而年轻顾客更适合多元化商品的推广。

（3）客流动线评估是对客流速度、滞留时间、连接道路、店铺接近度的调查了解。特别是目标客流滞留时间越长，越有利于门店销售。因为有些区域虽然有比较大的客流，但以其他目的为主，而多属非商业因素，仅适合挑选性不强或携带方便的品类，从而导致入店率较低、客单价相对较低，即便是采取较多的促销活动，也难以形成顾客较好的门店忠诚度和稳定性。

3. 物业评估

物业是泛指店铺内外结构及法律问题等。物业评估主要在新店选址中运用较多，而对于已开门店主要是在商圈发生某些变化或对门店业绩诊断时，用于对现有门店的重新评估。物业评估主要包括物业外部评鉴、内部结构分析、安全隐患排查。

（1）物业外部评鉴是对店铺建筑物外在因素的分析，如位于客流动线上的位置、百米内的辨识性、广告招牌的可见度等。一般来说，相对良好的店面，应具备店面展开宽度不少于6米、深度约10米、店前空地不少于店内经营面积、店面（含店前、店侧）可发布或安装不少于30米^{2}的广告牌、位于客流动线主要位置等条件。

（2）内部结构分析是对店铺容积率、使用面积、店铺结构、基础设施等的分析。值得注意的是，要实现经营的标准化，首先必须做到卖场面积及结构的标准化。但是，由于完全标准化的店铺往往难以找到，所以可以根据对店铺的营业预算值，设定店面面积的参考值，再结合相关监管部门的要求进行相应调整。店面面积参考值＝营业额预算/同类型门店坪效。

（3）安全隐患排查是对店铺合法性、租赁合同和时间、周边商铺租金增长率、消防设施、水电路安全等项目的逐一排查，减少和预防店铺经营中的各种安全事故。

4. 经营评估

经营评估主要是对店铺经营业绩以及收益的综合评估，重点是经营业绩预估、盈亏情况预算、营业风险控制。

（1）经营业绩预估是结合商圈评估和客流评估的数据形成的销售预估，如某店为商业区门店，其前坪客流为 30 000 人次/天，则每日预计客流量为 30000×2%×60%＝360 人/天，而同类型门店的客单价为 50 元/笔，则该店预计日均销售为 360 人/天×50 元＝18 000 元/天。所以，还可以通过对现有门店的实际销售进行对比，如果低于上述数值，则说明门店尚有提升空间，并明确业绩提升的方向。另外，还可以对照核心商圈、次级商圈、边缘商圈的客流构成，确定门店商圈开发的计划。如核心商圈内客流的客流贡献低于50%，则加强核心商圈竞争及客流开发。

（2）盈亏情况预测是结合经营业绩预估的结果和经营费用的情况进行盈亏情况测算，如差异不大，可以强化门店内部运营，制订时间表和行动计划，提升经营业绩实现门店盈利；如评估结果差异较大，则首先应考虑降低经营费用或调整店面等，从而合理确定门店的人员编制、租赁面积、库存配比、毛利率等基本营业指标。如某药店的总费用率为25%，其中房租率为13%，店铺年租金为20万元，如按一年365天每天营业的话，则该店铺盈亏点的日均毛利额＝（20万元/13%）×25%÷365＝1 053.74 元。

（3）营业风险控制是指结合以上立地评估的数据和要素，进行门店营业风险的控制或调整。如遭遇目标商圈住户过少时，评估是否可以通过稳定和强化现有顾客、增加商品品类、扩大顾客需求满足、提升门店客单价、扩大商圈影响半径、发展团体顾客来降低营业风险；又或者遇到店面面积过大时，评估是否可以通过增加适合门店销售的便利商品和利基商品、在店内设置顾客服务区、引进关联品类商品和服务设立专柜或店中店、出租、减少门店经营面积等措施来改善门店的营业风险程度。而在零售门店布点越来越多、优质店铺开发越来越难的情况下，通过对有缺陷的店铺的改良，从而优化店铺立地优势的作业也愈发显得重要起来。所以，不论零售企业的布点策略是跳跃式还是密集布点，经营遵循专业化还是多元化，都应该结合自身特点进行合理立地选择，并详细评估和做好店铺立地优化。唯有此，才能提升门店的整体运营能力和业绩达成效率。

（摘自：第一药店；作者：龚云）

任务二　门店地理位置评估的宏微要素

【学习任务】

（1）门店立地评估的宏观要素。

（2）门店立地评估的微观要素。

【技能任务】

能对连锁门店立地评估的宏微观要素进行分析。

一、门店地理位置评估之宏观要素

商业地产业有一句名言："零售业成功的第一条件是选址，第二条件也是选址。"不论是大型购物中心，还是便利店、连锁店，从事商业活动选址都非常重要。商业设施选址的意义就在于它是一项长期性的投资，直接关系企业经营的战略决策，是零售企业贯彻以消费者为中心观点的重要体现，是影响企业效益的一个决定性因素，同时也是制定企业经营目标和经营策略的重要依据。

1. 客流规划是重要因素

门店选址都是有一定要求的，不同的商家选择商业地产的位置也不同。商业选址过程中客流规划是选择店址的最重要因素。商业中心是消费中心，从经济效益上讲，商业中心必须满足整个城市消费市场的要求，争取尽可能多的顾客，从成本效益上讲，要争取最大的聚集效益，要求最大限度地利用城市的各种基础设施，所以城市人口分布的空间形态是商业中心形成发展的重要制约因素。

苏宁电器集团副总裁兼华北大区执行总裁范志军认为，"并不是社区大就一定要在那里开店，还要考虑该社区的客流量。如成都光华村地区，社区足够大，开一家家乐福或者开一家麦德隆没有问题，因为人口多，对日用品消耗比较大，但是对于电器这样的耐用消费品店就不太合适。因为社区容量是一定的，又是比较成熟的社区，对电器的需求已经饱和，而电器产品更新换代的周期又比较长，如果再进去开一家电器的店就没有必要了。并且，别的社区的人也不会因为买一台彩电或者一台冰箱非得跑到光华村去，同质化的产品太多了。这样，客流上就无法保证，选择在那里开店是很不明智的。"

金飞鸿电讯营销总经理曹立东表示，"其门店选址一般会选择在商业比较扎堆的地方，周边的业态比较丰富，这样客流量就会比较大，实现客流量的互补，相互带动。"

2. 交通状况要好

实际上，交通状况的好坏直接影响到客流量。国外大型商业地产的发展经验表明，只有当一个城市进入了汽车社会，或者说开始进入汽车社会，Shopping Mall 才能在一个城市真正地发展起来，否则只能是城市型的购物中心。

世联地产顾问有限公司商业事业部何小川认为，"交通状况对于任何一种物业形态都非常重要，商业在追求最大货物销售范围的原则下，选址应使交通费用达到最小。商业中心交通可达性最佳的实质是，所有购物出行者到达中心的出行时间总和最小。"

目前，中国大部分城市居住郊区化还不普遍，家庭轿车普及率也不高，因此大型购物中心普遍选择在市中心，因为这样的位置交通便利，可以吸引更多的客流。例如，成都的王府井位于繁华的商业中心春熙路商圈，由于整个商圈的带动，从而保证了王府井的客流量。

曹立东表示，每年新开的店要选在交通便利的地方，便于停车，这样会让更多的人喜欢来此购物，对于销售会有好处。

3. 与城市规划相结合

商业在选址过程中，还要密切关注城市发展的进程。商业设施的选址要符合城市发展规划的要求，不仅要考虑在规划地块内建立足够数量的停车位，还要考虑城市交通系统的支撑。

范志军说："我们选址的时候，在外行来看觉得选择这样的区域并不好，但是一年、两年后这个店的销售却越来越好，主要原因是紧跟政府规划的步伐。"与政府整体规划相符合，是商业在选址过程中必须考虑的问题。"'十三五'规划中，将整个城市的规划和商业规划为两轴两带多中心，这个时候如果商业选址还沿袭过去的思路，围绕三环选一个店，围绕二环选一个店，我觉得最终和政府整体的规划发展是不相称的，也会形成这种商业选址的问题。"范志军说。

比如，国际知名连锁店沃尔玛的选址，他们会沿着高速公路去选址，按照高速公路往哪里延伸，就在高速公路出口的地方建一个店。也许此时这个地区还没有开发，房子、地价都比较便宜，但是过了一两年以后这个地方马上就成为商业繁华的地区或者是地价迅速上升。因此，商业选址还是要和政府的规划相结合。

4. 定制化是大势所趋

除了上面的 3 个因素之外，开发商提供给商户的产品也很重要。不同的商业品种对商业地产的要求不同，需要符合商家的要求。商户在选址时也会挑选适合自己的产品。因此，现在不少商业地产开发者推出了定制化的服务，产品定制化成为大势所趋。

明天第一城地产业务发展中心总监陈云峰认为，"在商业地产的开发中应注重推行定制化。例如，他们将一整块 12 000 米^{2}的商业面积完全给麦德隆定制，结果收到意想不到的效果，麦德隆来了以后家乐福也来了，家乐福来了沃尔玛也来了。在过程中形成了一个谁能整买就为谁定制的原则。比如说要建造游泳馆，前期土建按照要求来完成，就不用反复修改，以免造成浪费。"

范志军也表示，"开发商很少考虑所开发的房子是为什么样的商业去做的。例如，在选址初期，发现房子的小隔断、消防都做好了，而实际上与我们大卖场的需求并不相符，就会造成重复建设。隔断要重新拆掉，消防也要重做，这无形当中使得成本又上升了很多。"因此，他认为要用现代化的思维来进行商业产品的开发。商业要量身定做，只有这样才能促进商业地产的良性健康发展。

二、门店地理位置评估之微观要素

门店地理位置评估之微观要素主要在于考察所处位置是否具有强大的吸引力。门店所处位置是否有吸引力，包括店铺所在地理环境好坏、交通条件是否方便、周围设施对店铺是否有利、服务区域的人口情况、目标顾客群收入水平、消费意识及品位等。

1. 店铺地理环境

店铺地理环境的好坏有两种含义：一种含义是指店铺周围的卫生状况。比如，有的饮食店开在公共厕所旁或附近，不远处便是垃圾堆、臭水沟或店门外灰尘飞扬，或邻居是怪味溢发的化工厂等，这些都是恶劣的开店环境。另一种含义指店铺所处位置的繁华程度。一般来讲，店铺若处在车站附近、商业区或人口密度高的地区或同行业集中的街上，这类开店环境应该具有比较大的优势。

2. 店铺交通条件

店铺交通条件是否方便，如顾客到店后，停车是否方便；货物运输是否方便；从其他地段到店里来乘车是否方便等。交通条件方便与否对店铺的销售有很大影响。周围设施对店铺是否有利，有的店铺虽然开在城区干道旁，但干道两边的栅栏，却使生意大受影响。因此在选择临街铺面时，要充分注意这些问题。

3. 店铺周围设施

店铺周围设施中，最重要的就是街道，典型的街道有两种：一种是只有车道和人行道，车辆在道路上行驶，开车人的视线很容易就注意到街两边的铺面；行人在街边行走，很自然地就能进入店铺，这种街道开店比较好。但街道宽度若超过 30 米，则位置又将打折扣。街道太宽敞有时反而不聚人气。据调查研究，街道为 25 米宽，最易形成人气和顾客潮。另一种典型的街道是车道、自行车和人行道分别被隔开，其实这是一种封闭的交通，选择这种位置开店并不理想。

4. 店铺区域人口

店铺服务区域人口情况，一般是开店位置附近人口越多、越密集越好。目前，大中城市都相对集中形成了各种区域，如商业区、旅游区、高校区等，在不同区域开店应注意分析这种情况。

5. 店铺目标人群

店铺目标顾客收入水准，在富人聚集的地段开设首饰店、高档时装店便是瞄准了目标顾客高收入这一特点。城市周边建设的各种商业别墅群或有档次的小区，都是富人聚集的地方之一。

有三岔路口、拐角的位置一般为好位置，坡路上、偏僻角落、楼屋高的地方位置较次。

综合上述，影响店铺位置的因素很多，应"具体情况具体分析"。店铺位置的好坏是相对的而非绝对的。生意的好坏不仅仅取决于店铺位置，还与店铺的经营内容、方式、服务、形象等有密切关系。店铺卖场面积、广告需求及顾客服务都会影响到店铺生意。上述各个方面是相互联系的，在开店定位时要充分考虑以上要素。

以小组为单位，对某家连锁门店进行实地考察，结合影响门店立地评估的宏微观要素，对其立地评估的优劣进行分析，如有必要，请提出借鉴和改进方法。

【小资料 5-2】

超级市场的立地条件

1. 城市商业条件

选址首先应从大处着眼，把握城市商业条件。

（1）城市类型。先看地形、气候等自然条件，继而调查行政、经济、历史、文化等社会条件，从而判断其是工业城市还是商业城市，是中心城市还是卫星城市，是历史城市还是新兴城市。

（2）城市设施。学校、图书馆、医院、公园、体育馆、旅游设施、政府机关等公共设施能起到吸引消费者的作用。因此，了解城市设施的种类、数目、规模、分布状况等，对选址是很有意义的。

（3）交通条件。在城市条件中，对店铺选址影响最直接的因素是交通条件，包括城市区域间的交通条件、区域内的交通条件等。

（4）城市规划。如街道开发计划、道路拓宽计划、高速公路建设计划、区域开发规划等，都会对未来商业产生巨大的影响，应该及时捕捉，准确把握其发展动态。

（5）消费者因素。包括人口、户数、收入、消费水平及消费习俗等。

（6）城市的商业属性。包括商店数、职工数、营业面积、销售额等绝对值，以及由这些绝对数值除以人口所获得的数值，如人均零售额。

2. 店铺位置条件

（1）商业性质。规定开店的主要区域以及哪些区域应避免开店。

（2）人口数及住户数。了解一定的商圈范围（如 1 000 米）内现有的住户人数。

（3）竞争店数。了解一定的商圈范围内竞争店的数量。

（4）客流状况。调查估计通过店前行人的最少流量。

（5）道路状况。包括行人道、街道是否有区分，过往车辆的数量及类型，道路宽窄等。

（6）场地条件。包括店铺面积、形状、地基、倾斜度、高低、方位、日照条件、道路街接状况等。

（7）法律条件。在新建分店或改建旧店时要查明是否符合城市规划及建筑方面的法规，特别要了解各种限制性的规定。

（8）租金。

（9）必要的停车条件、顾客停车场地及厂商的进货空间。

（10）投资的最高限额。以预估的营业额或卖场面积为基准来规定。

（11）员工配置。以卖场面积为基准来规定，如每人服务面积不得低于 20 米²。

3. 超市立地选择的基本原则

超市的立地条件在于便利。超级市场经营的商品基本是日常用品，包括每天生活必需的食品、洗漱用品、卫生用品、文具用品等。消费者一般每周至少购买一次，有的主妇会两天甚至一天光顾超市一次，因此超市所处的位置必须很容易到达，或是距离顾客比较近，或是交通很便利。

我国目前尚处于超市发展的初级阶段，针对超市的经营内容以食品和杂品为主的特点，超级市场店址选择的原则如下：

（1）超市的店址以选择在居民区为主。

（2）超市的目标以满足大众日用消费品为主。

（3）顾客应以稳定的居民为主。

（4）以店址附近的企事业单位上下班职工为主。

（5）选择在交通枢纽地区开设超市。

（6）其经营内容必须视流动顾客的不同特点做出确定。

（7）选择在商业中心或老城区开设超市。

（8）其经营内容必须同商业街上其他业态的商店的经营内容有一个互补作用。

商业网点规划部门在新居民区商业网点的规划上，应以超级市场为先来规划建设新居民区的商业网点，以此来取代传统的菜场、粮店、杂货店和百货店，为用新的零售模式——超市来提高居民的生活质量创造条件。

（摘自：新浪微博 http://blog.sina.com.cn/s/blog_436dc2b801015dib.html）

任务三　门店竞争对手评估的战略与战术

【学习任务】

（1）门店竞争对手评估的战略思考。

（2）门店竞争对手评估的战术行动。

【技能任务】

能结合竞争对手分析，进行连锁门店立地评估。

门店竞争对手评估主要从识别竞争对手、分析竞争对手策略和目标等角度入手，全面实现"知己知彼、百战不殆"的宏伟战略目标。

一、门店竞争对手评估之战略思考

顾客的购买能力是有限的，他们花钱购买了某种商品后，在一段时间内除了有特别的需要，否则是不会再购买该商品的。所以在开店前要调研评估竞争对手。看开什么样的店及怎样经营才能使顾客购买自己的产品。

1. 竞争对手有多少

对竞争对手的研究也就是考察其目前的市场占有率，了解现有开业者的数量。据此作市场饱和度分析，从而评估是否适合此时进入市场。如果时间许可，还应该调查可能在今后几年内进入的潜在厂商，以确定所进入的市场是否仍有发展的空间。

通过对市场占有率及竞争店的数量调查，可初步确定市场的饱和度。对市场饱和度的分析关系到市场开发的很多方面。高饱和度的市场开发成本高、利润低；低饱和度的市场成本低，但顾客较不稳定。市场饱和度还会影响到店面价位的高低和难易度。所以，在竞争对手市场占有率高且市场饱和度高的情况下，会提高设店成本，也会使开店后的经营管理变难。如果可能，要尽量避开在这样的市场中开店。

2. 竞争对手如何分布

竞争对手分布主要包括两个方面：一是开店的位置；二是彼此间的位置。

首先是调查竞争店的店铺地点，了解竞争店的地理位置。分析为何其能有较多的顾客关顾，自己的店应开在什么地方，可以通过竞争店的地点调查来决定。有时，通过对其调查可以得知此地区居民的一些生活习性，从而决定自己开店的政策。

其次是应调查竞争店与本店的距离，竞争店与本店距离的远近直接关系到将来的经营策略。相应地，在开店前，店主应对店铺将来的运营有个初步计划，通过自己的计划与策略来决定本店与竞争店的距离。

如果竞争者的实力雄厚，自己想另立门户，则应选择离竞争店较远的地点；如果认为自己有足够的实力与竞争店竞争，则可把店开在竞争店旁，让顾客能很快通过对比来了解自己的产品优点。有时，竞争店在旁边还可以有效地吸引顾客，让顾客在光顾竞争店的同时也来到自己的店。

3. 竞争的激烈程度

市场占有率体现了市场竞争是否激烈，如果主要竞争对手的市场占有率很高，则要进入市场就很难，如果要开店，则要做好详细周全的营销策略，或者可以选择不在此地区开店和改变产品结构等方式。竞争对手的市场占有率直接关系到店铺的开设及开设后的经营策略，对其市场占有率分析是对竞争者调查研究的重要一步。

无论是初次踏入门店的经营新手，还是已有经验想另辟新市场或是推出一门新品牌的行家，在正式开店前，都必须预先估计市场的营业额大小及现有开业者的市场占有率。对于新加入者，也必须从基本的全国市场一步一步缩小调查到地区市场；对于已有经验者，则可直接由特定区域市场（如成功男士正装市场）或特定地域市场（如成都市）开始调查。如果是跨国品牌，甚至需要做对国际市场的调查评估，要对此产品在国际市场的占有率有所了解。

4. 竞争对手的产品

竞争实际上是产品间的竞争。竞争对手的产品直接关系到本店的产品。在开店前，一定要了解竞争店的产品结构、产品类型、产品价格等方面，从而决定自己店铺设备应购进的产品类型。对产品的调查，要从多方面入手，如产品类别、主力商品、辅助性商品和关键性商品等。

竞争对手和产品类别及市场占有率，可以决定自己的店应以卖哪种产品为宜。如果竞争店的市场占有率高，就应避免与竞争店的产品类似，否则难打开销路。可以选择与其不同档次、不同类型或者与其卖的商品有连带作用的产品。例如，竞争店如果开在门店的附近，主要经营女装且市场占有率相当高，就可先调查其主要出售的女装类型；如果其主要经营休闲装，则可考虑开一个职业装的服饰店；如果其经营的类型很齐全，则可考虑开一家男装或童装店。特别是在女装店旁开一家童装店，效果非常好。

二、门店竞争对手评估之战术行动

门店竞争对手评估之战术行动主要从三层次和八视角入手，简称"战术三八原则"。

1. 门店竞争对手评估之战术三层次

第一层次是看对手最表面的东西，即竞争对手今天在做什么促销、什么商品的价格便宜。

第二层次开始关注竞争对手内在的一些东西，比如，促销的规律是什么、商品的定位及商品组合有什么特点、有哪些特色的服务等。虽说这要比那些纯粹比价格、比促销的调研行动深入一些，但仍然只是触及表皮而未深入其里。

第三层次则重点关注竞争对手那些内在的、长期起主导作用的、不易变化且具有相对优势的东西，这些是竞争对手身上最重要的东西，也是难以超越的东西。

2. 门店竞争对手评估之战术八视角

（1）一看优势与劣势。

先综合来看己方与竞争对手在商圈、门店大小、位置、门店布局、商品结构及定位、价格策略、在消费者中的口碑等方面的综合性的优劣势。

（2）二看商品定位。

细看竞争对手的商品定位；其瞄准的主要目标顾客群；竞争对手在布局其目标顾客时，对其商品结构的设计、特点及利弊。

（3）三看在竞争中发现的销售增长点。

根据与竞争对手的比较以及对消费者需求的把控程度，不难发现一些竞争对手没有关注到的而消费者又需要的且市场容量也比较大的需求空间，这就是我们的销售增长点；那些消费需求未曾满足的空白点和我方具有比较优势的部分就是我们销售的增长点。

当然，对于那些我方虽然居于劣势，但是能够通过努力逐步缩小差距的方面，也会成为我们销售的增长点，但相对来说，这个难度要高一些，投入产出效应会小一些。

（4）四看价格策略和促销活动。

通过竞争对手的海报、卖场内促销活动的安排、商品定价的规律，可以判断竞争对手的价格策略及其促销活动的组织规律。

（5）五看服务质量。

关于竞争对手的服务质量有显性的，也有隐性的。显性的包括服务礼貌用语是否到位、增设了哪些服务项目、员工服务是否热情等；隐性的则包括顾客购物的体验如何、他们是如何与顾客沟通的、是如何想方设法满足顾客的需求等。

（6）六看企业文化。

这是比较深层的，企业文化绝不是看竞争对手在这里或那里贴了什么、员工说了什么，而是要看员工的士气如何，员工是怎样在工作的，他们的员工的潜能发挥到什么程度，员工对企业的认同程度等，通过这些观察可以得知竞争对手对自己的威胁是暂时的，还是持久的。

（7）七看顾客对竞争对手的评价。

这也是一个较深层的内容，也是很关键的地方，如果顾客对我们的竞争对手很感兴趣、很认同，那么即便我们觉得竞争对手没什么，那也是白搭。

如果发生我们不认同竞争对手而顾客却非常认同这样的事情时，这说明我们的眼光一定出了问题，一定是我们没有看到竞争对手身上的足够多的亮点。我们的眼睛全瞄着对手的软肋上了，而顾客却都是看着竞争对手对他们好的地方，我们一定要克服这些盲区。

（8）八看供应商对竞争对手的评价。

这也是我们经常忽视的地方，如果供应商对我们的竞争对手很认同，拼命为他们"输送炮弹"、给予较多的促销支持和新品推广的话，那么一定是我们在处理供应商的关系方面存在某些问题，此时我们需要去做一些冷静的分析，以求获得供应商的支持和配合。

综上所述，进行门店竞争对手调研评估的关键点有厂方促销、顾客流向、人员结构、员工收入、营业时间、优势与劣势、时段销售、价格、客流量、客单价、硬件设施、商品定位及结构、邮报促销、主题营销活动的设计与组织、服务质量、氛围、销售额、购物动线、商品陈列、规模、外部环境、特色等。

由此可见，竞争因素对店铺制定市场经营策略有着重要影响，因此要全面考虑，开业后，店铺会遇到哪些竞争，它们是直接竞争还是间接竞争，如果对竞争对手没有调查清楚，则宁可暂时不开业或暂缓开业。

以小组为单位，对某家连锁门店进行实地考察，结合门店竞争对手的战略思考以及战术行动，对其立地评估的优劣进行分析，如有必要，请提出借鉴和改进方法。

【小资料 5-3】

餐厅竞争对手分析

在做商圈竞争评估时必须考虑这样一些因素：现有餐饮店的数量、现有餐饮店的规模分布、新餐饮店开张率、所有餐饮店的优势和劣势、所有餐饮店短期和长期变动以及饱和情况等。餐饮店过少的商圈，只有很少餐饮店提供满足商圈内消费者需求的服务；餐饮店过多的商圈，又有太多餐饮店提供服务，以致每家餐饮店都得不到相应的投资回报。

某餐饮店在 2006 年开张之后，基本上每个月都有新餐饮店开张。而每开一个新餐饮店之前，他们会按照惯例进行详细的商圈调查活动。

第一，从早上 6 点到晚上 10 点在将要开店的地方计算客流量，选择一天中的不同时段，来测定客流量，这样的工作会持续 3~5 天，从而掌握第一手客流量的资料。

第二，进行商圈入口调查。他们选择商圈范围内的 50 户人家进行入户访问："你一般去哪就餐？""你非常看重餐饮店促销活动吗？"等问题。通过这样耐心细致的调查访问，该餐饮店充分了解到竞争商圈中的各种经营信息，确保新店开一家成功一家。

竞争对手分析是否正确是餐饮店经营成败的一个关键，因为餐饮店开发经营最重要的问题是设备投资能否在预定的期限之内顺利回收，而竞争对手的选择正确与否直接关系到投资的收益，所以要开办一家餐饮店，就要对竞争对手合理分析。

在同一区域里，肯定会有不同档次的各种餐饮店，如何在众多餐饮店中脱颖而出，具备竞争力，并且能够抵制住别的餐饮店的竞争，谋得一个好的生存空间呢？

（1）提高竞争力要培养客户的忠诚度。忠诚度首先是要把客户放在心上，建立完善的客户资料，进行上门拜访、电话联络或短信沟通。人都是讲感情的，感情就是制胜的法宝。逢年过节的短信问候是初级阶段，记得客户的生日并最好送上惊喜是中级阶段，而牢记客人的细节进行人性化、个性化服务才是高级阶段。

（2）人流量大的地方不一定具有商机，一般人流量集中的地方往往租金昂贵，对于刚刚创业的餐饮店经营者们来说入场的门槛高，压力过大，竞争过于激烈。除非你选择的是品牌加盟店或者品牌小吃店，建议首次进入餐饮行业的朋友选择步行街这类人气高涨的地段。另外，新兴的商务写字楼和刚刚入住的生活住宅小区相对来说租金便宜，各项优惠措施幅度大，最主要的是竞争对手少，便于自己发展稳定客户。写字楼里的各公司职员和小区里的住户就是最稳定的消费人群。

（摘自：职业餐饮网 http://www.canyin168.com/glyy/xd/dz/201204/41196.html）

任务四　门店租赁门槛效应分析

【学习任务】

（1）门店租赁市场中存在门槛效应。

（2）门店租赁门槛效应之商铺类型。

（3）门店租赁门槛效应之商铺购买。

（4）门店租赁门槛效应之挑铺要素。

（5）门店租赁门槛效应之回报计算。

【技能任务】

能结合相关要素，进行连锁门店租赁门槛效应分析。

一、门店租赁市场中存在门槛效应

租金成本对于任何业态的经营策略来说，都很重要。租金同时间一起消耗，不能更新或重生，原料可以再采购，商品可以再进货，而租金却属于不可回收的投入。所以，投资者对租金十分敏感，当租金成本出现"甲地物流费用＋场租费用>乙地场租费用"时，投资者就可能迁址。通过上式发现，乙地场租费用对投资者产生了阻碍作用，我们将其称为"门槛"，门槛的高低，决定了入驻者的多寡，这即为门槛效应。

在商铺租赁市场中存在的门槛效应，对商业街市、商铺吸引承租人、入驻企业质量以及日后区域租价变化都发挥着作用。如上海市某区重要商业街市上多为国有商业，为了减少投资风险，要求那些经营业绩欠佳的国有商业企业停止自营，全部出租。原来商铺紧缺，年租金达到 1.2 万元/米^2，后由于供大于求，造成租金下降，商铺租金缩水率为 20%～30%。门槛低了，各类低档的非品牌店铺蜂拥而入，造成低层次竞争，价格战十分激烈，使得不少国内外品牌商品制造、销售商望而却步。

由此可见，区域商铺租赁市场价格具有门槛作用。当租价过高时，会限制部分企业入驻；

当租金过低时，会造成入驻企业质量较低，导致租金下降。如何利用门槛效应，进行商铺租金制定、商铺招商，这是商业管理者及商铺投资者应重点关注的问题。

二、门店租赁门槛效应之商铺类型

门店商铺主要分为临街商铺、社区型商铺、写字楼等几个类型，各有其利弊。

（1）写字楼：市场资源比较稀缺，市场供应量有限，市场长期走势看好，适合中长期投资。写字楼投资特别要看其地段价值，尤其要注重该地段的发展潜力，看今后是否会有更多的商业房产出现在周围，如写字楼、商铺等。

（2）社区商铺：住宅社区内的商铺，包括内铺和外铺，其经营对象主要是住宅社区及附近固定居民，多为便利店、药店、美容美发店等便民服务业态。社区先期商铺准入门槛一般比较低，其价格往往处于低位，投资风险也相对较小。不少投资专家也表示，有社区人口的支持，社区商铺较易出租或转让，回报相对稳定。

（3）临街店铺：投资者将拥有绝对的控制权，能够相对自由地选择出租或自行营业，并且能够根据市场定位，随时进行业态调整。此外，在投资临街店的过程中，投资回报率由租金决定，不必给任何一方承诺固定回报率。目前，大型写字楼和成熟的社区周边商铺招商情况普遍火爆，临近学校的店面更是一铺难求。因此，对于个人投资者而言，临街商铺的优势大于大型商场内的店面。

三、门店租赁门槛效应之商铺购买

1. 确定商铺的投资价值

随着大量商业地产项目的面市，人们对不同种类的商铺表现出了不同的态度。综合商业项目商铺销售火爆，专业市场的商铺也销售看好。与此同时，大量商场产权商铺的管理难、招商难等问题的出现，使得投资者更加青睐商业街商铺。对于90%的投资者来说，商业街商铺由于风险小、易出租、产权明晰、实用率高，而成为他们的首选对象。商业街商铺"有天有地"，不受时间和季节的限制，经营更自由、更灵活，也更符合人们自古就有的"逛街"习惯。虽然如此，但并不是每个商业街商铺都能成活。一般来说，城市中心区的商业街商铺成功的概率较大，边缘区的商业街商铺成功的概率较小。回报率一直是商铺投资的关键，投资就是为了回报，但投资商铺决不能盲目追求位置。

购买商铺的客户很多都是出于投资的目的，租金状况和售价应该是直接挂钩的。然而事实上，有些商铺的售价已过高，租金根本不足以支撑。

如果小客户以高价购买了商铺，那必然要求高租金，这就给经营造成了巨大压力。而在返租的销售方式下，租金和售价就更容易脱节，因为开发商承诺了若干年的固定回报，掩饰了实际可能的租金。这样过高的售价其实是有泡沫的售价，有时还造成不断涨价的假象，使原本就不够理性的投资者越发头脑发热。

投资者应该量力而行，充分估计未来的收入水平及支付能力。因为商铺初始售价越高，投资收益率越低，资金风险也就越高，这将影响商铺投资的收益。此外，还要注意商铺周边房地产发展的状况及趋势。商铺价值提升是一个动态的过程，要充分考虑房地产价格变动及资金占压的成本。

2. 购买前应考虑的问题

第一要考虑自己想购买商铺的形态。一般来说，社区商铺的消费者比较固定，地段、交通对商铺经营的影响较小；而大型商场或者商业街的商铺就与地理位置、交通状况紧密相关。客户确定了自己购买商铺的形态后，就要潜心分析这一方面的情况，不要什么都一把抓。

第二要考虑自己想购买商铺的经营项目。经营项目不同，所属业态自然不同。业态有"汇集效应"，如果一个地块某一个业态非常容易成规模，则客户的投资收益也会成比例提高。而"规模效应"对于初投资者比较有利。

第三要考虑相关政策，如交通、道路的改善、旧区改造、市政动迁等。经营商铺是长线投资，对政策的依赖性强。客户必须对所购商铺未来的处境有深入的了解，以保证商铺本身价值的提升。

第四要充分考虑自己想购买商铺所在地带是成熟的商业地带，还是一个各方面都在成长的地带。成熟地带的商铺价格很贵，成长地带的商铺价格不是很高，注意后者几年之后可能翻升得很高。两种地带的商铺都有各自的投资价值，也都有各自的投资风险，这些情况客户应该引起足够的重视。

第五要考虑所购商铺的后期经营管理。作为商用物业，商铺更多的风险来自于后期的经营管理。如果经营管理不善，不仅不会出现大家常说的"一铺养三代"的旺景，反而会出现"三代养一铺"的悲凉。这里的经营管理，也不仅仅是单个商户的经营管理，更多的是整个商场的经营管理。

所以，在购买商铺前，除了对商铺所在商场周边的商业配套和区位优势进行考虑之外，应该更多地了解一下这个商铺所在商场后期的经营管理状况，看有没有专业的经营管理公司来经营管理。如果没有专业的经营管理公司来运作，再好的商铺也有可能会被荒废掉。

3. 检查其开发商五证是否齐全

认真检查开发商的相关证件是否齐全、所售商品房是否合法销售，从法律角度来讲，这和自身利益息息相关。尤其是合法销售的证明件——预售证。预售证的取得表明开发商已具备合法销售资格，因此一定要检查清楚预售证是否和开发商名字相符，预售证是否存在作假行为，现在开发商只要能够取得预售证，当地房管局网站都会及时公布信息，因此确保万一，最好登录相关网站查看。这里也建议买家们最好购买取得预售证的商铺。

4. 谨慎签订购买商铺买卖合同

这里重点强调在签订商铺买卖合同时有关公摊面积、返租承诺、贷款风险等需要注意的事项。商铺不同于普通住宅，一般情况下其公摊面积在30%左右，甚至更多。

因此在签订合同时一定要选择以面积计价方式为主的，并且在合同另加条款里写明有关公摊面积的细则；而返租承诺也是目前很多业主们乐意选择的方式之一，可避免自己亲自打理的麻烦，但由于需要和开发商合作，因此在签订返租合同时，一定要将返租的详细条款认真核对清楚，以防开发商从中作梗；最后任何投资都是有风险的，更不用说房产投资，尤其在贷款方面。因此除了需要根据自己的经济实力选择合适的贷款方式外，最好咨询投资专家给予理性的建议。

5. 购买商铺注意其产权问题

购买商铺因其涉及资金巨大，因此产权问题是重点注意的对象，尤其是独立产权的商铺投资者，完全对商铺具有处置权，无论自己打理，或交付开发商打理，还是自营。

不过因近年来整顿房地产市场，而小产权也被炒得如火如荼，其中小产权商铺是值得投资者们警惕的，由于小产权不被国家认可，不具备完全产权，因此最好投资时了解清楚产权性质是什么。

四、门店租赁门槛效应之挑铺要素

1. 地段：人气商气全靠地段

"地段、地段、还是地段"，即地产大亨李嘉诚的"地段说"，这对于缺少投资经验的投资者来说，是值得借鉴的。地段，无疑是投资商业地产的重要衡量标准，好的地段为商铺聚集大量的人气商气。地段直接影响投资回报率，因此，投资者除了要考虑价格外，地段也是一个非常重要的参考因素。

2. 业态：选对业态才有价值

除了地段外，投资者还需要对商铺的发展方向、业态做出科学的判断和规划。选对业态，不仅能为商铺带来非常大的经营效益，也可提升商铺的租金收益。

3. 未来预期：只买对的不嫌贵的

商铺不是越便宜越值得投资，而应该根据区域商铺市场情况、项目所有商铺形成的市场需求、未来发展前景等因素来衡量商铺是否值得购买。投资专家认为，在买铺阶段，商铺的价格往往很难体现其未来真正的价值。因此真正的商铺投资高手其实很少过问价格，而更多的是评估商铺的未来预期。只有投资者在买铺之前对这个商铺的未来发展有了非常清晰的判断，并坚持"只买对的，不嫌贵的"的投资思路，才可能挑选到最适合自己的投资商铺。

4. 开发商品牌：跟随大牌但不盲信

商铺是否值得购买，除要看商铺本身的价值外，还要选择开发商的品牌，以确保自己的资金安全。首先，实力雄厚的开发商往往拥有完善的开发流程，以及众多的合作伙伴，这对商铺的商业前景来说就是一种保证。其次，长期从事商业地产开发的品牌开发商，都有成熟的合作伙伴以及商铺运营的整体思路或模式，能更大程度地保证投资者的收益。

五、门店租赁门槛效应之回报计算

商铺投资地产回报率从严格意义上讲是一个动态的概念，投资地产中除了投资者的购买初始投资外，还应包括税费、贷款利息、物业管理费用、取暖费用、折旧费用，甚至还有通货膨胀带来的价格贬值和央行加息后带来的利差等方面的因素，同时还必须考虑到商铺一定的空置期。但对于普通投资者来说动态投资计算比较复杂，现介绍一种相对动态的投资分析方法，以供参考使用。

特别提示：目前开发商提供的投资回报率的算法各异，基本都是比较静态的计算方式，但这种静态的计算方式得出来的投资回报率通常要比实际收益高很多，很容易给投资者造成假象，投资型买家在购买商业地产时应注意。

1. 年投资回报率

一次性购买公式：

$$（税后月租金－每月物业管理费）×12/（购买房屋总价+契税+印花税）$$

按揭贷款公式：

$$（税后月租金－按揭月供款－每月物业管理费）$$
$$×12/（首期房款+契税+印花税+律师费+保险费）$$

注：商铺投资合理的年投资回报率一般为 8%~12%。

2. 投资回收期

一次性付款计算公式：

$$（购买房屋总价+契税+印花税）×12/（税后月租金－每月物业管理费）$$

按揭贷款计算公式：

$$（首期房款+契税+印花税+律师费+保险费）$$
$$×12/（税后月租金－按揭月供款－每月物业管理费）$$

注：商铺投资合理的回收期限一般为 8~12 年。

以小组为单位，对某家连锁门店进行实地考察，结合商铺要素以及回报计算，对该门店进行门槛效应分析，如有必要，请提出借鉴和改进方法。

【小资料 5-4】

门店租赁门槛效应之促销百法

既然门店租赁存在门槛效应，则经营者的关键在于提升门店的销售业绩，重点在于优选促销方案，方可激发门店的销售动力。

对于店铺来说，一年 365 天不可能天天都是旺销，总有淡旺季之分。旺季自然都是忙业务，但是淡季业务减少了，很多店铺面临着关店的危险。

毫无疑问，促销是一个必要的手段。如何合理运用促销策略是每个店铺、经销商都要面临的问题。促销不是市场问题的"终结者"，而是一把"双刃剑"。促销既能带给店铺更多的利润，也会带给店铺很多的无奈。毕竟利用商品价格进行促销已经成了店铺和店铺之间的最常用武器，无论促销是主动的，还是被动的，只有毫不犹豫地往下做，才有重生的机会。

策略一：价格——永远的促销利器

一是价格折扣。

方案 1 错觉折价——给顾客不一样的感觉。

例："花 100 元买 130 元的商品"，错觉折价等同打 7 折，但却告诉顾客是优惠不是折扣货品。

方案 2 一刻千金——让顾客蜂拥而至。

例：超市"10分钟内所有货品1折"，客户抢购的商品是有限的，但客流却带来无限的商机。

方案3　超值一元——舍小取大的促销策略。

例："几款价值10元以上的货品以超值一元的活动参加促销"，虽然这几款货品看起来是亏本的，但吸引的顾客却可以以连带销售方式来购买商品，结果利润是反增不减的。

方案4　临界价格——顾客的视觉错误。

例："10元改成9.9元"，这是普遍的促销方案。

方案5　阶梯价格——让顾客自动着急。

例："销售初期1～5天全价销售，5～10天降价25%，10～15天降价50%，15～20天降价75%"，这个自动降价促销方案是由美国爱德华法宁的商人发明的。表面上看似"冒险"的方案，但抓住了顾客的心理。对于店铺来说，顾客是无限的，选择性也是很大的，这个顾客不来，那个顾客就会来。但对于顾客来说，选择性是唯一的，竞争是无限的，自己不去，别人还会去，因此，最后投降的肯定就是顾客。

方案6　降价加打折——给顾客双重实惠。

例："所有光顾本店购买商品的顾客满100元可减10元，并且还可以享受8折优惠"，先降价再打折。100元若打6折，损失利润40元；但满100减10元再打8折，损失28元。但力度上双重的实惠会诱使更多的顾客消费。

二是奖品促销。

方案7　百分之百中奖——把折扣换成奖品。

例：将折扣换成了奖品，且百分之百中奖只不过是新瓶装老酒，迎合了老百姓的心里，而且实实在在的实惠让老百姓得到物质上的满足。

方案8　"摇钱树"——摇出来的实惠。

例：圣诞节购物满38元即可享受"摇树"的机会，每次摇树掉下一个号码牌，每个号码牌都有相应的礼物。让客户感到快乐，顾客才会愿意光顾此店，才会给店铺带来创收的机会。喜庆元素，互动元素，实惠元素让顾客"乐不思蜀"。

方案9　箱箱有礼——喝酒也能赢得礼物。

例：此方案涉及的顾客多，且没有门槛要求，所以是最被广泛应用的。

三是会员促销。

方案10　退款促销——用时间积累出来的实惠。

例："购物50元基础上，顾客只要将前6年之内的购物小票送到店铺收银台，就可以按照促销比例兑换现金。6年一退的，退款比例是100%；5年一退的，退款比例是75%；4年一退的，退款比例是50%……"。此方案赚的是人气、时间、落差。

方案11　自主定价——强化推销的经营策略。

例：5～10元间的货品让顾客定价，双方觉得合适就成交。此方案要注意一定先考虑好商品价格的浮动范围。给顾客自主价的权利仅仅是一种吸引顾客的方式，这种权利也是相对的。顾客只能在店铺提供的价格范围内自由定价，这一点是店铺不至于亏本的重要保障。

方案12　超市购物卡——累计出来的优惠。

例：此方案稳定了客源，实现了双赢。

四是变相折扣。

方案 13 账款规整——让顾客看到实在的实惠。

例：55.60 元只收 55 元。虽然看起来"大方"了些，但比打折还是有利润的。

方案 14 多买多送——变相折扣。

例：注意送的东西，比如"参茸产品"可以是"参茸"或"参茸酒"，也可以是"参茸胶囊"，其实赠送的商品是灵活的。

方案 15 组合销售——一次性的优惠。

例：将同等属性的货品进行组合销售，提高利润。

方案 16 加量不加价——给顾客更多一点。

例：加量不加价一定要让顾客看到实惠。

策略二：顾客——以人为本的促销艺术

一是按年龄促销。

方案 17 小鬼当家——通过儿童来促销。

例：六一儿童节让孩子自己选择喜欢的玩具。在导购阿姨的陪伴下自己当家选物品，父母在休息区等候付账。注意时间点、立足点、促销方案，细节取胜。

方案 18 自嘲自贬——中年人最求实在。

例：一家饭店门前门帘为"却山珍少海味唯独便宜，无名师非正宗图个方便"，横批"隔壁好小吃店"。自曝取点却突出有点"便宜、方便"。

方案 19 主动挑错——打动老年顾客的心。

例：将有瑕疵的货品，主动写明瑕疵来出售，让顾客主动挑错，得到客户信任。

方案 20 "欢乐金婚"——既做广告又做见证人。

方案 21 "寿星"效应——让寿星为店铺做广告。

二是性别促销。

方案 22 英雄救美——打好男性这张牌。

例：美国一家烟草店铺，橱窗中一位美女被香烟压着并向往来的男性求救，只要男士卖掉香烟，美女就可以从困境中救出来。此方案具有目标明确、多重把握、适应性强等特点。

方案 23 挑选顾客——商场促销的"软"招。

例：一家服装店打着女性专店男性谢绝入内的牌子，为男性安排休息区，既方便了女性选购商品又保证了私密性。

方案 24 赠之有道——满足女顾客的"心"需求。

例：赠送的是成套商品中的一种，如被套，这样顾客为了配齐整套货品又来购买，增加了店铺销量。

方案 25 "换人"效应——给女性不一样的感觉。

例：服装店推出广告"带着几十元钱来这里，我们保证给你换一个人"，来店顾客接受店铺的搭配服务，给人一种焕然一新的感觉，并且对于接受"换人"销售的女性顾客适当给予一些折扣和小礼品。

方案 26 爱屋及乌——做好追星女孩的文章。

例：将流行的东西附加赠送给追星的女孩，提高销量。

方案 27 "情人娃娃"——让单身女性不再孤单。

例：在情人节，推出购物即可领"情人娃娃"的活动，提高销售量。

三是心理与情感促销。

方案28 货比三家——顾客信任多一点。

例：售前劝告"货比三家"，提高客户的信任度。

方案29 吃出幸运——为幸运而疯狂消费。

例：餐馆消费可抽奖，消费多抽奖概率高，获奖者可留影并将其张贴墙上。优势：商品优势；幸运比例优势，消费额度高抽的奖项高，中奖率高，这样中奖比例是由店铺控制的，不仅不会亏本还会激发顾客的积极性。

方案30 能者多得——引诱推销的法宝。

例：零食铺，推出买零食即可翻卡片，答对问题送同样的零食。此促销方式抓住孩子喜欢表现的特点，又能使消费者得到满足感。

方案31 档案管理——让顾客为之而感动。

例：在特定的日子给顾客以短信、礼品的问候打动顾客。

方案32 一点点往上加——让顾客喜欢上你。

例："多一点商铺"在称重时，拿的少一些，然后一点点往上加，这样顾客有种增加的感觉。

方案33 模范双星——紧抓民族文化传统不放。

例：老年用品店推出"模范双星"评选活动，评选"寿星""孝星"，提高品牌知名度。

策略三：热情——燃起永不言败的销售激情

一是摆设促销。

方案34 "绿叶效应"——新鲜水果自有顾客来。

例：水果铺体现水果的新鲜，水果上带着叶子。

方案35 混乱经营——乱中取胜的好办法。

例：服装地摊的乱中取胜，商品销售不能一成不变要反其道而行之，摆设可以反映价格信息。

方案36 货比好坏——好货需要劣货陪。

例：将质量差异大而外形相同的货放在一起销售，效果明显。

方案37 排位有诀窍——便宜的总是在前排。

例：将一些便宜的货放在前面，打出便宜的口号吸引人。

二是包装促销。

方案38 故弄玄虚——满足顾客的档次心理。

例：将商品二次豪华包装，将商品变成礼品。

方案39 心心相印——用来见证爱情。

例：花店二次包装，如和婚介合作为新人举办集体婚礼，手捧心心相印的鲜花见证爱情。同样是二次包装，但可通过活动将信息传达给顾客。

方案40 齐聚一堂——搭配出来的畅销。

例：水果店把一些水果放在一个篮子，这样既好看又实惠。同类产品组合销售就是好的方法。

策略四：广告——引起轰动的促销捷径

一是店铺广告促销。

方案 41 现场效应——在现场为自己做广告。

例：羽绒系列当场拆开衣服、被褥让大家看内里的东西。卖点：眼见为实，口碑相传，邀请顾客体现互动性。

方案 42 暗示效应——让顾客自以为是。

例：饭店在大厅摆放名人的就餐照，暗示这家是名人常来光顾的店。卖点：提高店铺知名度，利用客户的心理漏洞。

方案 43 点名效应——让顾客关注自己的品牌。

例：开展公关活动提高店铺知名度。

方案 44 对比效应——让顾客看到实际效果。

例：洗车店门前放置一台没洗过的车和洗过的车来引起大家的关注。

二是媒体广告促销。

方案 45 "夸张效应"——吸引顾客的眼球。

例：将手表放在水里卖。卖点：展示商品的质量，抓住顾客的好奇心。

方案 46 巧用证人——真正的活广告。

方案 47 名人效应——让名人为店铺做广告。

方案 48 搭顺风车——借力取胜的捷径。

例：在重大活动中坐在前排争取露脸的机会，提高曝光从而起到宣传的效果。

三是公益活动促销。

方案 49 温情一元——超市卖场的助学之旅。

例：超市购物满 38 元即可要求服务台往捐款箱里投入一元资助希望工程学校。

方案 50 免费领养——把奖品变成领养权。

例：广告让人们领养被遗弃的小动物，并签署协议不再遗弃小动物，由宠物店提供一个星期免费粮食。

方案 51 "买"来的学费——另一种形式的助学促销。

例：书店活动购物满多少元即可抽奖，奖品是现金，名额有限。

方案 52 希望商场——把让利变成孩子的希望。

例：在地震的时候，商场推出让利促销活动，价格保持不变，所有利润捐给慈善总会。

四是公关活动促销。

方案 53 破坏效应——让顾客真正放心。

例：床垫用压路机压过去，证明质量。

方案 54 效果展示——让质量说话。

方案 55 消费卫士——迎合顾客心理做文章。

例：将质量有问题的货品"请出"店铺，并请消费者见证。

方案 56 传声筒——让顾客帮你促销。

例：奥运时的全民运动会，电动车经销商尾随，让掉队的人坐上车永远不掉队。传声筒就是一次口碑销售。

策略五：节假日——黄金时间的捞"金"技巧

一是传统节日促销。

方案 57 新年红包——春节礼品促销。

方案 58 非常 1+1 ——清明节鲜花促销。

例：1+1 即一站式购物，卖点方便，价格合理。

方案 59 五五有礼 ——端午节粽子促销。

例：注意方案可以不新颖，但一定要实在；让利幅度大，善于以点带面。

二是外来节日促销。

方案 60 情人价格 ——情人节花饰促销。

方案 61 平安是福 ——平安夜苹果促销。

方案 62 圣日"圣"情 ——圣诞节蛋糕促销。

三是特定人群假日促销。

方案 63 三八彩头 ——妇女用品促销。

方案 64 快乐童年 ——儿童节玩具促销。

例：儿童购物广场播放儿童喜爱的动画片提前热身后，玩游戏，答对问题赢奖品，且在活动期间购买玩具可享受折扣。

方案 65 亲情厨房 ——让您的母亲更轻松。

例：母亲节的厨具促销，购物送康乃馨，赢"亲情海南三日游"。

方案 66 含蓄父爱 ——父亲节礼品促销。

方案 67 尊师台 ——尊师重教的创意促销。

例：教师节十字绣店铺的广告，"老师将自己的汗水和知识融进了一笔一画的粉笔字中，作为学生的你，为什么不将尊重和感谢一针一线地绣在十字绣里送给老师呢？教师节期间，凡在本店购买十字绣的顾客都能得到一张精美的教师节贺卡。"

策略六：主题 ——无中生有的促销魔法

一是开业促销。

方案 68 大派"红包" ——见者有份的促销策略。

方案 69 疯狂舞会 ——让顾客爱上你的店铺。

例：KTV 开业大型舞会。

方案 70 步步高升 ——寓意双关的游戏促销。

例：数码店的"CS 精英赛"。

二是店庆促销。

方案 71 积分优待 ——真情回馈老顾客。

方案 72 自助销售 ——招揽更多的新顾客。

例：店庆时任选 3 件金额 50 元。

方案 73 有奖征集 ——店庆提升影响力。

例：征集广告语。

三是其他主题促销。

方案 74 金上填金 ——用金色来吸引顾客的眼球

例：手机店购买金色的滑盖手机就可以抽奖赢真金"现金奖"。

方案 75 店铺植物园 ——让环保记住顾客的名字。

方案 76 幸福五胞胎 ——愿顾客幸福常在。

策略七：店员 ——所向披靡的促销利剑

一是服务人员促销。

方案 77 美女效应 —— 让顾客美不胜收。

方案 78 侏儒餐厅 —— 一笑而过的新鲜。

方案 79 爱美之心 —— 抓住女性的攀比心理。

例：化妆品店"你漂亮吗？你想和我一样漂亮吗？那么请来 CC 试试？"的试妆活动。

二是促销人员促销。

方案 80 另类模特 —— 别开生面的促销场面。

例：服装店请老年模特，宣传语"老年人的时装我们都能做好，更何况是给年轻的你呢"。

方案 81 美丑分明 —— 给人震撼的视觉效果。

方案 82 双赢模式 —— 做好促销员的文章。

方案 83 人情促销 —— 满足顾客的情感需要。

例：以促销员的亲戚为借口促销。

方案 84 沉锚效应 —— 促销员的服务语言创意。

例：问客户要不要啤酒不如问要 1 瓶还是 2 瓶啤酒。

策略八：服务 —— 锁定客户的促销方式

一是售前服务促销。

方案 85 样品派送 —— 更直接的试用感觉。

方案 86 适当越位 —— 多给顾客一点儿。

方案 87 欲取先给 —— 店铺服务的取舍之道。

二是售中服务促销。

方案 88 自选餐厅 —— 一切都为了服务顾客。

方案 89 将错就错 —— 让顾客都觉得满意。

方案 90 依样画瓢 —— 给顾客一个思路。

方案 91 按需供应 —— 不让一个顾客失望。

三是售后服务促销。

方案 92 榜上有名 —— 给顾客最好的服务。

方案 93 有求必应 —— 想顾客之所想。

方案 94 无理由退货 —— 赢得声誉的服务方案。

四是免费服务促销。

方案 95 免费服务 —— 一种超前的感情投资。

方案 96 额外服务 —— 真心诚意为顾客服务。

方案 97 涂鸦服务 —— 让顾客恋上你的店铺。

五是其他服务促销。

方案 98 请君入店 —— 小服务带来大利润。

方案 99 栽梧引凤 —— 方便顾客，也方便店铺。

方案 100 知心服务 —— 知其好，投其所好。

促销方案随时跟着市场在变，跟着顾客在变，只有这样，才能不被市场所淘汰。每个有创意的方案，希望引起你的思考。

（摘自：淘宝论坛 http://bbs.taobao.com/catalog/thread/154503-267621016.htm）

【项目小结】

本项目总体上讲需要教学双方重点培养学生掌握门店立地评估的外部要素和内部要素，督促学生理解门店地理位置评估的宏观要素和微观要素，强化学生熟悉门店竞争对手评估的战略要素和战术要素，激发学生对门店租赁门槛效应的学习兴趣，提升实操能力。

【思考题】

（1）如何理解门店立地评估的外部要素和内部要素？

（2）如何理解门店立地评估的不宜开店要素？

（3）如何理解门店地理位置评估的宏观要素和微观要素？

（4）如何理解门店竞争对手评估的战略要素和战术要素？

（5）如何分析门店租赁门槛效应的内涵及其促销办法？

（6）如何分析门店租赁门槛效应的商铺购买及其挑铺原则？

【案例分析】

成都理工大学红旗连锁实例分析

一、成都理工大学红旗连锁概况

成都理工大学红旗连锁门店于 2011 年 3 月正式运营，占地面积为 250 米²，实际经营面积约为 180 米²，正式员工为 20 人。经营商品种类主要为日化、食品、饮品、烟酒、礼品、小家电、生活用品等。该店为成都红旗有限责任公司直属单位，不是加盟店；地处成都理工大学前门，坐落在怡东国际酒店二楼，有开阔的广场及停车位置；主要客户为以成都理工大学社区为中心的小区人口。

二、覆盖区域

成都理工大学红旗连锁超市为一家毗邻高校、正对十字路口、衔接几大小区的中等规模超市，其辐射范围包括成都理工大学主校区、北校区、十里彩云间、华西花园、十里翠苑等住宅区。

三、选址

对于零售业来讲，好的选址是超市盈利最重要的一步，也是超市能否持续稳定运行下去的重要因素。成都理工大学红旗连锁门店的选址考虑到了消费者行为、竞争因素、潜在客户、交通状况等多方面因素。

成都理工大学红旗连锁门店第一考虑到的是成都理工大学大型社区的常住人口及工作人口接近四万人，以青年男女大学生与在校工作人员为主。第二由于大学生近年来随着家庭教育资金的提升而购买力旺盛，工作人员上下班及课后购物与红旗连锁距离较近，方便快捷。第三在成都理工大学周边没有与红旗连锁同等规模的零售超市，成本、产品、售价等都占了很大优势，在消费者眼中是购买商品的首选。上面三点原因满足后，红旗连锁确定了开店决策，开始选取店面位置。

（1）门店正对成都理工大学正门十字路口，每日客流量巨大，且坐落在理工怡东国际酒店二楼位置，可提供酒店客户日用品。门店门前有占地面积近 200 米²的酒店停车场，较大的广场空间，提供了开展各项活动的便利条件。

（2）坐落在二楼，与马路有接近 20 米的距离，车流不会对室内购物产生影响。与十里店公交站距离不足 50 米，提供了稳定的校外客流。

（3）门店后方直至成都理工大学珙桐园在内的广大范围内，有接近 4 万人的潜在用户。

（4）门店周边 150 米² 内有网吧、饭店、冷饮店、报刊亭，还有工商银行、建设银行、农行、邮政等取款机，门店内可以代缴水电气网公交费等，与周边人们日常生活息息相关，产生自然而然的群聚效应。

（5）周边 2 千米范围内，临近成都理工大学保安所辖，紧靠怡东国际酒店保安所辖，治安、环境条件良好。

（6）所处二楼为半封闭式空间布局，不会受到天气影响，不会产生额外支出。

（7）地处成都理工大学前门，在校师生、外来工作人员进出都要路过门店，且前门广场空间较大，周边交通顺畅，不会产生拥挤的感觉，标识明显，能见度高，人气旺。

四、店面形象

1. 装潢设计

店面门头为户外吸塑灯箱，包括红旗连锁中文名称、英文名称、超市图像标识、背景颜色。主体色调由红、白、黄结合，不需要顾客远距离识别出红旗字样，只需要看出颜色搭配就知道这是红旗连锁。户外墙体颜色为红白搭配，同样给人以醒目的感觉。内部墙体为白色调，整体给人以明亮、宽敞、舒适的感觉。出入口为同侧一门。灯光距离地面约 2.8 米，为弱白质光，相隔 5 米一排，每排大概 6 个，工作时间开启，给人明亮不刺眼的感觉。

2. 商品布局

室内实际销售面积约为 180 米²，货架 30 个左右，其中两边靠墙位置各 6 个货架，高度为 2.2 米，长度为 6 米。进门左侧即为烟酒专柜，主打国窖系列。商品分类划分区域主要有 4 类：左前方饮食品、左后方干果糕点类、右前方日用品、右后方生鲜类。同类别商品相互衔接，如饮品在左边靠墙，中部靠近饮品类为牛奶、果汁等同类液体饮品。方便食品、米线、米饭放置在一起，洗涤用品与纸质品放到一起易引发消费者的购买欲望。而干果、糕点类与生鲜类突出嗅觉、感官作用引起人气。酱油、食盐、醋等干杂类所在货架较高，体现出种类多、存量足的直观感受。

3. 员工

该门店有 5 个收银台，其中一个是烟酒专柜独立收银台、一个贴近日用品区域，其余 3 个相邻近。收银人员为 5 名，流动营业员为 10 名，流动营业员也负责搬货，整理商品、仓库。财务人员一名、店长一名、保安三名。员工统一着装为红色印有红旗连锁字样的工作服。

从性别上看，店内营业员工都为女性，只有保安为男性；从年龄上看，收银员较为年轻，为 22～25 岁，其余营业人员皆为 36～46 岁。

五、促销

作为一家连锁性超市，促销是无法回避也不应回避的手段。而超市的促销手段与其他行业的促销手段是不相同的。

红旗连锁从售价上来讲与家乐福、沃尔玛等大型超市相比不具有优势，那么如何在资源、资金、空间等条件的限制下取得合理的促销效果吸引顾客。红旗连锁选择的是以积分促销为主、敏感商品特惠为辅、网络促销为次的方法。

（1）积分促销。红旗连锁有会员卡机制，办理一张会员卡，每次消费刷卡都会取得积分，积分积攒到一定层次会有不同程度的优惠。如积分到达一万九时可以换取五粮液。会员卡也有不同档次，普通卡、金卡等，卡的颜色不同消费打折也不尽相同。携带会员卡也可参加红旗连锁不定期举办的抽奖活动。积分卡与身份证相挂钩。

（2）敏感商品特惠。针对于该门店的环境特殊性，其主要消费群体为大学生，那么对于大学生来讲，超市内的敏感商品为方便面、饮品、纸质卫生用品。针对在校工作人员的敏感商品为酱油、食盐、蔬菜等生活商品。鉴于此，红旗连锁实施的是敏感商品特惠，如市价3元的饮品，红旗连锁内售价为2.7元，蔬菜等商品运用灯光、水等营造新鲜、卫生的感觉。这些敏感商品的价格进行降价优惠，会使消费者认为红旗超市物美价廉，使用放心，口碑会通过人群传递出去。

（3）网络促销。红旗连锁网站有专门的网购商城，可以运用网银、会员卡等结款。网购商城很大程度上并不是以卖出商品为最终目的，其实质意义在于让消费者在网络上可以轻易地看到红旗连锁内部价格低廉的敏感商品，引发消费者的购买欲望。网络促销主要起广告作用，但是效果并不明显。

六、定价

红旗连锁商品定价采取了一些市场惯用的方法，一般包括以下几种方法。

（1）批量购买诱导定价方法。根据顾客购买差异来制定不同的价格，顾客购买量越大，单位商品价格越低。如单购买一瓶洗发香波5元钱，一瓶护发素5元钱，若两瓶同时购买，则只需8.5元。在红旗连锁店中这种定价多见于洗涤用品、纸质品等。

（2）零头定价法。该策略在刺激顾客购买欲望方面效果显著。如肤安浴液2.86元等，消费者一般会认为6~9给人以便宜的感觉，1~5给人以贵的感觉。6、8等数字结尾比较吉利。一般商品标注到小数点后两位会给人以商品在处理中的感觉，会吸引大量客流。

（3）声望定价法。它是以商店的名声、威望和品牌的市场地位，把价格定得高于同类商品。这种定价方法有助于树立超市形象。在红旗连锁店中多见于烟酒、化妆品、高档饮品及食品等。

七、竞争对手分析

1. 红旗连锁周边竞争对手

红旗连锁对应的发展模式为连锁零售业，具有多家店面，统一进货，统一零售价格，统一配送，统一标识，占地面积较大。其他超市对应的发展模式为单一店面零售业态，规模较大，店铺唯一。而便利店店铺唯一，占地规模较小。选取这三类不同发展模式业态进行全方位对比，如图5-1所示。

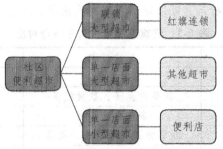

图 5-1 红旗连锁周边竞争对手对比

2. 商品的进、存

从进货成本上讲，红旗连锁直接跨过经销商拿货，成本压到最低。其余多以经销商为供应商，利润被扣除了一部分。存货便利店十分灵活，基本做到零库存，红旗连锁每天库存量很大，物流损失最大，因门店众多分担了物流损失可以接受。

其他超市在利润与损失方面都在适中位置。大型连锁超市的统一进货压低成本值得借鉴，而便利店零库存的原则同样值得重视。

3. 销售方式

红旗连锁：大型连锁型超市中销售方式十分灵活，讲究商品的外观包装及同类茶品摆放位置。销售面积较大而有能力将卖场划分不同区域，如日用品区、蔬菜区、饮品区、烟酒区、食品区，且每天基本都设立特价区与折扣区。自选购物，统一量价，统一形象，统一结算。促销方式多种多样，定点定时举行，吸引大量人流。

其他超市：占地面积也较大，同样将卖场划分为不同区域进行销售，自选购物，统一量价，统一形象，统一结算。因单一店面财力原因很少设立折扣区、特价区，促销手段基本没有。只是当存货量较大时，对单一某类商品进行折扣处理，吸引力一般。

便利店：多选取靠在路边的小面积商业店铺，以路段人流量为潜在顾客，销售烟酒、饮品、小食品等快销品。商品陈列比较凌乱，无划分区域、无折扣、无特价，从来不做促销。

从销售方式来看，无疑大型连锁超市的做法最具可行性，效果也是最好的。开设连锁超市同样需要统一形象、统一标识、统一售价、统一结算，也应做好售后服务。利用高校周边的特殊地段，做好周末节假日的促销活动，主打某款饮品的特价销售能带来人气，提升知名度、销售量等。

4. 售价

红旗连锁：商品明码标价，大部分商品价格与市场价格相同，但是进价较低，利润较高。会定期定时段对某些商品进行打折特惠，售价远低于市场价格，如水果、蔬菜、饮品会经常变动价格，以所在时段进价为准变动。经常运用买赠、返现、降价促销等手段进行间接变价，且多为主动变价。

其他超市：商品明码标价。大部分商品持平市场价，少部分商品因货源关系稍高于市场价，利润稍低。各个种类商品价格不会变动，其中蔬菜、水果等于当天进价进行变动，促销活动较少，商品积压时以买赠、返现等形式间接变动价格，多为被动变价。

便利店：商品大部分为明码标价。大部分商品持平市场价，少部分商品稍高于市场价，利润较低。几乎所有商品价格在一段时间内稳定不变。不会进行买赠等间接变价，也不会进行变相促销活动。因货源关系和零库存降低了风险，基本没有变价行为。

将以上几点竞争因素分析后，可以得到下面对比表格，进行直观的分析，如表5-1所示。

表5-1 红旗连锁竞争对手综合对比

红旗连锁	其他超市	便利店
直接从生产商拿货	二级经销商	三、四级代理，经销商
商品种类多、数量众多	商品种类多、数量较多	商品种类少、数量较少
多在大型社区周边	多在小区周围	多在马路周边
销售方式繁多，利润高	销售方式一般，利润稍高	销售方式单一，利润稍低
商品陈列区域明显，面积大	商品成列区域较为明显，面积稍大	商品陈列区域混乱，面积很小
专门的物流存储中心，进货量大	较小的存储空间，进货量不大	无存储方法，零库存原则，进货量随销量而定

相比较而言，三类零售店大部分商品价格与市场价格持平，但利润率并不尽相同。连锁

型超市变价余地较大且寻求主动变价的时机，各种促销等间接变价行为频率较高，售价方面浮动较大，大幅度提高了销量与毛利率，吸引了大部分消费者的注意力。

由此可见，大型连锁超市在压力成本方面做得最为优秀，大部分商品直接从生产商方面拿货，省了中间商的进货成本，量大也容易取得更优惠的价格，长期合作关系稳定之后也可以采取先进货缓付款的交易方式，很大程度稳定了企业运营的现金流。而在库存方面，便利店的小而快经营模式的零库存值得借鉴，很大程度节约了物流仓储时间成本，从而提升了利润。在销售方面，大型连锁超市多样化的促销模式，多元化的商品种类及庞大的购物空间都引起了消费者的消费欲望，透明化的售价、统一化的企业标识、良好的信誉等方面满足了当前零售业的发展趋势。

而新开设连锁超市要结合各种经营类型的优势，将压低进货成本和零库存销售做到极致，对市场反应嗅觉灵敏，采取灵活的销售方式来提升销量，打造品牌，进而提升经营利润率。

综上所述，连锁超市开设新店的必备因素包括直接从生产商处拿货；位于大型社区周边；统一店面标识、服装、形象、售价；销售方式多样化，促销手段丰富；做好库存处理，以零库存为目标；实际营业面积应为 150～200 米²。

问题：请读者阅读后，谈谈你对零售业立地评估的感想。

【技能训练】

成都春熙路商圈立地店铺考察报告

成都是一个接近于圆形的城市，核心商圈位于锦江区，由春熙路商圈、盐市口商圈和红星路构成。除了春熙路步行街之外，这个区域内形成一定规模的商场超过十家。本次考察工作的重点是以百货为主的百货商场或购物中心，如摩尔百盛、仁和春天百货。

摩尔百盛		
优点	作为较早进入成都的外资百货，百盛抓住机遇，凭借自身品牌号召力，在成都及周边开出 8 家分店，形成规模效应，在四川百货业中占有一席之地	
	简约清新的装修风格与时尚百货的定位一致	
可借鉴之处	公司向外扩张，除了把握时机，选择适合的场地外，需要制订符合当地购物习惯的营销措施，融入当地的商业文化氛围	

仁和春天百货		
优点	定位于高端百货的仁和春天百货与同一区域的百货错位经营,避免同质化竞争,成为成都百货业中的强者	
	仁和春天百货走高端路线,欧式建筑外观在米黄色的灯光下给人以豪华的感觉。卖场内,有较强的照明效果。内部装修细节体现了高端百货的水准	
可借鉴之处	与众不同,往往是个性和品位的体现。符合中产阶级的审美观念。从形象上打动高端消费群体,商场将从优质客户那里获得高额回报	

在成都春熙路商圈内,还有王府井百货、伊藤洋华堂百货、伊势丹百货、茂业百货等超过十家百货。

请同学们仿照表格中的形式对王府井百货、伊藤洋华堂百货、伊势丹百货和茂业百货等进行立地调查和评估,以表格（图文并茂）的形式列举其优点和可借鉴之处。

项目六 实用门店选址技术

【项目内容】

（1）零售业态的分类。

（2）不同业态的选址要求。

（3）选址在招商加盟中的重要性。

（4）选址流程。

（5）选址技巧。

（6）常见的选址理论。

【项目意义】

（1）能结合业态进行选址。

（2）选址技能的训练。

【重点与难点】

重点：不同业态的选址要求。

难点：有针对性的选址技能训练。

【项目成果】

（1）选址流程图的绘制。

（2）撰写店铺转让合同。

（3）门店收益预测分析。

【引导案例】

铁打的租金流水的店，曾经的金铺无人接手

曾有人说，中国最有巴黎味道的城市是成都，成都最有巴黎味道的是玉林。玉林可以说是最能代表成都味道的传统生活区，尤其是沿街的各种商铺，服装、美食、酒吧、杂货……构成活色生香的玉林，也让玉林成为成都最成熟的商圈之一。作为成都小资文化的发源地，玉林一直有着"神圣不可犯"的地位。想当年，玉林卖的外贸货，领跑成都潮流多少年。然而近日记者发现，以玉林东路、玉林西路为代表的玉林商圈，大批商铺贴出转让广告，到底是什么原因让玉林商圈集中出现"转让潮"？沿街商铺，现在还有发展潜力吗？记者为此深入实地展开调查。

1. 现场直击：半条街 11 家商铺 6 家转让，转让费坚挺

3 月 30 日，星期一的下午，成都商报记者在玉林东路和玉林西路上看到，路两边沿街商铺的经营形态比较单一，90%左右都是以经营服装为主，间或有干杂店、饰物店和甜品店。沿街铺面的面积都比较小，一般都在二三十米²，100 米²的很少，即使有也基本上是餐饮。

在这两条街上，很多铺面都贴出了"旺铺转让"的广告，有的还在经营，有的已经关门闭户。粗略统计，仅在玉林东路上，就有 20 余家商铺贴出了铺面转让的广告。最为夸张的是在不过 30 米左右的半条街上，共有 11 家商铺，就有 6 家贴出了转让的广告，基本上都是以

服装店为主。

记者随后按照铺面转让广告上留下的电话与十余位店主取得了联系。当询问为什么要转让铺面，店主的回答多样，有的是因为太累了，有的是因为准备生孩子所以不想再做生意，有的则是因为房东又要上涨租金，还有的则是为了转手赚点钱，算是投资。对于转让费，店主报价均在 12 万～17 万元，并且都委婉表示，肯定比自己原来的转让费要稍高一点。

其中，只有一位店主表示，自己两年前租下铺子支付了 12 万元的转让费，如今 7 万元她也愿意转手，主要原因是觉得做生意太累了，自己又准备生孩子，所以想尽快转手，并表示自己"应该是转让费收得最便宜的"。在租金方面，一家 20 米²左右的店铺月租金为 3 200～3 800 元，每平方米月租金近 200 元。

2. 经营调查：挂出 4 个月还没租出去，服装业有冲击但仍有赚头

一位已经在玉林东路做了 8 年服装生意的王老板称，她 8 年前也是花了十几万元的转让费租下了现在这处 24 米²的店面，每月租金在 2 200 元左右。时隔 8 年，周边商铺的转让费差不多持平，租金有所上涨，但是铺面转手的速度却减慢了很多。"前几年，一有铺面出来，大约几周的时间就能转手，现在我隔壁的那间铺子，已经挂了 4 个多月了，好像还没租出去。"王老板说。

对于如今的生意状况，多家目前正在经营的服装店的老板均表示，生意怎么做还是要靠自己，现在商场也多，很多人也喜欢在网上买衣服，肯定对生意有冲击。"但是如果心不黑，衣服定价合适，加上人勤快点，生意还是做得起。"

玉林，出现过成都最早的一批商品房，居住人群密集，对于这样沿街为市的小商铺，记者随机采访了居住在此的 20 位居民。他们均表示，居住地附近有这些小店还是很方便，比如买点杂物、水果，吃点小吃等，但是确实现在很少会在楼底下买衣服。29 岁的王小姐在玉林东路已经住了 11 年，她说，"以前玉林就是时尚的代名词，这里的服装款式前卫新潮，价格也比较高，很喜欢沿着街边服装店一家家逛下来，但是这一两年来，几乎没在小店买过衣服，一是因为周边大商场一家家开起来，二是网购更方便，价格也更低。"

3. 专家观点：成熟商圈商铺仍是稀缺资源

青羊区工商联副会长张蛟曾在接受采访时表示，对于玉林出现如此集中的铺面转让潮，他认为原因多样。一是不排除店主个人的投资行为，想利用转让费赚点钱，毕竟转让费目前看来并没有大幅下降；二是做生意本来就有风险，在同一条街做同样的生意，有人赚有人赔，有人经营不善需要转手；三是近年来成都各种大型购物中心的出现，以及电商的崛起，人们的购物观念和方式都发生了比较大的转变，而玉林东路、玉林西路多以服装业态为主，所受冲击相对也会比较大。

满堂红（成都）置业有限公司总经理谭自力表示，近几年来，成熟商圈沿街商铺的收益确实已经不像原来那样暴利，也基本不可能再像原来所说的"一铺养三代"。据他所知，生意好的时候，玉林的商铺有的半年都要上涨一次租金，而现在租金虽然有所上涨，但是趋于平稳。不过，谭自力认为，越成熟的商圈的沿街商铺依然是稀缺资源，还是值得长期持有。因为居住人群密集，就算消费的观念和方式有所改变，但是人们都会有消费的需求，有些需求是希望在家门口解决的。因此并不是商铺不好，而是经营者要想想如何对准居住人群的消费需求。

其实不是只有玉林有转租潮，年前传统的槐树街橱柜一条街、肖家河汽配一条街也出现

很多铺子贴出转让告示的现象。到现场走访一圈能够真切感受到，这些自发成形的街市，真的已经开始显出颓势？为什么曾经风光一时的街市会出现这样落寞的景象？究其原因，最重要的一个原因是这些街市所运营的产品类型出现了销售渠道的转移，曾经以街市为唯一销售渠道的模式，现在逐渐被分散到专业市场、商业综合体以及互联网上，服装如此，橱柜如此，汽配也如此。当然，一些高端品牌，仍把街铺作为旗舰店进行形象展示，但随着城市商业热点区域的扩大和转移，槐树街、肖家河、玉林这样传统的街市很难再成为某个行业的集中地。

目前看来，街市里的那些商铺也在转型之中。黄金口岸的租金依然保持了一贯的高度，转让费仍然在二房东、三房东之间盛行。唯一区别的是，转让告示在玻璃橱窗里停留的时间延长了，以前一贴出就会被立刻抢走的铺子，现在闲置期更长了。"宁可空一段时间，也不能降低身段。"投资回报早已赢收平衡的老商圈商铺，真正的业主根本不在乎几个月的空置期，保持长期的高租金才是他们认为的收益点。

街铺价值依然在，只是店主改。十年前兴旺的是那些卖服装卖橱柜的店主，与之同喜的有街铺的业主；十年后卖服装卖橱柜的店主觉得生意艰难了，可卖小面卖干杂的觉得生意好做了，相同的铺子转给不同的人来做，可与之同喜的依然还是街铺的业主。

不要被那些橱窗里的转让告示迷惑了，那些街铺，自有着自己的命！

（摘自：成都商报 http://e.chengdu.cn/）

【思考题】

（1）街铺与购物中心相比，有哪些优劣势？

（2）你认为在电子商务盛行的今天，零售业态应如何进行有形店铺的经营？

任务一　不同商业业态选址特点

【学习任务】

（1）掌握业种及业态的基本概念。

（2）掌握不同业态类型对选址的具体要求。

（3）明晰常见选址禁忌。

【技能任务】

（1）能根据不同的业态需求绘制选址流程图。

（2）能对成熟商圈进行识别分析。

【理论知识】

一、业　种

业种是指零售商业的行业种类，通常按经营商品的大类将零售划分为若干个业种。目前，国内业种有百货业、娱乐业、餐饮业、服装服饰业、家具家居业、电子数码业、卫生医疗业、文教业、服务业等。根据日本同文馆出版的《最新商业辞典（改订版）》，业种主要通过大分类、中分类、小分类等形式，对商品的类似性及其用途的类似性或生产过程的类似性来进行划分。为了理解的方便，本书将业种的大分类概括为三大类，即零售业、餐饮业、服务业。

【小资料 6-1】

业　种

业种是指零售商业的行业种类，通常按经营商品的大类将零售划分为若干个业种，业种强调的是"卖什么"。

国内业种简单汇总：

百货公司。

电影院。

娱乐场所：KTV/MTV、电动游戏场、保龄球馆、桌球馆。

超市。

餐饮快餐店：中式餐厅、西北餐厅、日式餐厅、快餐厅。

其他餐饮食品类：饭店、南北小吃、西点、面包店、水果行、咖啡/茶艺/饮料专卖、休闲食品专卖店。

服饰：服饰店、化妆品、饰品、珠宝、鞋店、皮具。

百货：便利店、超级市场、百货专卖、钟表眼镜、礼品专卖、家居饰品。

文教类：体育用品、书店、购书中心、玩具专卖、展厅、展览馆、集邮、古玩。

休闲娱乐：音像店、书籍租赁店。

电子数码：视听产品、唱片行、摄影器材、家电用品、通信器材。

卫生医疗：药店、医院、诊所、兽医店、美容院、发廊、美容用品、瘦身中心、洗衣店、按摩店。

家具、家居：床品、灯饰、建材、厨具、设计公司。

服务：旅游公司、照片冲印、花店、家庭服务、快递、银行、邮局、证券公司、汽车销售、房产中介。

二、零售业态

零售业态（retail formats）是指零售企业为满足不同的消费需求进行相应的要素组合而形成的不用经营形态。零售业态可以反映零售企业的竞争力，是其提高狙击竞争对手能力的有效途径，是零售企业竞争规划的最重要组成部分之一。

具体而言，业态是零售企业经营方式的外部形态，可以理解为零售企业的商品、环境、服务等多种要素组合的经营形态。业态主要包括两个部分：一是提供物，即为消费者可见的外部要素，如门店位置、店名店招、花色品种、商品陈列、店堂布置、购物氛围、服务态度、价格折扣等，同时也包括零售企业的物流配送以及娱乐设施等；二是专业技能，即指零售企业的内部要素，具体包含零售技术及零售文化两个方面，是其经营优势以及战略方向的体现。

目前，具体有多少种零售业态，在业内并没有达成共识的准确数字。据初步估计，自百货商店产生以来的 150 多年的时间里全球共产生了超过 20 种零售业态。而随着互联网的普及以及网络购物意识的不断加强，基于互联网的零售业态也让消费者触手可及，以网络技术为基础、以无店铺经营为特征的 E-Shop 也获得了显著的发展。由此产生了新型的零售业态，即网络商店，形成了零售业态当中店铺形式与无店铺形式共同存在的格局。而通过各种业态之间的联盟，在传统零售业态的基础上兴起了集各种业态为一身的购物中心（shopping mall），除了为消费者提供购物场所外，还具有全方位满足消费者学习、休闲、娱乐的综合需求，其多功能的优势在零售诸业态中扮演着越来越令人瞩目的角色，如万达购物广场、凯德商用等。

【小资料 6-2】

业　态

"业态"一词来源于日本，是典型的日语汉字词汇，大约出现在 20 世纪 60 年代。萧桂森在其所编的《连锁经营理论与实践》中，给业态下的定义是针对特定消费者的特定需求，按照一定的战略目标，有选择地运用商品经营结构、店铺位置、店铺规模、店铺形态、价格政策、销售方式、销售服务等经营手段，提供销售和服务的类型化服务形态。

一、业态定义

日本安士敏先生认为，"业态是定义为营业的形态"，业态是形态和效能的统一，形态即形状，它是达成效能的手段。

业态是零售店向确定的顾客群提供确定的商品和服务的具体形态，是零售活动的具体形式。通俗地理解，业态就是指零售店卖给谁、卖什么和如何卖的具体经营形式。

二、零售业态

零售业态是指零售企业为满足不同的消费需求进行相应的要素组合而形成的不同经营形态。

商务部根据近年来我国零售业发展趋势，并借鉴发达国家对零售业态的划分方式，组织有关单位对国家标准《零售业态分类》（GB/T 18106—2000）进行了修订。国家质检总局、国家标准委已联合发布新国家标准《零售业态分类》（GB/T 18106—2004），该标准为推荐标准。

新标准按照零售店铺的结构特点，根据其经营方式、商品结构、服务功能以及选址、商圈、规模、店堂设施、目标顾客和有无固定经营场所等因素，将零售业分为 17 种业态。零售业从总体上又可以分为有店铺零售业态和无店铺零售业态两类。

1. 有店铺零售业态

（1）食杂店。

选址：一般位于居民区内或传统商业区内。

商圈与目标顾客：辐射半径 0.3 千米，目标顾客以相对固定的居民为主。

营业面积：一般在 100 米^{2}以内。

商品（经营）结构：以香烟、饮料、酒、休闲食品为主。

商品售卖方式：柜台式和自选式相结合。

服务功能：营业时间 12 小时以上。

管理信息系统：初级或不设立。

（2）便利店。

选址：商业中心区、居住区、交通要道以及车站、医院、学校、娱乐场所、办公楼、加油站等公共活动区。

商圈与目标顾客：商圈范围小，顾客步行 5 分钟到达，目标顾客主要为单身者、年轻人。顾客多为有目的的购买。

营业面积：100 米²左右，使用率高。

商品（经营）结构：以即时食品、日用小百货为主，有即时消费性、小容量、应急性等特点，商品品种在 3 000 种左右，售价高于市场平均水平。

商品售卖方式：以开架自选为主，结算在收银处统一进行。

服务功能：营业时间 16 小时以上，提供即时性食品的辅助设施，开设多项商品性服务项目。

管理信息系统：程度较高。

（3）折扣店。

选址：居民区、交通要道等租金相对便宜的地区。

商圈与目标顾客：辐射半径 2 千米左右，目标顾客主要为商圈内的居民。

营业面积：300～500 米²。

商品（经营）结构：商品价格一般低于市场平均水平，自有品牌占有较大的比例。

商品售卖方式：开架自选，统一结算。

服务功能：用工精简，为顾客提供有限的服务。

管理信息系统：一般。

（4）超市。

选址：市、区商业中心，居住区。

商圈与目标顾客：辐射半径 2 千米左右，目标顾客以居民为主。

营业面积：营业面积 6 000 米²以下。

商品（经营）结构：经营包装食品和日用品。食品超市与综合超市商品结构不同。

商品售卖方式：自选销售，出入口分设，在收银台统一结算。

服务功能：营业时间 12 小时以上。

管理信息系统：程度较高。

（5）大型超市。

选址：市、区商业中心，城乡接合部，交通要道及大型居住区附近。

商圈与目标顾客：辐射半径 2 千米以上，目标顾客以居民、流动顾客为主。

营业面积：营业面积 6 000 米²以上。

商品（经营）结构：大众化衣、食、用品齐全，一次性购齐，注重自有品牌开发。

商品售卖方式：自选销售，出入口分设，在收银台统一结算。

服务功能：设不低于营业面积 40%的停车场。

管理信息系统：程度较高。

（6）仓储式会员店。

选址：城乡接合部的交通要道。

商圈与目标顾客：辐射半径 5 千米以上，目标顾客以中小零售店、餐饮店、集团购买和流动顾客为主。

营业面积：营业面积 6 000 米²以上。

商品（经营）结构：以大众化衣、食、用品为主，自有品牌占相当部分，商品品种在 4 000 种左右，实行低价、批量销售。

商品售卖方式：自选销售，出入口分设，在收银台统一结算。

服务功能：设相当于营业面积的停车场。

管理信息系统：程度较高并对顾客实行会员制管理。

（7）百货店。

选址：市、区级商业中心，历史形成的商业集聚地。

商圈与目标顾客：目标顾客以追求时尚和品位的流动顾客为主。

营业面积：营业面积在 6 000 ~ 20 000 米^2。

商品（经营）结构：综合性，门类齐全，以服饰、鞋类、箱包、化妆品、礼品、家庭用品、家用电器为主。

商品售卖方式：采取柜台销售和开架面售相结合的方式。

服务功能：注重服务，设餐饮、娱乐场所等服务项目和设施，功能齐全。

管理信息系统：程度较高。

（8）专业店。

选址：市、区级商业中心以及百货店、购物中心内。

商圈与目标顾客：目标顾客以有目的选购某类商品的流动顾客为主。

营业面积：根据商品特点而定。

商品（经营）结构：以销售某类商品为主，体现专业性、深度性，品种丰富，选择余地大。

商品售卖方式：采取柜台销售或开架面售方式。

服务功能：从业人员具有丰富的专业知识。

管理信息系统：程度较高。

（9）专卖店。

选址：市、区级商业中心，专业街以及百货店、购物中心内。

商圈与目标顾客：目标顾客以中高档消费者和追求时尚的年轻人为主。

营业面积：根据商品特点而定。

商品（经营）结构：以销售某一品牌系列为主，销售量少、质优、高毛利。

商品售卖方式：采取柜台销售或开架面售方式，商店陈列、照明、包装、广告讲究。

服务功能：注重品牌声誉，从业人员具备丰富的专业知识，提供专业性服务。

管理信息系统：一般。

（10）家居建材商店。

选址：城乡接合部、交通要道或消费者自有房产比较高的地区。

商圈与目标顾客：目标顾客以拥有自有房产的顾客为主。

营业面积：营业面积 6 000 米^{2}以上。

商品（经营）结构：商品以改善、建设家庭居住环境有关的装饰、装修等用品，日用杂品，以技术及服务为主。

商品售卖方式：采取开架自选方式。

服务功能：提供一站式购足和一条龙服务，停车位 300 个以上。

管理信息系统：较高。

（11）购物中心。

购物中心分社区型购物中心、市区购物中心、城郊购物中心 3 种。

① 社区型购物中心。

选址：市、区级商业中心。

商圈与目标顾客：商圈半径为 5～10 千米。

营业面积：建筑面积 5 万米²以内。

商品（经营）结构：20～40 个租赁店，包括大型超市、专业店、专卖店、饮食服务及其他店。

商品售卖方式：各个租赁店独立开展经营活动。

服务功能：停车位 300～500 个。

管理信息系统：各个租赁店使用各自的信息系统。

② 市区购物中心。

选址：市级商业中心。

商圈与目标顾客：商圈半径为 10～20 千米。

营业面积：建筑面积 10 万米²以内。

商品（经营）结构：40～100 个租赁店，包括百货店家、大型超市、各种专业店、专卖店、饮食店、杂品店以及娱乐服务设施等。

商品售卖方式：各个租赁店独立开展经营活动。

服务功能：停车位 500 个以上。

管理信息系统：各个租赁店使用各自的信息系统。

③ 城郊购物中心。

选址：城乡接合部的交通要道。

商圈与目标顾客：商圈半径为 30～50 千米及以上。

营业面积：建筑面积 10 万米²以上。

商品（经营）结构：200 个租赁店以上，包括百货店家、大型超市、各种专业店、专卖店、饮食店、杂品店以及娱乐服务设施等。

商品售卖方式：各个租赁店独立开展经营活动。

服务功能：停车位 1 000 个以上。

管理信息系统：各个租赁店使用各自的信息系统。

（12）工厂直销中心。

选址：一般远离市区。

商圈与目标顾客：目标顾客多为重视品牌的有目的的购买。

营业面积：建筑面积 100～200 米²。

商品（经营）结构：为品牌商品生产商直接设立，商品均为本企业的品牌。

商品售卖方式：采用自选式售货方式。

服务功能：多家店共有 500 个以上的停车位。

管理信息系统：各个租赁店使用各自的信息系统。

2. 无店铺零售业态

（1）电视购物。

目标顾客：以电视观众为主。

商品（经营）结构：商品具有某种特点，与市场上同类商品相比，同质性不强。

商品售卖方式：以电视作为向消费者进行商品宣传展示的渠道。

服务功能：送货到指定地点或自提。

（2）邮购。

目标顾客：以地理上相隔较远的消费者为主。

商品（经营）结构：商品包装具有规则性，适宜存储和运输。

商品售卖方式：以邮寄商品目录为主向消费者进行商品宣传展示的渠道，并取得订单。

服务功能：送货到指定地点。

（3）网上商店。

目标顾客：有上网能力，追求快捷性的消费者。

商品（经营）结构：与市场上同类商品相比，同质性强。

商品售卖方式：通过互联网进行买卖活动。

服务功能：送货到指定地点。

（4）自动售货亭。

目标顾客：以流动顾客为主。

商品（经营）结构：以香烟和碳酸饮料为主，商品品种在30种以上。

商品售卖方式：由自动售货机完成售卖活动。

服务功能：没有服务。

（5）电话购物。

目标顾客：根据不同的产品特点，目标顾客不同。

商品（经营）结构：商品单一，以某类品种为主。

商品售卖方式：主要通过电话完成销售或购买活动。

服务功能：送货到指定地点或自提。

本标准适用于在中华人民共和国境内从事零售业的企业和店铺。

【实践知识】

三、不同零售业态对选址的具体要求

零售业，是指通过买卖形式将产品和服务直接售给终端客户的销售行业。零售业通过可吸引的有限距离或地区内的潜在顾客的多少，来决定可获得销售收入的高低；通过来客数及客单价，对其所经营的商品种类、价格高低、促销活动的强度等产生影响。作为服务于大众消费者的流通企业，零售企业必须具备强大的集客力，吸引众多的消费者并为其所接受才能得以生存与发展。

零售业选址，是指零售企业在一定约束条件下从备选店址中选择最佳的开店位置。在零售业态众多的要素中，门店选址是其中最为关键的首要环节，同时又是弹性最差的要素。与其他行业相比较，零售业的经营状况极大地依赖于正确的店址选择。然而在零售连锁企业战略组合中，选址却是灵活性最差的要素，具有相当高的风险性，一旦选址确定就难以变动，无法做到像产品、价格、销售网络、促销方式、广告投放、顾客服务等诸多要素那样，能够随着外界环境的变化而变化。选址一旦失误，根本就没有机会进行调整。除了具有投资大、风险高的自身特点外，作为一项长期投资，选址还会影响到零售企业后期的运营战略及决策，不仅在很大程度上直接决定营业收入，而且还将显著影响零售企业的扩张及网点布局，从而最终决定企业的生存和发展。

对大多数零售企业而言，选址往往成为其扩张时的最大难题。零售业选址需要考虑的因素很多，如人口分布、人流量、交通状况、地理位置、竞争对手、成本核算、政府规划等。有时也会考虑到商圈内非直接竞争业态对选址的影响。总之，各种因素对零售业选址的影响是复杂而多变的。

不同业态自身的经营特点、市场定位以及所面临的目标消费者的不同，势必对商圈的要求也不尽相同；同理，对门店选址的要求也各有侧重。在零售业众多的业态中，各自有自身不同的选址要求，因此，要求门店拓展人员，在门店选址开展之前，应该对自身所处的业态以及本业态对选址的具体要求有清晰而明了的掌握，为下一步按照选址流程进行选址工作的良好开展打下基础。

结合零售业态的大分类，因并不依赖于有形的店铺开展经营，无店铺业态（又称网店）更加灵活多样。而与此相反，有店铺零售业态（又称实体店）则严重依赖于其店铺位置的好坏，对商圈分析、选址决策都直接关系到该业态未来的生存和发展，从而成为零售企业性命攸关的要素。

为了使选址对各类实体店铺具有更加明确的指向性，根据国家质检总局、国家标准委联合发布的新国标推荐标准《零售业态分类》（GB/T 18106—2004）中所划分的零售业态的不同，各业态的选址要求均有自身的特点。

1. 大型百货店的选址要求

（1）对商圈的要求：① 周边人口 30 万以上，有效辐射人口 10 万以上；② 商圈为核心商业区域或已初具规模的商业区，商圈内居中端及以上顾客群；③ 车流量为每天 10 000 辆以上；④ 有较大型的停车场，各种车辆能出入顺畅，能停放货车。

（2）对物业的要求：① 经营面积不低于 20 000 m^2，单层面积不低于 5 000 m^2；② 经营层数为 1～4 层；③ 层高为一层 5.5 m 以上，二层以上不低于 4.5 m，有中庭更佳；④ 物业进深不低于 60 m，临街面不低于 100 m；⑤ 楼板承重大于 450 kg/m^2；⑥ 柱距间 8 m×8 m 以上；⑦ 至少具备扶梯、货梯、中央空调、卸货区、消防分区等硬件设施，要配有洗手间；⑧ 能见度高，无建筑物阻挡；⑨ 免租期 1 年左右，租赁年限 20 年。

（3）其他要求：用电情况为一二级负荷，两部 2 000 kV·A 变压器。

2. 大型超市的选址要求

（1）对商圈的要求：① 辐射人口 10 万以上；② 商圈为住宅集中区，所属区域商业网点不够密集，以周边的居民消费为主，以日常生活需求为主，购买频率高；③ 车流量为每天 2 000 辆以上；④ 有较大型的停车场，各种车辆能出入顺畅，能停放货车；⑤ 一般应设有专人看守的非机动车停车区域。

（2）对物业的要求：① 单层经营面积不低于 8 000 m^2；② 经营层数为 1～3 层；③ 层高为一层 5.5 m 以上，二层以上不低于 4.5 m；④ 物业进深不低于 80 m，临街面不低于 100 m；⑤ 楼板承重大于 500 kg/m^2；⑥ 柱距间 8 m×8 m 以上；⑦ 至少具备扶梯、货梯、中央空调、卸货区、消防分区等硬件设施，要配有洗手间；⑧ 卸货区面积不低于 500 m^2；⑨ 免租期 1 年左右，租赁年限 10～20 年。

（3）其他要求：用电情况为一二级负荷，两部 2 000 kV·A 变压器。

3. 大型餐饮的选址要求

（1）对商圈的要求：① 商圈为成熟繁华商圈，大型商场附近；② 交通便利顺畅；③ 在店面前或距店面 50 m 半径内有停车场，可保证充足的车位。

（2）对物业的要求：① 建筑面积 2 000～5 000 m²；② 层高 4 m 以上；③ 应有独立门面，店面正门前应有独立的广告位；④ 最好配有洗手间；⑤ 租赁年限 5～10 年。

（3）其他要求：① 供配电按国家标准，一般为 250 kW/100 m²；② 给排水接驳到位；③ 预留排烟管道；④ 设置排污井、排油井、隔油池、排油烟井道等设施，三级隔油池可直接接入下水道。

4. 品牌连锁餐饮的选址要求

（1）对商圈的要求：① 商圈为成熟繁华商圈，大型商场附近；② 交通状况良好；③ 可分享大型商场的停车场。

（2）对物业的要求：① 建筑面积 300～500 m²；② 层高 4 m 以上；③ 应有独立门面，店面正门前应有独立的广告位；④ 最好配有洗手间；⑤ 租赁年限 5～10 年。

（3）其他要求：① 供配电按国家标准，一般为 250 kW/100 m²；② 给排水接驳到位；③ 预留排烟管道；④ 设置排污井、排油井、隔油池、排油烟井道等设施，三级隔油池可直接接入下水道。

5. 电器商场的选址要求

（1）对商圈的要求：① 商圈为商业核心区，大型社区周围，大卖场附近；② 拥有中端及以上消费群；③ 最好能有较大型的停车场，各种车辆能出入顺畅，能停放货车。

（2）对物业的要求：① 经营面积不低于 10 000 m²，单层经营面积不低于 3 000 m²；② 经营层数为 1～3 层；③ 层高为一层 4.5 m 以上，二层以上不低于 4 m；④ 楼板承重大于 500 kg/m²；⑤ 至少具备扶梯、货梯、中央空调、卸货区、消防分区等硬件设施；⑥ 最好每层配有洗手间；⑦ 租赁年限 10 年以上。

（3）其他要求：用电情况为一二级负荷，两部 2 000 kV·A 变压器。

6. 电子市场的选址要求

（1）对商圈的要求：① 商圈为区域核心商圈；② 拥有中端及以上消费群；③ 最好能有较大型的停车场，各种车辆能出入顺畅，能停放货车。

（2）对物业的要求：① 经营面积不低于 10 000 m²，单层经营面积不低于 3 000 m²；② 经营层数为 1～3 层；③ 层高为一层 4.5 m 以上，二层以上不低于 4 m；④ 楼板承重大于 350 kg/m²；⑤ 至少具备扶梯、货梯、中央空调、卸货区、消防分区等硬件设施；⑥ 最好每层配有洗手间；⑦ 租赁年限 10 年以上。

（3）其他要求：用电情况为一二级负荷，两部 2 000 kV·A 变压器。

7. 家居市场的选址要求

（1）对商圈的要求：① 商圈为区域核心商圈；② 位于临街主要干道，一般应为双向四车道；③ 有较大型的停车场，各种车辆能出入顺畅，能停放货车，拥有较充足的停车位，一一般每 1 万米^{2}有 150 个车位。

（2）对物业的要求：① 建筑高度约 25 m，经营面积不低于 20 000 m^2，单层经营面积不低于 5 000 m^2；② 经营层数为 1～4 层；③ 层高为一层 6 m 以上，长以 100～150 m、宽以 75～100 m 为最佳，二层以上不低于 5 m；④ 楼板承重经营区大于 500 kg/m^2，仓库大于 1 500 kg/m^2，一楼地面承重 2 500 kg/m^2；⑤ 柱距间 10 m×10 m 以上；⑥ 至少具备扶梯、货梯、中央空调、卸货区、消防分区等硬件设施；⑦ 最好每层配有洗手间；⑧ 租赁年限 10 年以上。

（3）其他要求：用电情况为一二级负荷，两部 2 000 kV·A 变压器。

8. 建材市场的选址要求

（1）对商圈的要求：① 商圈为建材装饰集中区域，大型楼盘集中区；② 交通便利，路网顺畅，公共交通系统发达；③ 有大型的停车场，各种车辆能出入顺畅，能停放货车，拥有较充足的停车位，一般每 1 万米^{2}有 150 个车位。

（2）对物业的要求：① 经营面积不低于 15 000 m^2，单层经营面积不低于 5 000 m^2；② 经营层数为 1～3 层；③ 层高为一层 8 m 以上，二层以上不低于 4 m；④ 楼板承重大于 1 000 kg/m^2；⑤ 至少具备扶梯、货梯、中央空调、卸货区、消防分区等硬件设施；⑥ 最好每层配有洗手间；⑦ 租赁年限 10 年以上。

（3）其他要求：用电量情况为一二级负荷，两部 2 000 kV·A 变压器。

9. 影院的选址要求

（1）对商圈的要求：① 商圈为发达商圈，大型购物中心附近；② 交通便利，路网顺畅，公共交通系统发达；③ 可分享大型购物中心停车场的充足车位。

（2）对物业的要求：① 经营层数较高，通常为 4 层以上；② 层高较高，最高处通常应保证为 9～10 m；③ 柱距间 10 m×10 m 以上，顶盖与侧壁采用空间双层钢网壳，网壳跨度为 50 m×55 m；④ 护墙采用对低频声能真实吸收作用的木墙，天花由较厚实的钢筋混凝土构造和 PC 板，台口及乐池上空设顶棚，舞台内悬挂多重布景，后墙做强吸声处理，大幕线在舞台面投影的中间点；⑤ 允许背景噪声评价数：$NR \leq 20$ dB，单值≤ 25 dB；⑥ 容积$\leq 2 000$ m^3，每座容积在 5～8 m^3；⑦ 保证每位观众的水平视角能看到台口宽的 1.5 倍处；⑧ 楼座的最大俯角控制在 25°，最远座位距台口 33 m；⑨ 有相对独立的垂直电梯，消防安全到位，必须按要求设置消防通道、紧急疏散通道等；⑩ 最好每层配有洗手间；⑪ 租赁年限 5～10 年。

（3）其他要求：① 每天最大日用水量为 780 m^3；② 供电指标按照国家星级电影院标准。

10. KTV 的选址要求

（1）对商圈的要求：① 位于大型商场、写字楼密集地段，以娱乐消费知名的商圈；② 交通便捷；③ 可分享商场或写字楼的停车场，最好能开放夜间服务，地面及地下停车位不少于 70 个。

（2）对物业的要求：① 经营面积一般为 4 000 m^2，一般不大于 6 500 m^2，一楼独立大堂不低于 400 m^2；② 经营层数一层至两层，不排斥地下层；③ 层高不低于 2.8 m，楼板承重为 350 kg/m^2；④ 物业能被审批通过作为娱乐行业经营，并能保证 24 小时营业，要求做墙体隔音及内部小面积改造；⑤ 物业可提供位置安装霓虹灯招牌及户外大型直立广告招牌，最好有 3～15 m 的门头广告位；⑥ 物业本身附隔油池及化粪池；⑦ 最好每层配有洗手间；⑧ 租赁年限 5～10 年。

（3）其他要求：① 总用电量 700 kW·h（三相），煤气量 120 m³，用水保证直接 100 mm 水管，空调制冷量 150 万大卡/小时；② 电话外线 50 门；③ 在法律法规上，应避免远离医院、学校、政府办公等机构，避免扰民等；④ 必须按要求设置消防通道、紧急疏散通道等。

11. 网吧的选址要求

（1）对商圈的要求：① 商圈为工业区域、打工者集中区域、高档住宅社区、写字楼区域、大专院校周边区域；② 应远离中小学 200 m 以外。

（2）对物业的要求：① 经营面积 500～1 000 m²；② 经营层数、层高、柱间距等无特殊要求；③ 能见度高，无建筑物阻挡；④ 最好有洗手间；⑤ 租赁年限 2 年以上。

（3）其他要求：① 供配电按国家标准，一般为 250 kW/1 000 m²；② 消防通道至少 2 m。

12. 茶坊、酒吧、咖啡店的选址要求

（1）对商圈的要求：① 商圈以文化、情调为特色，位置好，最好为高雅路段，具有清净优雅的环境，周边居民收入相对较高，具有一定的消费能力和文化修养；② 如与居民相邻，应设置隔音层。

（2）对物业的要求：① 经营面积 50～400 m²；② 层高不低于 2.8 m；③ 店面正门前应有独立的广告位；④ 最好有洗手间；⑤ 租赁年限 2 年以上。

（3）其他要求：① 供配电按国家标准，一般为 250 kW/1 000 m²；② 给排水接驳到位，具有燃气管道。

13. 面包、糕点房的选址要求

（1）对商圈的要求：① 各种商圈均可，通常开在较为繁华的区域型、社区型的商业街市；② 应远离污染源 10 m 以上。

（2）对物业的要求：① 经营面积 60～120 m²；② 层高不低于 2.8 m；③ 门面宽度 6 m 以上，橱窗开阔；④ 租赁年限 2 年以上。

（3）其他要求：① 供配电按国家标准，一般为 250 kW/1 000 m²；② 给排水接驳到位。

14. 面馆的选址要求

（1）对商圈的要求：① 各种商圈均可，宜选择交通支道，行人不少于 10 人次/分钟的区域；② 最好有非机动车停车场；

（2）对物业的要求：① 经营面积 80～200 m²；② 层高不低于 2.8 m；③ 具备厨房污水排放的生化处理装置以及油烟气排放的管道；④ 最好有洗手间；⑤ 租赁年限 2 年以上。

（3）其他要求：① 供配电按国家标准，一般为 250 kW/1 000 m²；② 给排水接驳到位。

15. 快餐店的选址要求

（1）对商圈的要求：① 商务型的普通餐厅以商务酬宾为销售对象，一般选址在商务区域或繁华街市附近，或知名度较高的街市，大众餐厅以家庭、个人消费为主，一般选址在社区型或便利型商业街市，连锁快餐店应选址客流繁忙之处，如繁华商业街市、车站、空港码头，以及消费水平中等以上的区域型商业街市或特别繁华的社区型街市；② 餐厅门前须有相应的停车场。

（2）对物业的要求：① 经营面积为商务型餐厅 500～10 000 m²，大众型餐厅 80～200 m²，连锁快餐店 200～500 m²；② 框架结构，层高不低于 4.5 m；③ 具备厨房污水排放的生化处

理装置以及油烟气排放的管道；④ 楼板结构承重库区不小于 450 kg/m²，其他区不小于 350 kg/m²；⑤ 最好有洗手间；⑥ 租赁年限 3 年以上。

（3）其他要求：① 供配电按国家标准，一般为 250 kW/1 000 m²；② 给排水接驳到位；③ 餐厅必须离开污染源 10 m 以上；④ 餐厅温度冬天应不低于 15 ℃，夏天不高于 25 ℃，春秋季应在 20 ~ 25 ℃。

具体选址技术标准如表 6-1 ~ 6-3 所示。

表 6-1　轻便餐饮选址技术标准（以星巴克为例）

总面积	150 ~ 400 米²		层高	不低于 4 米
租金水平	11 ~ 15 元/（天·米²）		楼层分布	一层
供电系统	（380 V 三相五线制）不小于 30 kW 及计量（为分体空调作电量预留）		给水系统	1 L/s，店内留一个阀门及计量
排水系统	有上下水		排风排烟系统	一般标准
空调系统	中央空调宜采用新风补入方式的盘管空调系统（设计按国家标准），利于后期商铺进行二次装修布置，预留空调供回水及冷凝水接驳口和维修控制阀门及平衡阀组，冷凝水采用就近直排设计方案（防止阻塞时难于疏通）			
补风系统	略小于排风量设计	消防系统	按国家标准	其他要求	有明显的广告位

表 6-2　西式快餐选址技术标准（以肯德基为例）

总面积	350 米²	层高	不低于 3.5 米
租金水平	3.5 ~ 5.5 元/（天·米²）		
其他要求	在门面上方提供招牌安全位置		
土建结构	厨房区楼板负荷为 450 kg/m²，餐厅区动荷载为 250 kg/m²		
空调系统	提供冷暖空调，应保证使用时间自早 7：00 至晚 11：00，其制冷量厨房每平方米不小于 450 卡/小时，用餐区每平方米应不小于 350 卡/小时。餐厅温度冬天应不低于 15 ℃，夏天不高于 25 ℃，春秋季应在 20 ~ 25 ℃		
厨房通风	提供室外相应的排放油烟管道位置，该位置将不导致争议或相邻关系，排烟管道的截面面积为 600 mm×700 mm		
供电系统	甲方提供空调及 200 kW 的用电量，并提供一条 185 铜心电缆于甲方配电室引至乙方指定位置，乙方自设分户配电间，并独立安装电表		
给水系统	甲方提供 25 吨/天，供水管径为 2.5 ~ 3.0 英寸（1 英寸≈2.54 厘米），水压不小于 2.5 kg/cm²，并具有相应的用水指标		
排水系统	甲方提供排水管径 150 mm，卫生间排污管径接入项目的化粪池。厨房污水排放接入项目隔油池，若项目不具备接入条件，乙方可自设化粪池、隔油池，不小于 3 m²		
消防系统	自设消防系统并与甲方连通		
电话系统	提供两条电话线路		

表 6-3 大型中餐选址技术标准

一般租赁面积	2 000 米²左右
层高	4.2～4.5 米
其他要求	在门面上方提供招牌安装位置
广告牌、墙面固定广告或霓虹灯广告	独立供电，独立计量
土建结构	在设计中考虑预先划定厨房范围及动荷载的要求和隔油池的结构设计，考虑独立的步行通道以错开商务综合体中其他业态的较早的打烊时间
空调系统	厨房及餐厅分别设置新风机组和空调供回水及冷凝水接驳口，不少于 150 W/m² 的制冷量供应，分散配置，并提供新增制冷量不少于 30 W/m² 的预留，并在餐厅及厨房分别设计有空调机房（餐厅：新风处理机组、公共区域排风机；厨房：新风处理机组、空调处理机组、空调补风机、厨房含油排风机、含油烟净化系统）
厨房通风	提供 2 000 m×900 m 或等于截面面积的厨房排风及补风接驳口（带防火阀），预留于厨房区域的空调机房外墙高位 公共区域排风：用于大型餐厅的污浊空气排出及单间的空气交换 卫生间排风：为餐饮配套预留
供电系统	不少于 520 kW（餐厅、厨房预留，设备照明箱分立）
给水系统	（1）餐饮的冷水管径不小于 DN80 并应有计量 （2）热水：供较高档餐饮预留（独立计量） （3）中水：供卫生间冲厕
排水系统	（1）污水：餐饮配套卫生间冲厕水排放（接主系统污水立管） （2）废水：餐厅及卫生间地漏，面盆排水收集（接主系统废水立管） （3）含油污水及现场隔油装置独立排水系统 DN200 （4）空调冷凝水排放：独立排水系统、就近直排或集中收集至中水处理场
天然气供应量	110 m³/h（独立的燃气表房及计量和独立的漏气报警强切条件及强排联动）
消防系统	按国家标准（按独立防火分区设计并考虑，其因无自然排烟的条件，将产生超长的排烟通道，要加大消防排烟设计风量的预留）装配燃气报警装置，与消防系统中心连接
电梯	（1）客梯：对一托二或托三的餐饮条件，应考虑曳引梯的建置或扶梯及观光外挂梯 （2）货梯：在厨房区域周边设计货梯与垃圾房的收货平台保持就近的距离
垃圾房	（1）干式垃圾房：设在餐饮货梯就近的收货平台处，具备排风、补风、消防的条件 （2）湿式垃圾房：设在餐饮货梯就近的收货平台处，具备排风、补风、上下水、制冷的条件
收货平台	百货收货，餐饮收货
弱电系统	按国家标准（考虑摄像在防火通道设置，防火门设门磁报警开关与监控中心连接；设收银台报警按钮与监控中心连接）
电话系统	提供有线电视分支接口预留在弱电管井内，数据端口两条预留以使餐饮具有上网条件；6 条直拨电话线路备用

16. 火锅店的选址要求

（1）对商圈的要求：① 人口不少于 5 万人的居住区域或社区型、区域型、都市型商圈；② 最好有非机动车停车场。

（2）对物业的要求：① 经营面积 120～500 m²；② 层高不低于 2.8 m；③ 具备厨房污水排放的生化处理装置以及油烟气排放的管道；④ 最好有洗手间；⑤ 租赁年限 2 年以上。

（3）其他要求：① 供配电按国家标准，一般为 250 kW/1 000 m²；② 给排水接驳到位。

17. 便利店的选址要求

（1）对商圈的要求：① 选择社区商圈，位于社区商业中心街道（动线上），社区应交通方便通畅，与过街天桥、过街地下通道、公共汽车站、地铁站口、轻轨站口等人流量较大的公共交通设施相邻；超市、商厦、饭店、24 小时药店、咖啡店、茶艺馆、酒吧、学校、银行、邮局、洗衣店、冲印店、社区服务中心、社区文化体育活动中心等集客力较强的品牌门店和公共场所相邻；150 m 半径内居民不少于 1 万人，其中 200 m 半径内不少于 2 000 户；② 店前空地不少于店内经营面积，可停放 20 辆以上自行车及摩托车，店前或附近 50 m 内可停放 2 辆以上小汽车。

（2）对物业的要求：① 独立商铺或楼房底层，门面展开宽度不少于 6 m，经营面积 30～200 m²；② 层高不低于 2.8 m；③ 具备正常排水、排污系统等；④ 最好有洗手间；⑤ 租赁年限 6 年以上。

（3）其他要求：① 供配电按国家标准，一般为 250 kW/1 000 m²。② 给排水接驳到位。

18. 美发店的选址要求

（1）对商圈的要求：① 主要选择社区型商圈；② 最好有非机动车停车场。

（2）对物业的要求：① 经营面积 80～150 m²；② 一般选择底层经营，层高不低于 2.8 m；③ 开间 4～8 m，进深 10～20 m；④ 最好有洗手间；⑤ 租赁年限 2 年以上。

（3）其他要求：① 供配电按国家标准，一般为 250 kW/1 000 m²；② 给排水接驳到位，排污水管直径要宽；③ 应有相应的燃气管道。

19. 美容 SPA 馆的选址要求

（1）对商圈的要求：① 主要选择社区型、便利型商圈；② 最好应有非机动车及机动车停车场。

（2）对物业的要求：① 经营面积 80～500 m²；② 经营楼层最好为 3 层以下，层高不低于 2.8 m，最好为框架结构或无柱宽跨结构；③ 最好有洗手间；④ 租赁年限 2 年以上。

（3）其他要求：① 供配电按国家标准，一般为 250 kW/1 000 m²；② 给排水接驳到位，排污水管直径要宽；③ 应有相应的燃气管道。

20. 健身房的选址要求

（1）对商圈的要求：① 主要选择社区型、便利型商圈；② 最好有非机动车及机动车停车场。

（2）对物业的要求：① 经营面积 80～500 m²；② 经营楼层最好为 3 层以下，层高不低于 2.8 m，最好为框架结构或无柱宽跨结构；③ 最好有洗手间；④ 租赁年限 2 年以上。

（3）其他要求：① 供配电按国家标准，一般为 250 kW/1 000 m²；② 给排水接驳到位，排污水管直径要宽；③ 应有相应的燃气管道。

21. 棋牌馆的选址要求

（1）对商圈的要求：① 在住宅区附近，交通方便、人流多的地方，最好能开在小区内部，但不能在影响小区居民生活的楼道内开设；2 避免在影响学校、医院、机关等正常学习、工作秩序的地点设立，离幼儿园、学校、医院必须在 200 m 以外；③ 最好有非机动车停车场。

（2）对物业的要求：① 经营面积 200～400 m²，在中心城区不少于 80 m²，大堂每桌占地面积不得小于 3 m²，麻将台总面积不得超过棋牌室总面积的 50%；② 层高不低于 2.8 m；③ 应为商业用房，临时、地下室以及动迁房屋内均不得开设棋牌室；④ 最好有洗手间；⑤ 租赁年限 2 年以上。

（3）其他要求：① 供配电按国家标准，一般为 250 kW/1 000 m²；② 给排水接驳到位。

22. 药店的选址要求

（1）对商圈的要求：① 商业区主干道，首选人流回转方向，即下班方向；居民区以进出口方位为首选，小区内入住率在 80% 以上，不少于 15 栋住宅楼；② 最好有非机动车停车场。

（2）对物业的要求：① 经营面积为单体药店建筑面积 140 m² 以上，实用面积 100 m² 以上；连锁药店建筑面积在 100 m² 以上，实用面积 80 m² 以上；综合药店 150 m² 左右，其中药品经营区域 100 m² 左右，非药品经营区域 50 m² 左右；② 层高不低于 2.8 m；③ 租赁楼层首选一层，其次双层联租，再次三层联组；④ 租赁年限 2 年以上。

（3）其他要求：① 供配电按国家标准，一般为 250 kW/1 000 m²；② 给排水接驳到位。

23. 服装服饰店的选址要求

（1）对商圈的要求：① 选择商业中心、闹市区，也可选择人口比较集中、人口密度较高的居民区；② 高档女装首选商场店中店，休闲类中低档服装首选专卖店；③ 在一条商业街上选址时，尽量避免选择街道两端的店铺；④ 选择同类店铺聚集地，如服装一条街等；⑤ 最好有非机动车停车场。

（2）对物业的要求：① 经营面积 50～130 m²；② 层高不低于 2.8 m；③ 最好有洗手间；④ 租赁年限 2 年以上。

（3）其他要求：① 供配电按国家标准，一般为 250 kW/1 000 m²；② 给排水接驳到位。

24. 房屋中介的选址要求

（1）对商圈的要求：① 成熟商圈范围内选址，居民聚居、人口集中的地方，顾客步行时间控制在 10 分钟之内，3 千米区域内应有 10 万～30 万人口；② 店面临主干道，也可设在三岔路的正面或拐角位置，交通便利，主要车站、中转站附近，地铁、公交等公共交通线路交汇处；③ 临大型专业卖场，临大型或重点学校，最好邻重点中小学校、主干道或次级主干道的写字楼；④ 最好有非机动车停车场。

（2）对物业的要求：① 经营面积 80～200 m²；② 层高不低于 2.8 m；③ 最好有洗手间；④ 租赁年限 3 年以上。

（3）其他要求：① 供配电按国家标准，一般为 250 kW/1 000 m²；② 给排水接驳到位。

25. 干洗店的选址要求

（1）对商圈的要求：① 各种商圈均可，宜选择小区居民区入口处或主要交通道路，店址 500 m 半径范围内，固定居住人口不应少于 5 000 人；② 最好有非机动车停车场。

（2）对物业的要求：① 经营面积 30～100 m²；② 应在底层开设店铺，一般不要设在夹层或二层，层高不低于 2.8 m；③ 具有正常排水、排污系统等；④ 租赁年限 2 年以上；⑤ 最好有非机动车停车位。

（3）其他要求：① 供配电按国家标准，一般为 250 kW/1 000 m²；② 给排水接驳到位。

26. 足浴店的选址要求

（1）对商圈的要求：① 商业中心或副中心，最好是同行聚集地，靠近人口密集的居民区、新兴小区，附近最好有写字楼、商业大厦、广场、宾馆等，② 一二层独立铺面最为理想，也可以是带电梯的高层楼房；③ 要备有停车场；④ 交通便利，能见度好，在两街交会处的十字拐角处为佳，三岔路口也较为理性。

（2）对物业的要求：① 经营面积 80～400 m²；② 层高不低于 2.8 m；③ 具备应急消防通道；④ 具备厨房污水排放的生化处理装置；⑤ 最好有洗手间；⑥ 租赁年限 2 年以上。

（3）其他要求：① 供配电按国家标准，一般为 250 kW/1 000 m²；② 给排水接驳到位。

27. 少儿培训机构的选址要求

（1）对商圈的要求：① 城市中心和副中心商圈均可，以商住以及居民商圈为主，交通便利，靠近公交以及地铁站点；② 靠近中小学校，紧邻大学校区亦可；③ 可考虑临主干道、主干道路口、次干道、社区、城乡接合部选址等不同类别，也可考虑在大型商场、超市内设置店中店，共享客流；④ 停车便利，最好设有机动车停车场。

（2）对物业的要求：① 最好能设在低楼层内，以一楼为最佳，经营面积最好不低于 300 m²；② 层高不低于 2.8 m；③ 设置有教室的楼层内部承重立柱尽量少，立柱与立柱间的横向间距必须在 4.5 m 以上；④ 具备应急消防通道；⑤ 最好每层楼都备有洗手间；⑥ 远离娱乐场所，尤其要远离歌舞厅、KTV、按摩店、洗脚房等，并且教学环境避免受到外界噪声干扰；⑦ 租赁年限 5～10 年。

（3）其他要求：① 供配电按国家标准，一般为 250 kW/1 000 m^2；② 给排水接驳到位。

28. 快捷酒店的选址要求

（1）对商圈的要求：① 各种商圈均可，位置以地铁站附近为上佳条件，在没有地铁的地区或城市中，在选址点 300 米方圆内有 5 条以上能通达商业中心、机场、车站、码头的公交站线为好；邻近城市交通枢纽道路、大桥、隧道、高架、城市环线，车流大，具有可停留性；② 最好有机动车停车场。

（2）对物业的要求：① 经营面积 80～200 m^2；② 层高不低于 2.8 m；③ 具备厨房污水排放的生化处理装置以及油烟气排放的管道；④ 要有洗手间和停车场；⑤ 租赁年限 2 年以上。

（3）其他要求：① 供配电按国家标准，一般为 250 kW/1 000 m^2；② 给排水接驳到位。

【拓展知识】

四、常见选址禁忌

连锁店开店经营的目的之一就是集聚人气，因此在选址时，必须考虑到规避可能影响人群聚集的各种不利因素。

1. 避高架桥下、快速公路边

目前，很多楼盘的开发商都在以交通便利为卖点，大力打造地铁房、高铁房等快速通道侧的住房或商铺，也取得了不俗的销售业绩，楼盘销售的飘红使得很多拓展人员误认为车流量大的地段都是理想的选址。殊不知，高架桥以及快速公路的主要功能是保障车辆的快速通过，尽管交通繁忙、车流量巨大，但根本无法使车流停下为门店带来客流。一般而言，由于考虑到快速通车的需求，高速公路两边及中间都会设有隔离带，行人无法穿越，即使有可能设有地下通道或人行天桥，但因为对行人通过不够便利或增加步行距离，会给门店集聚足够的人群带来障碍；同时，高架桥下及快速公路的两旁很难有足够的停车场地，所以，应避免选择此类地区。

2. 避狭窄、偏僻之地

门店选址时，除了考虑消费者到门店的可通达性，还应考虑门店的可见性。门店不应有障碍物的阻挡，门店正前方应宽敞开阔，最好有较大面积的开阔地为人流聚集便利，不能有任何遮挡物，如围墙、电线杆、广告牌和枝叶茂盛的大树等。因此，选址之前应事先调查清楚是否有影响门店可见度的市政规划，如地面翻修、高架桥建设、地铁打围修建、建筑物外墙翻新等，如有此类情况出现就应主动进行规避。同时，对于那些偏僻小巷、狭窄街面、人烟稀少的街道以及未开通的断头路也应避免。

3. 避居民少的路段

在考虑门店选址的诸多要素时，客流量是一个至关重要的因素。而在考虑客流量时，流动客流固然重要，但商圈内常住居民的数量却是重中之重。一定规模的住户数及人口数是关系到一个新开门店是否能尽快收回投资，是否能尽快达到盈亏平衡点，从而具备持续的盈利能力的基础和前提。所以，那些周围常住居民少、增长较为缓慢以及商业网点已经基本配齐的区域及路段是不宜作为新店的备选店址而加以考虑的。这是因为，在居民绝对数量有限，仅凭流动客流的带动的情况下，有限的固定消费总量很难会因新开店数量的增加而有所增加。

4. 避高楼林立的凹陷之地

高楼林立之处，容易让消费者产生犹如迷宫的感觉，如果门店选址在难以发现的凹陷之地，容易让消费者失去寻找的耐心。最为致命的是，因其具有的难以达到性会使可抵达的客流量大大减少。尤其要避免门店入口设在两座并列的高楼大厦之间的小巷中，否则前来购物的顾客数就会大大减少。

5. 避风口、烈日直晒

门店入口应避开风口，否则在冬季或大风的日子里会形成强大的气流，阻碍消费者进入，在带来不便的同时，寒风侵扰，使消费者在情绪上产生不快，会影响消费者再次光临的意愿。同时还要考虑到夏季应避免烈日的直晒，否则会对消费者的进店率带来负面影响。结合以上两点因素考虑，门店选址时，尤其是确定门店的朝向时应尽量有意识地规避朝东、朝北两个方向。

6. 避行人过路口

行人匆匆路过之处，表面上看似有很大的流动客流，殊不知那些无法聚客的路口提供了虚假的幻象，庞大的过路人群，因赶路需要而无暇驻足、无暇逛街、无暇购物，致使店址选择在这些地方具有极高的风险。地铁口、BRT 站点、多条公交站汇集处，因其交通的便利快捷，常常受到选址拓展人员的青睐，然而为降低选址风险起见，此时还应综合考虑是否有聚客点可以吸引客流驻足购物，否则就要果断放弃。

7. 避坡道、台阶

为了方便顾客进出，一般而言，最理想的情况是门店的地面应与外面的街面基本处于一个水平面上，因此在进行门店选址时，应避免有阻碍消费者进入的坡道及台阶的存在。当然如果实在无法规避时，应考虑合理设计或多设出入口，合理确定阶梯级数，并通过广告、橱窗、照明、陈列、色彩、音乐等设计手法的辅助以弥补不足。

8. 避入口正对一条笔直的马路

门店正门入口应避免正对一条笔直的马路，因交通流量过大、尾气、噪声等不利因素的存在，不宜购物人群的聚集。

9. 避业态相冲

避免业态相冲，是成行成市策略的运用。所谓成行成市，就是已经形成固定目标顾客群和市场的区域，如北京王府井小吃街、广州上下九小商品街、成都太升路的手机一条街等。避免业态相冲，就是主动选择针对竞争对手的紧逼策略。试想在生产资料一条街，选址经营花店、汗蒸馆、美容院、KTV 等，无异于缘木求鱼。因此，在进行门店选址时，一定要考虑到门店经营的业态与所处的区域的主要业态类型相协调。切忌标新立异，剑走偏锋。

10. 其　他

另外，鉴于一部分人求吉避凶的心情驱使，门店选址有时还会借助风水学说，还要求避免正面对着一些被风水称为不吉祥的建筑物，如厕所、垃圾场、医院、殡仪馆等，以避开由此带来的凶气或煞气。基于此就常有人靠请风水师来占卜定夺其门店的选址，而风水师则依靠《易经》《八卦》等理论，借助指南针等工具，根据五行相克相生的原理来打卦、占卜，不仅要确定开店方位、店门朝向，还要择良辰吉日确定开业的时间。如别无选择，只得在不吉区域内开店，那么就应采取在大门后架设屏风、门口或室内摆放招财吉祥物等加以防范。

总之，正确的门店选址，除了要遵循相关的选址策略和标准外，还要在实际运用中，结合具体城市、具体环境以及具体行业的特点，在选址布局过程中综合判断、灵活运用，做出正确的选址决策，以达到降低门店选址风险的目的。

【小资料 6-3】

聚客点

聚客点指在某一商圈中，消费者能产生商业消费的密集地点。聚客点一般人流量较大，交通相对便捷，消费者不仅能快速到达，而且停留时间较长。很多连锁企业都首选在聚客点附近开设新店，那么测算聚客点的位置就十分重要了。一般是通过在店门前测定人流量来确定聚客点的位置。具体而言，是在计划开店的地点掐表记录经过的人流，测算单位时间内多少人经过该位置。除了测算该位置所在人行道上的人流外，是否测算街道中间的或街道对面的人流量，还要根据街道的性质、宽度、有无隔离带等情况而定，是否要测算小汽车、摩托车及自行车数量，也需要视有无相应的停车场以及停车场的大小而定。

当然，目前已经有越来越多的连锁企业倾向于结合选址软件，进行聚客点的测算及确定。通常是将采集来的人流量数据输入专用的计算机软件，就可以测算出未来的营业额，并据此判断在此地投资额不能超过多少。

（摘自：百度百科 http://baike.baidu.com/）

【技能任务】

五、根据不同的业态需求绘制选址流程图

门店选址一定要遵循一定的工作流程，这样既可以提高门店选址的效率，又便于检查工作流程中的各个环节，避免发生遗漏或错误，从而能进行及时调整。

首先根据某连锁企业有关门店拓展人员选址工作流程来了解，门店选址一般包含哪些具体的工作流程以及注意事项。

（一）目标顾客群体分析

1. 组织顾客调查

门店拓展人员进行目标顾客调查时，应注意以下 3 点：

① 选择合适的时间、合适的地点、合适的人。

② 发放一些小礼品。

③ 态度认真、真诚。

2. 分析顾客信息

调查取得有关信息资料后，要具体分析顾客信息。比如，顾客的年龄段决定的消费能力；顾客的工作单位决定的经济能力、支配能力；顾客的住址小区有一定的象征意义，如较高的消费能力；顾客受教育的程度决定的对产品的认知程度等。

3. 评价市场定位的战略

评价市场定位战略，就是要针对顾客调查和客户信息进行评估，评价事先制定战略的针对性是否很强，是否能够适应市场的需求。

4. 进行顾客群体分析

进行顾客群体分析就是针对整个顾客群体，分析店铺选址和店铺定位是否符合顾客群体的需求。

（二）城市区域划分

城市区域划分的 4 种类型：中心商业区、社区商业中心、专业的商业街、批发市场。

1. 中心商业区

中心商业区包含各种商业业态，特点是节奏比较快，娱乐性、参与性比较强，是一个集中的商业区，消费者到此的消费目的很明确。

2. 社区商业中心

社区商业中心是围绕社区的商业中心，是近几年慢慢发展起来的商业中心。

3. 专业的商业街

专业的商业街产业化较强，如家居建材一条街、鞋服一条街、小吃一条街等。

4. 批发市场

改革开放以来，涌现出来很多批发市场，如义乌小商品贸易城等。这样的批发模式、批发市场，主要解决商品的大流通问题。现在，每个县城或地区都有批发市场，辐射周围的区域。在零售特征不明显的产业链中，一些产品会通过批发市场进行销售，如建筑材料市场、建筑电器市场、农资市场等。

（三）行进路线安排

门店拓展人员进行店铺选址考察时，要按次序安排行进路线。

1. 划分商圈

对商圈进行划分的正常规律是从最繁华的一流商区向社区商区、边缘商区、批发市场、商业一条街划分。

2. 目标区域数据分析

目标区域的数据分析包括客户群体分析、消费能力分析，即要分析店铺选址所在商圈辐射的客户群体，特别是客户的消费能力是否与企业的品牌定位和销售定位相吻合。

3. 目标店铺周边信息收集

目标店铺周边信息收集主要包括周围品牌的经营风格、经营思路等。消费者有货比三家的需求，因此目标店铺要选在近似品牌旁边，这样能给消费者提供更多的选择机会。

4. 目标店铺业主谈判

门店拓展人员找到目标店铺后，要与店铺的房东、业主展开谈判。

5. 制作市场调研分析报告

在谈判的同时，门店拓展人员要进行有关的市场调研分析。如果是大品牌公司，市场调研分析报告要报到总部的市场部或加盟部进行分析，有的公司还会进一步派专业的选址师对调研报告进行分析。

6. 与公司相关部门沟通

门店拓展人员要与上级部门进行沟通后才能进行选址的最终确认。

（四）信息收集对比分析

1. 市场发展现状调查分析

不同的行业或产业，在不同地区的表现状况不一样。一些经济发达地区，商圈的资源越来越稀缺、成本越来越高；而在一些小城市，竞争没那么激烈，商圈资源比较多。一些小品牌就走"农村包围城市"的战略，呈现出渠道下沉的趋势。对整个市场发展现状进行分析，一定要结合当地的现有状况，调查其潜力。

2. 产品和竞争者分析

对产品进行分析的常用方法是先画坐标图，根据坐标图和企业自身的发展趋势、在行业中的地位进行规划，然后制定相应的表格。

对产品的竞争对手进行分析，弄清自身所处的位置，做到"知己知彼，百战百胜"。

3. 顾客消费能力分析

定价是根据消费者的消费能力来定的，要最大化分析定价是否符合消费者的预期、是否符合消费者的承受程度、能否让消费者的消费积极性最大化。

4. 市场未来发展趋势分析

开店的回收期基本在一年以上，要根据规划开店，否则可能会导致前期投入的浪费。

为了使工作流程得以更好地呈现，许多连锁企业在进行门店选址时，往往都会把选址工作流程绘制成流程图，使得工作流程更加具体与直观。流程图（Flow Diagram）也称作输入-输出图，能直观地描述一个工作过程的具体步骤，即对工作中业务流程的直观描述。

业务流程（Transaction Flow）对于企业的意义重大，不仅是一种对企业关键业务的描述，而且对企业的业务运营有着指导意义，具体体现为一系列的优化过程，如对资源的优化、对企业组织机构的优化以及对管理制度的一系列改变优化。通过一系列的优化，以达到企业实际所追求的目标：降低运营成本，快速响应市场需求，争取利润最大化。

迈克尔·哈默（Michael Hammer）与詹姆斯·钱皮（James A. Champy）对业务流程（Business Process）的经典定义：业务流程是企业中一系列创造价值的活动的组合。H. J. 约翰逊定义为：业务流程是把输入转化为输出的一系列相关活动的结合，它增加输入的价值并创造出对接受者更为有效的输出。ISO9000 则定义为：业务流程是一组将输入转化为输出的相互关联或相互作用的活动。

业务流程具有层次性，具体体现在由上至下、由整体到部分、由宏观到微观、由抽象到具体的逻辑关系的表达上。一般的做法是，先建立主要业务流程的总体运行过程，然后对其中的每项活动进行细化，落实到各个部门的业务过程，建立相对独立的子业务流程以及为其服务的辅助业务流程。

为统一和便于识别，流程图使用一些标准符号代表某些类型的动作，如决策用菱形框表示，具体活动用方框表示。绘制流程图的习惯做法是，圆角矩形表示"开始"与"结束"；矩形表示行动方案、普通工作环节；菱形表示问题判断或判定（审核、审批、评审）环节；平行四边形表示输入输出；箭头代表工作流方向。但切记，比这些符号规定更重要的，是必须清楚地描述工作过程的顺序。当然，流程图也可用于设计改进工作过程。

而选址流程图的绘制，就是利用流程图的标准符号，在理清选址工作过程的顺序以及层次性的基础上进行绘制。

菲时特卫浴专卖店的新店选址流程图、新疆新特药业连锁有限公司拓展选址流程图、诺奇时装连锁店址流程图如图 6-1 ~ 6-3 所示。

图 6-1 菲时特卫浴专卖店新店选址流程图

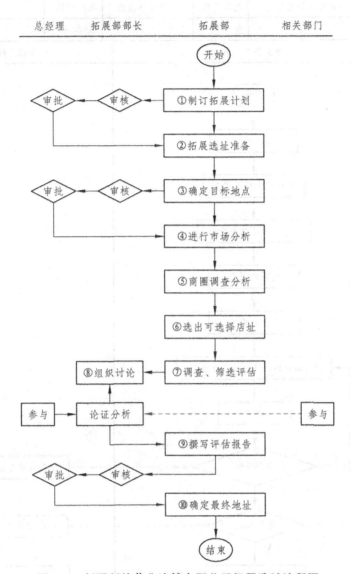

图 6-2 新疆新特药业连锁有限公司拓展选址流程图

请结合以上有关流程图，选择一种具体的业态，在进行市场调研的基础上，运用流程图标准符号，绘制一家具体连锁企业的选址流程图（提示：以小组为单位，确定好人员分工，最后的团队成果可以手工绘制，也可以用 word 绘制，也可以利用相关的流程图绘制工具软件进行绘制，如 Processon，Visio 等，也可以使用一些在线的免费流程图制作软件）。

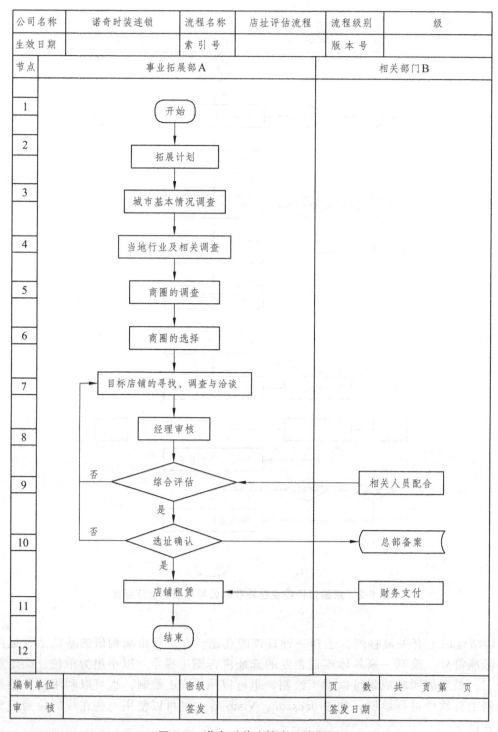

图 6-3 诺奇时装连锁店址流程图

六、目标城市中成熟商圈的识别分析

商圈是否成熟，直接影响着门店选址的成功与否，那么何谓成熟商圈，是否有可以加以衡量和判断的标准？商圈从无到有需要经历哪些阶段才能逐渐发展成熟，即成熟商圈会有哪些标准历程？如何判断拟开新店的目标城市中有哪些成熟商圈？这一系列的问题对门店拓展人员的技能提出了具体的要求，因此，识别分析成熟商圈成为解决上述问题的基础和前提。

我们知道，任何一个商铺或门店都有自身的商圈范围，因此，不同业态的商铺或门店就会拥有不同的范围，而各类业态聚集在一个区域内，则无形中扩大了整体商圈的辐射范围。当这个商业聚集区域的辐射能力逐渐稳定下来，商业气氛相对浓厚，有主力店、品牌商家、人流量等多重保障，商圈内的消费习惯、购买力不断提升，其辐射范围覆盖到整座城市甚至包含周边城市的整个地区时，成熟商圈也就形成了。当然，根据每个城市的不同因素，如人口基数、消费习性、人均消费能力、城市人口密度、交通路网的便捷性等的不同，各个城市拥有的成熟商圈的数量也会不同。

【小资料 6-4】

成熟商圈的几大标志

一个成熟的商圈标志着它具有强大的商业规模体量、庞大的消费人群支撑，当然也少不了那些知名的商家品牌，那么在众多新商圈中，我们如何去判断哪些商圈具有成熟商圈的潜质呢？

目前，从整个重庆城中那些已经成型的成熟商圈中，专家总结出了 7 个必备因素。

（1）商业规模打造：首先从商业的规模打造上就可以简单地判断，如果考察的商圈整个体量还不足 30 万米^2 的话，那么这肯定不是一个真正的商圈，商圈的规模非常重要，这是一个成熟商圈的基本条件。

（2）步行街打造：其次在整个商圈的打造中必不可少的一个关键因素就是步行街，步行街是一个商圈是否吸引消费者前来的关键因素。

（3）文化打造：如果你的商圈非常有特色的话，还能吸引到很多特殊的消费群体，每个商圈都有自己的特点和文化内涵，这点也是不能忽视的。

（4）广场打造：这样一来基本就可以达到商圈基本条件中的广场要求，有了体量和步行街等配套的保障，广场的氛围也就形成了。

（5）标志性建筑：除了以上 4 点在商圈打造上的要素之外，在商圈中还有很多重要的角色扮演。比如，在整个商圈范围中，一定要有一个标志性的建筑，就是我们通常所说的地标性建筑。

（6）配套完善：在商业配套当中，应有购物中心、甲级写字楼、百货商场、酒店和一系列休闲娱乐的消费场所，如咖啡厅、年轻人喜欢去的电影院、KTV 等。

（7）交通便捷：有了以上保障之后还必须要有一个便捷的交通，这个交通不是由距离来判断，而是指到达目的地的交通工具和道路是否通畅。

在成都，除了春熙路、盐市口、红照壁等传统商圈，建设路、新南天地、科华路、锦华路、大源等商圈已经显示出强劲的实力，分流了很大一部分传统商圈的人流。同时，攀成钢、东客站、万象城等商圈虽然还未成形，但根据现有规划和配置，可以乐观地判定，未来这些商圈将对成都商业格局产生重要的影响。

（摘自：重庆亿房网 http://cq.fdc.com.cn/news/70976.htm）

成都核心商圈内三大成熟商圈（见图 6-4）：春熙路商圈、盐市口商圈、骡马市商圈，是成都市最为炙手可热的商圈。以春熙路商圈为例，春熙路商圈位于成都市中心的黄金地带，是成都最具代表性、最繁华热闹的商业中心，是成都魅力的代名词。全国最著名的 10 条商业街中，春熙路排行第三。近年来，春熙路商圈逐步扩容，现囊括了红星路步行街、东大街等街道，云集了王府井百货、远东百货、伊藤洋华堂百货、伊势丹百货、茂业百货等大中型商场，人流量和日销售额居于成都各大商圈之首，基本形成了一个以购物为主，休闲、娱乐为辅的大型商业圈。据统计，春熙路商圈目前日均人流量超过 20 万，重大节假日人流量峰值更超过 50 万。

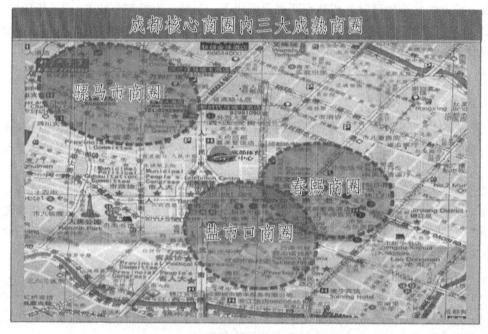

图 6-4　成都核心商圈内三大成熟商圈

【小资料 6-5】

新兴商圈不断崛起，或引成都商业格局之变

据《成都零售业发展报告》显示，作为成都打造西部购物天堂的重要载体，成都市六大商圈的格局已经形成，它们分别是"老牌"的春盐商圈，独拥城西和城东的金沙华商圈、建设路商圈，重新起航的沙湾商圈，繁华初现的红牌楼商圈和高端云集、蓄势待发的天府新城商圈。

城市不断外扩，新商圈的形成是必然之势。在成都，除了春熙路、盐市口、红照壁等传统商圈，建设路、新南天地、科华路、锦华路、大源等商圈已经显示出强劲的实力，分流了很大一部分传统商圈的人流。同时，攀成钢、东客站、万象城等商圈虽然还未成形，但根据现有规划和配置，可以乐观地判定，未来这些商圈将对成都商业格局产生重要的影响。

相较于传统商圈，这些新兴商圈显示出了更具前瞻性和国际性的规划。以万象城商圈为例，在业态规划上更加全面，在主力店的配置上也更科学、更国际性。在某种意义上，新兴商圈不再仅仅是提供一个休闲购物的场所，而是引导一种新的生活理念和生活方式。

在众多的新兴商圈中，哪些会成为成都未来的商业中心，与春熙路、盐市口商圈并驾齐驱？有哪些又会在激烈的市场竞争中提早出局？现在看来都还是未知数。但或许从现有规划上，可以提前关注一些正在发力和即将崛起的商圈。

（摘自：腾讯大成网 http://cd.qq.com/a/20120515/000077.htm）

请结合成熟商圈的特征，选择一种具体的业态，在进行市场调研的基础上，在一家具体连锁企业拟开发的目标市场中选择某座城市进行该城市现有成熟商圈的识别分析。建议从商圈描述、商圈范围、业态构成、代表性商业项目、人流量、客单价以及租金状况等方面加以分析（提示：以小组为单位，确定好人员分工，最好能结合目标城市的发展规划，分析该城市除了业已形成的成熟商圈外，还存在哪些新兴的准成熟商圈，为门店选址提供前瞻性预测工作）。

任务二　门店选址在加盟招商中的战略地位

【学习任务】

（1）掌握特许经营的概念。

（2）明晰门店选址在特许经营加盟中的重要性。

（3）了解对选址投资回报的预测方法。

（4）理解对新店的预测以及盘店技巧。

（5）签订租房协议时的注意事项。

【技能任务】

（1）能撰写店铺转让合同。

（2）能基本进行新店的预测分析。

【理论知识】

一、特许经营

特许经营（Franchise）是指特许经营权拥有者以合同约定的形式，允许被特许经营者有偿使用其名称、商标、专有技术、产品及运作管理经验等从事经营活动的商业经营模式。而被特许人获准使用由特许权人所有的或者控制的共同的商标、商号、企业形象、工作程序等的同时，自己也可以拥有或自行投资相当部分的企业。

特许经营的定义有很多种，在国际上广泛通用的是国际特许经营协会的定义。本书采用中国特许经营协会的定义：特许人将自己拥有的商标、商号、产品、专利和专有技术、经营模式等以特许经营合同的形式授予受许人使用，受许人按合同规定，在特许人统一的业务模式下从事经营活动，并向特许人支付相应的费用。

特许经营最早起源于美国，1851 年，Singer 缝纫机公司为了推展其缝纫机业务，开始授予缝纫机的经销权，在美国各地设置加盟店，撰写了第一份标准的特许经营合同书，在业界被公认为是现代意义上的商业特许经营起源。

特许商不仅提供给加盟商商标、特殊技能，而且还提供一整套营销和管理的系统，包括培训、店址选择、行为规范、财务制度等。

一般而言，商业特许经营可分为以下 3 种类型。

（1）生产特许：受许人投资建厂或通过 OEM 的方式，使用特许人的商标或标志、专利、技术、设计和生产标准来加工或制造取得特许权的产品，然后经过经销商或零售商出售，受许人不与最终用户（消费者）直接交易。

（2）产品-商标特许：受许人使用特许人的商标和零售方法来批发和零售特许人的产品，作为受许人仍保持其原有企业的商号，单一地或在销售其他商品的同时销售特许人生产并取得商标所有权的产品。

（3）经营模式特许：受许人有权使用特许人的商标、商号、企业标志以及广告宣传，完全按照特许人设计的单店经营模式来经营；受许人在公众中完全以特许人企业的形象出现；特许人对受许人的内部运营管理、市场营销等方面实行统一管理，具有很强的控制。

本书主要探讨第三种类型，即经营模式特许。

经营模式特许的定义为：特许商不仅提供给加盟商商标、特殊技能，而且还提供一整套营销和管理的系统，包括培训、店址选择、行为规范、财务制度等。

【小资料 6-6】

2015 中国特许展北京站圆满落幕

2015 年 5 月 16 日—18 日，2015 中国特许展北京站圆满落幕。本届特许展总展览面积达 35 000 米^2，500 多个参展品牌涉及 80 多个行业，覆盖了社会生活的方方面面，集聚了一大批各行的领军品牌，吸引了数量庞大的专业观众。

在这次特许嘉年华的众多品牌和茫茫人海之中，爱蒂宝一枝独秀，将风靡全球 14 个国家和地区的新鲜独特、健康美味、无限创意的鲜果花和鲜果甜品介绍给国内关注健康时尚的消费者与投资人，其创新独特可谓是无与伦比。

爱蒂宝在世界 500 强连锁品牌中排名第 40 位，2011 年，被福布斯评选为全球最赚钱的连锁品牌第 9 位。爱蒂宝之所以能在全球发展 1 200 多家门店，在于其创造了一系列满足惊喜、独特、新鲜庆祝方式的产品，并把这种体验引导为一种时尚。

作为全球最新鲜的特许连锁事业之一，爱蒂宝拥有完善的门店管理系统 SMSx 系统（由世界知名的软件公司 NARANGA 美国奇橙软件公司开发）及先进的全球同步培训系统 nXstep。

（摘自：百度百科 http://baike.baidu.com）

二、门店选址在特许经营加盟招商中的重要性

2015 年 3 月 5 日，李克强总理在 2015 年政府工作报告中发出"大众创业、万众创新"的号召，倡导打造大众创业、万众创新和增加公共产品、公共服务，成为推动中国经济发展的新引擎，当前，大众创业、万众创新的理念正日益深入人心。

很多创业者为了寻求好的创业项目，通常会选择通过加盟某家连锁企业的方式来最大限

度地规避创业风险，与此同时，连锁企业也会希望多开门店，降低采购成本和管理成本，从而提高连锁总部的利润率，为品牌拓展考虑，充分利用加盟者当地的人脉和资源，以帮助深化品牌影响和巩固品牌地位，也会在时机成熟时，启动特许加盟政策。

在加盟招商中，门店选址具有不可取代、无法比拟的重要性。

1. 七分店面三分经营，加盟成功往往从门店选址开始

对于加盟者而言，门店选址是一项长期投资，关系着加盟店的生存与发展，即门店未来的经济效益和发展前景。事实上，尽管门店中商品配置、商品陈列、门店装修、店堂设计、服务质量、管理水平、促销力度等方面大致相同，仅仅由于处于不同的店址，同业态同规模的门店间，其经营效益却存在着很大的区别和差异。对于加盟店而言，门店选址就是其能否逃过生死劫的首要关口，因此，业界才会有七分店面三分经营的说法，这充分说明门店选址是加盟成功与否的首要保障。

2. 有效的门店选址将大大降低加盟失败的概率

除了资金以及人力外，门店选址通常被视为开业前所需的三大主要资源之一。具体的店址往往决定了加盟店吸引商圈内有限距离的潜在顾客的多少，从而也就决定加盟店未来可获得销售收入的高低，以满足门店有足够的利润得以生存和发展，为加盟成功奠定基础。因此，就某种程度而言，加盟能最大限度地降低创业失败的风险，而正确的门店选址又可以最大限度地降低加盟失败的概率。

3. 门店选址失败必将导致加盟招商体系的崩溃

门店选址失败会导致巨大的成本损失，对单个的加盟者带来灭顶之灾，不仅面临着本次创业失败的结果，还会打击其再次创业的信心，今后即使面临着再次出现的商业机会，也会变得谨小慎微、裹足不前，而且更为致命的是，单个加盟者的失败，还会产生多米诺骨牌效应，必将动摇整个加盟体系，从而给启动特许加盟政策的连锁企业以致命打击，导致其加盟招商体系彻底崩溃。

4. 门店选址是规范店铺开发管理的基础

选址与市场选择息息相关。连锁门店在正确选址的基础上，方能根据其市场环境以及竞争状况，来进一步明确目标市场，确定经营策略，包括广告宣传、促销策略、服务措施、商品品类及配置、商品陈列、动线设计等。正确的店址在某种程度上决定了其竞争力的强弱以及潜在顾客的吸引程度，因此，连锁门店可以根据客流量的多少、顾客购买力的大小、顾客消费结构有针对性地进行店铺的开发与管理。

5. 有效的门店选址有利于形成连锁企业的网点扩展

为了达到规模经济，提升市场占有份额，完成销售指标，连锁企业对门店的数量以及各门店之间形成的网络连接有明确的部署。在进行门店网络布点时，不仅考虑单店的经营，还要考虑整个销售网络相互呼应和支持的效果。通过对开业范围选择、商圈选择以及开店数量的要求，结合适宜的立地条件，进行立地布点战术与销售网点连接战术相结合的策略。一般而言，根据立地条件的优先顺序，可采用全面布点、中心放射布点、包围型布点3种情形，也可以将"宣传性布点"和"卡位布点"相结合，进行连锁企业的网点扩展。总而言之，门

店选址在其中举足轻重。

【小资料 6-7】

特许经营在中国的增长势头强劲

从特许加盟者来讲，中国已出现创业者阶层，其中不乏拥有 10 万～20 万元的中小创业者。

1996 年，全国城镇居民家庭年收入 3 万～10 万元的家庭占 7.15%，其中广东、上海、北京、天津分别为 39%、29.2%、20.8%和 9.6%。10 万元以上的户数占 2.2%。1997 年，城乡居民储蓄存款余额达 46 280 亿元，这是创业资金的庞大基础，在特许经营为他们提供了大量创造财富、实现创业、做老板梦想机会的同时，他们无疑也为特许经营的发展起到了推波助澜的作用。

尤其是现在，随着中国普通民众失业率的增加、政府日益明显的支持创业政策的频频出台，在这种压力与动力并存、微观与宏观条件俱备的形势下，作为创业及解决就业最好方法之一的特许经营势必在中国有一个惊人的大发展。

最终，特许经营法的颁布和国家特许经营战略的建立与实施将把特许经营带入全面社会化的阶段，为中国在新经济的时代竞争中赢取更主动的条件。

总之，依据特许经营在国内的短短二十年时间内就已取得的惊人表现看，特许经营在中国的增长势头是有增无减的。从国外和国内的特许经营实践看，我们可以坚定地预言，特许经营在中国的发展必将有一个无限广阔的空间。认识特许经营、投身特许经营必将是中国有识之士的明智选择。

（摘自：百度百科 http://baike.baidu.com）

【实践知识】

三、盘 店

近年来由于成熟商圈内的店铺比较紧俏，选址难度增大，有些人初次创业不是选择开新店，而是选用盘店的方式，接手他人现成的店面开始经营。盘店，就是指把店铺内的全部或部分货物器具等转让给他人，而现在，与开新店相比较而言，盘店被视为一种创业的快捷方式，可节省不少开店支出及缩短开店前的准备期。

盘店可以节约成本，使得寻找店址的效率大大提升，同时在短时间内就可以开店经营，从客源、投资和资金运用来看，盘店较寻新店有优势。但是盘店也有很多潜在的风险，稍有不慎，就极有可能陷入陷阱，出现各种纠纷，如债务、税务、合同、设施设备等问题都会接踵而至。

四、盘店的风险

1. 虚高或超低的转让费

一般而言，如果选择盘店进行经营，就势必要有一笔盘店费用，也就是我们常说的转让费。转让费是对原店主的经营弥补，同时也是当前店址的一种价值体现。转让费，是指租户在店铺租期内（未到期）征得房东同意后将房屋转租，把和房东之间的租赁剩余期限，连同租户的装修、原来购买的设备、经营的项目（货物、加盟许可费、其他无形资产）等，一并转给下一个租户，并向下一个租户收取超过应收取房租的那部分费用。通常，店铺的转让费由以下几部分组成：店面地理位置、店面大小、店面装修、存货估价、水电气等开户安装费、店面剩余的租赁期。众所周知，虚高的转让费会让后续经营变得举步维艰、异常困难，所以，盘店时都会首要考虑转让费是否可以尽量低些，以降低自身经营的资金压力。但是我们也应清醒地认识到，转让费并非越低越好，超低的转让费的后面必有猫腻。在盘店前，必须要了解原店主要急于转让的真实原因。

【小资料 6-8】

转让费

转让费是指在租赁期内，如果下家经营者希望获得店面经营权，向原经营者支付的一定转租费用。转让费一般包含原经营者的装修费、杂费和其他相关成本。店面转让不一定都有转让费，但多数转让费是一级转一级转下去的。转让费数额可以不告知房东，但新的租约合同必须由房东、原经营者、下家经营者三方签订。

转让费也是市场火爆程度的重要表征。影响转让费的主要因素：原店面装修，即原经营者先期支出的装修费；地段、店面知名度、品牌等经营环境；原经营者的租约年限和店面可租赁年限，一般租约距离到期时间越短的，转让费越少；对原经营者的一些补偿；其他附加费用（如带货转让的货款）。

（摘自：百度知道 http://zhidao.baidu.com）

2. 真假莫辨的转让借口

常见的转让借口主要集中在人手不够、家里有急事、或是怀孕要生小孩，也可能是即将要到外地或出国之类的，总之，很多店主都极力表现出店铺的生意很好，自己也不想转手，只是迫于无奈，才将店铺转让。而在此过程中，你还会遭遇很多竞争对手，都争着想要盘下该店，让你急忙之中做出仓促决策，过后可能追悔莫及。因此，此时盘店，需要特别留意和谨慎。其实，表面上的各种转让借口的真实情况，可能是竞争异常激烈，导致生意难做；可能是资金回收周期很长，导致资金回笼很慢；可能是租金太高，经营压力过大；也可能是目标消费群体定位不准，附近居民的购买力不足而造成营收过低；甚至有可能是即将要拆迁的店铺，正等着你上钩。总之，一定要睁大眼睛，仔细辨别，切莫因贪小便宜吃大亏。切记一点，要转让的店铺绝大多数的根本原因就是经营不善。

3. 表面繁荣下的风险

有些门店的生意，表面看起来相当不错，每天来的客人也很多。店面的选择位置也不错，满足优良店址的条件，如人流量大、有商业中心可以依傍，进店率、提袋率等也非常令人满意，但是接手人可能不太清楚，目前的店主因为对自己所经营的行业十分熟悉，发现商业趋势的变化，嗅到商机逐渐在消失，因此往往会在门店生意尚处于巅峰的时候转让门店，在保证自己损失最小的情况下，还可以凭借门店赚一笔不菲的转让费，因此，接手人一定要注意防范此类风险，不被表面上的繁荣所迷惑。

4. 不完善的租金契约

现实生活中，常出现这样的情况，由于接手方急于租铺开店，对租金契约等细节未彻底弄清楚之前就糊里糊涂地签订转让合同，从而让自己陷入被动。因此，在签订合同、交纳转让费之前，首先要明确转让方是否具有转租权，即转租给你是否经过房东的同意，同时还要明确之前转让方与房东签订的合同期限以及剩余期限。此时，一定要见房东本人，确定好房东是否会续租以及租金和期限都要事先谈好，以避免剩余租期届满后，房东或收回店铺或坐地起价，致使租金飙升，让自己无法承受，而这时你的生意才刚开头，势必让自己"被他人掣肘、骑虎难下"。因此，事先解决好避免转租人未经房东同意私自转让，以至于接手后房东恶意涨租，房东不让转让等问题，至关重要。盘店的法律风险非常大，这一点一定要慎之又慎。总之，把好房东这道关，才能保护好自身的权益。

5. 账务风险

账务风险也是必须要防范的关键之处。由于转让人可能会隐瞒一些未付账款，而作为接手人可能这部分账务又无法从财务报表中看出，而往往在接手后才会出现供应商上门讨债的情况，这时你就不得不面临替人还债的悲惨结局。

6. 其他风险

要注意店铺本身选址好坏的问题，如店铺周围的环境、交通、设施、人口、目标顾客收入等需要详尽调查了解，同时要注意店铺的经营模式、商品配置、商品陈列以及客单价、销售额等情况，还要注意店内机器设备的老化程度、剩余的使用的年限、是否需要经常维修、维护费用是否很高等，与此同时，尤其要注意店面本身结构用途、有无漏水、是否需要大的整修等，以免在盘店后还要花费高额的设备购置以及装修费用。

五、盘店技巧

既然店面转让多数原因皆为生意不好、经营不善所致，那么对于接手人而言，在盘店之前，就必须要深究生意不好的原因，以便确定这些因素是否可控，是否可改变。一般而言，决定店铺生意好坏的因素可以分为外在环境和内在因素两大类。如果是由于商圈、立地条件不好所致，这是盘店的大忌，是接手人无法改变的硬伤，那么就最好放弃盘店的想法，无论该店转让费多么低廉，多么具有诱惑力。因此盘店前，首先必须要确认该店的立地条件是否合格。内在的因素则包括门店装潢、产品、价格、促销及服务质量等，这些是可控的，只要盘下该店后，及时有效地进行调整改变，生意是会渐渐有所起色的。

1. 盘店前先做店铺所处商圈评估

尽管盘店可以节省很多的时间和精力，但是进行商圈评估以判断店铺是否符合优良店址的条件却是十分必要的。接手方一定要实地进行勘察，通过人流量、交通状况、竞争对手状况、未来收益预测等各方面进行综合评估，尽量确保选址的正确性。很重要的一点是务必事先调查清楚该店铺所处的地段在短期内是否有市政方面的拆迁规划，避免落入转让的陷阱。

2. 查清转让方是否有拖欠货款

盘店前，一定要做好转让费清算，对债务债权问题要划分清楚。一定要查清转让方有无拖欠货款问题，要对店铺原有的财务情况了解清楚，不要只看转让方单方面提供的账本或财务报表，必要时请对方提供供应商名单，自己落实有无债务纠纷，同时，也可以通过签订合同规避债务风险，明确表明合同签订之前的所有债务由转让方承担。同时还要注意细节问题，对水、电、气、卫生、物管等费用进行相应的交接后，才能签订相应的转让合同。

3. 仔细评估转让费

转让费由店铺的有形价值和无形价值组成。有形资产指店面大小、形状、结构、用途、装修、货物、桌椅货柜等；无形资产则指地段、人流、购买力、商圈的成熟度等。具体情况不同，对转让费都有所影响。估算货物价值时，可按如下方法进行：首先要按批发价格作价，还要考虑到货物贬值的情况；对于固定资产还要按年限、使用情况作折旧处理；同时，剩余租赁期限的长短、物管费的高低、转让费的支付方式等都可以作为评估转让费以及进行转让费谈判的砝码。

4. 转让协议要签好

一定要事先签订转让协议，转让方与接手方要签订《店铺转让协议》及《房屋租赁合同》，约定双方具体的权利与义务。签订合同前，务必要确定转让人的身份，确定是否与房东存在租赁协议，必须要查看其与房东所签订的原始合同，以判断是否具备转让（转租）权，要查看房产证原件，确定房屋产权是否清晰，有无抵押等情况。房屋的产权问题弄清楚后，还要务必了解房屋的用途，有无特殊的限制，如结构、层高、承重、烟道、排污、消防等设施，可否开办网吧、餐厅、理发、娱乐场所等特殊场所。同时，确定盘下的店铺前，最好能先到工商部门进行咨询，能否顺利办到营业执照和税务登记证。正式签订合同时要转让方、接手方、房东三方同时在场并签字确认。务必与房东约定好，要有转让权以及优先续租权。在合同期限的约定上应该适当延长，如你想做 2 年左右，最好签 3～5 年，以便给自己留够时间把店铺转让出去。但事先你要弄清楚，自己是该店铺的第几个接手人，因为转让费会在一次次的转让中越滚越大，越靠后的接手人，面临的风险就会越大。另外，还要考虑遭遇到台风、雷电、水灾、火灾等不可抗力的风险所造成的危害或损失，这些都要在合同里明确划分各自的利益与责任，提前做到风险规避，以维护自己的合法权益不受侵害。

【拓展知识】

六、专家建议：九类房子再便宜也不能租

近年来随着市场环境变化，创业意识的增强，店铺房源越来越紧俏，出现了"一铺难求"的情况。对于绝大多数的创业者而言，考虑到资金的占用压力，很少会有买铺经营的，因此，租铺经营就成了众多创业者的不二之选。然而在店铺租赁市场上，免不了出现各种纠纷，所以非常有必要对待租店铺仔细甄别，某房屋中介专家告诫租房者以下 9 类房屋坚决不能租。

（1）未依法取得房屋所有权证的房屋。所有权证是对房屋行使占有、使用、收益和处分权利的唯一合法凭证。没有所有权证，承租人的权益得不到保障。

（2）被法院、公安机关等依法裁定、决定查封或者以其他形式限制权利的房屋。此类房屋的权益已经或将要受到限制，承租人得不到合法保护。

（3）未取得共有人同意出租的共有房屋。此类房屋会侵犯对未同意出租的共有人的权益。

（4）权属有争议的房屋。产权不明会导致房屋的合法性难以得到保障。

（5）违章建筑。此类房屋建设规划手续不齐，随时可能受到执法监督。

（6）不符合安全标准的房屋。此类房屋肯定会影响承租人的生活安全。

（7）未经抵押权人同意出租的抵押房。此类房屋的抵押权人对该类房屋具有他项权利，如果要租赁，必须征得抵押权人的同意。

（8）不符合公安、环保、卫生等部门有关规定的房屋。

（9）有关法律、法规规定禁止出租的其他情形的房屋。

此外，在租赁合法房屋之后，承租人应到房管部门及时登记备案，用法律保护自己。

【技能任务】

七、拟定店铺转让合同

以下为转让方与接手方（顶让方）之间签订的店铺转让合同的范本。请根据此范本，选择某一具体的行业，拟定一份包括转让方、接手方以及房东在内的三方合同。

店铺转让合同范本

转让方（甲方）：　　　　　　　　　　身份证号码：

顶让方（乙方）：　　　　　　　　　　身份证号码：

甲、乙、双方经友好协商，就店铺转让事宜达成以下协议：

一、甲方同意将自己位于＿＿＿＿＿＿＿＿＿＿＿＿＿ 街（路）＿＿＿号的店铺转让给乙方使用，建筑面积为＿＿＿＿米^2；并保证乙方同等享有甲方在原有房屋租赁合同中所享有的权利与义务。

二、店铺转让给乙方后，乙方同意代替甲方履行原有店铺租赁合同中所规定的条款，并且定期交纳租金及该合同所约定的应由甲方交纳的水电费及其他各项费用。

三、转让后店铺现有的装修、装饰及其他所有设备和房屋装修等营业设备等全部归乙方（动产与不动产的划分按原有租赁合同执行）。

四、乙方在＿＿＿＿年＿＿＿＿月＿＿＿＿＿日前分两次向甲方支付转让费共计人民币＿＿＿＿＿元，（大写：＿＿＿＿＿＿＿＿＿＿＿＿＿＿），第一年付款＿＿＿%的费用，第二年付清余下＿＿＿%的费用。上述费用已包括第三条所述的装修、装饰、设备及其他相关费用，此外甲方不得再向乙方索取任何其他费用。

五、甲方应该协助乙方办理该店铺的工商营业执照、卫生许可证等相关证件的过户手续，但相关费用由乙方负责；乙方接手前该店铺所有的一切债权、债务均由甲方负责；接手后的一切经营行为及产生的债权、债务由乙方负责。

六、如乙方逾期交付转让金，乙方应每日向甲方支付转让费的千分之一作为违约金，逾期30日的，甲方有权解除合同。如果由于甲方原因导致转让中止，甲方同样承担违约责任，并向乙方支付转让费的 10% 作为违约金。

七、如因自然灾害等不可抗因素导致乙方经营受损的与甲方无关，但遇政府规划、国家征用拆迁店铺，其有关补偿归乙方。

八、本合同一式两份，双方各执一份，自双方签字之日起生效。

甲方签字：　　　　　　　　　　　　乙方签字：

日期：　　　　　　　　　　　　　　日期：

附件：
一、乙方欠条一份
二、甲方转让给乙方的一切设施清单

八、门店收益预测

毋庸置疑，选址在零售企业经营活动中属于投资性决策的范畴，其重要性远远高于一般的经营性决策。投资性决策中最大的风险就是对未来投资效果预期的不确定性。因此，零售企业在进行选址时，应首先考虑到门店未来的收益是否足以盘店经营。

收益预测，是指根据已知信息及数据所预测能得到的收益。开店的目的就是为了获利，通过经营获得连锁门店的持续盈利能力，在解决门店生存的基础上达到良性发展的长远目标。因此，在选址阶段进行门店未来的收益预测十分必要，何时达到盈亏平衡点，何时能开始进入盈利状态，这在门店选址中，都需要进行预测，以决定资金投入、店铺运营、商品备货、人力资源配置等若干问题。

前面项目中，我们已经涉及通过零售饱和度、零售引力定律、赫夫模型等进行新店收益预测，但是因为需要收集的数据量过大，参与的人手需要足够多，如果需要更为准确的预测数据，通常连锁企业会通过外包给第三方的选址公司来进行，然而，因此举需要较大的经费投入，对于众多的中小型连锁企业而言，在实际操作中，它们往往会根据自身的具体状况，通过对企业内外部数据的调查收集来进行相应的预测。

以下是某家连锁企业对其潜在的加盟商所做的单店投资回报预测，含月盈利分析和年投资回报分析（见表 6-4 和表 6-5）。其实，类似的投资回报分析在各种招商加盟指南或手册中比比皆是。我们知道，门店的收益状况直接关系到加盟是否成功，而对选址正确与否又直接关系到未来门店的收益状况。所以，门店收益预测也是确定门店选址非常重要的前提条件。

表 6-4　某连锁企业单店月盈利分析表

店面项目	30~59 米²基本店	60~79 米²标准店	80~120 米²旗舰店
总投资	14 万元左右	19 万元左右	24 万元左右
月营业收入	60 000 元	80 000 元	120 000 元
货品成本	39 000 元	52 000 元	78 000 元

店面项目	30~59 米²基本店	60~79 米²标准店	80~120 米²旗舰店
国、地税金成本	450 元	450 元	650 元
营业房租金成本	2 000 元	3 000 元	5 000 元
营业员工资成本	4 000 元	5 000 元	6 500 元
门店水电费成本	500 元	800 元	1 000 元
营运管理费成本	2 340 元	3 120 元	4 680 元
其他摊销成本	1 200 元	1 500 元	2 000 元
月毛利润	10 510 元	14 130 元	22 170 元

表 6-5　某连锁企业单店年投资回报分析表

类 型	旗舰队	标准店	基本店	备 注
经营面积	120 米²	60 米²以上	30 米²以上	营业额因月份不同会有差异，实际经营状况根据管理水平、开店商圈环境而异
总投资	240 000 元	190 000 元	140 000 元	
产品种类	800 种左右	650 种左右	450 种左右	
成交率	75%	80%	85%	
人均消费	26 元	21 元	17 元	估计预算
进店量	350 人	200 人	120 人	估计预算
成交率	80%	85%	90%	估计预算
月营业额	218 400 元	107 100 元	55 080 元	估计预算
年营业额	2 620 800 元	1 285 200 元	660 960 元	估计预算
年利润	266 040 元	169 560 元	126 120 元	估计预算
回收期	9~13 个月	10~13 个月	14~18 个月	估计预算

现实中，有很多的定性与定量的收益预测方法，预测某一时间周期内，一般为一年，连锁门店的销售量以及销售额，以判断何时开始盈利以及投资的回收周期为多长。此处为了关联选址与门店经营之间的关系，以下部分将以盈亏平衡点为出发点来对门店进行收益预测，将产品售价、折扣率、库存率、客单价、进店率、成交率等指标纳入计算中，得出盈亏平衡点时的相应人流量，并以此时的人流量作为关键性指标来确保选址的成功。

盈亏平衡点（Break Even Point，BEP）又称零利润点，是指全部销售收入等于全部成本时的产量。以此为界限，当销售收入高于盈亏平衡点时企业盈利，反之则亏损。盈亏平衡点既可以用销售量来表示，也可以用销售额来表示。

因此，门店收益预测就是通过对盈亏平衡点的计算来测算客流量，从而预估该门店是否能够达到预期盈利的目的。

下面将以一家具体的服装企业为例，针对春夏两季服装的销售进行门店收益预测，计算过程中，需要预先知道店铺一年的花费成本、该门店服装的平均单价、进货折扣率、进店率、客单件、销售折扣、成交率等诸多因素，通过对该门店各个指标进行解析后才能够比较准确地计算出客流量达到多少时能够保本（见图6-5），以确保其未来的盈利水平，为当前的门店选址提供决策依据。

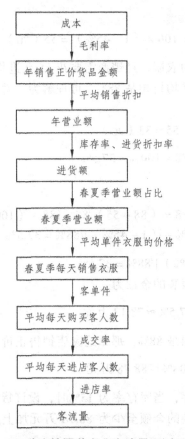

图 6-5　某连锁服装企业客流量预测示意图

公式表示如下：

$$客流量 = 成本 \div 毛利率 \div 平均销售折扣 \times 季度货品占比 \div 平均货单价 \div$$
$$180 天 \div 平均客单件 \div 成交率 \div 进店率 \times （1 - 库存率） \div$$
$$[1 - 库存率 \times （2 - 进货折扣率）]$$

假设这家门店的面积为 150 米^2，一年的店铺租金是 16 万元，人员管理费是 1.5 万元，水电费 3 万元，税费 1.2 万元，装修费 2.7 万元，交通费 1.6 万元，投入成本的利息及其他费用 3.3 万元。一件衣服原进货价是 100 元，进货折扣率是 45%，并且春夏季营业额占年总营业额的 40%，一件春夏季的衣服平均售价是 300 元/件，库存率为 15%。如果消费者的进店率为 5%，成交率为 10%，平均客单件为 1.2 件/人，那么如何进行该门店的收益预测呢？也就是这家门店客流量达到多少才能保证不亏本呢？

计算过程如下：

该门店经营一年的成本为

16 万元+1.5 万元+3 万元+1.2 万元+2.7 万元+1.6 万元+3.3 万元 = 29.3 万元

为了达到不亏本，该门店一年的营业额至少要与运营一年的成本持平，才能保证这家店存活下去。

因为进货折扣率是45%，而一件衣服原进货价是100元，折让后价格即为55元，从而得出：

$$实际进货价 = 100 \times （1 - 45\%） = 55（元）$$

即一件原进货价是100元的衣服，经销商需要花55元进货。

又因为春夏季服装销售的平均折扣是88%，可理解为一件零售价是100元的衣服，经销商实际只卖了88元。

那么， 　　　毛利润 = 88 - 55 = 33（元）

　　　　　毛利率 = 33/88 × 100% = 37.5%

将以上过程整理可得出：

$$毛利率 = 33/88 = （88 - 55）/88 = [88 - （100 - 45）]/88$$
$$= [88\% - （1 - 45\%）]/88\% = 37.5\%$$

即毛利率：$[88\% - （1 - 45\%）]/88\% = 37.5\%$

这家门店一年至少要卖出服装的金额为

$$29.3 万元 \div 37.5\% \approx 78.13 万元$$

又因为服装的平均销售折扣是88%，那么这家店销售正价货品的金额至少要达到：

$$78.13 万元 \div 88\% \approx 88.78 万元$$

每一家店铺都有自己的库存，当库存率为15%时，设订货额为A，如季末库存作为投入成本考虑，那么一年销售出服装的金额至少为88.78万元加上库存占用资金，即达到盈亏平衡点，则有下面计算公式：

$$A \times （1 - 15\%） = 88.78 万元 + A \times 15\% \times （1 - 45\%）$$

那么，可以算出需要订货的金额为

$$88.78 万元 \div （1 - 15\% - 15\% \times 55\%） \approx 115.67 万元$$

库存金额为

$$115.67 万元 \times 15\% = 17.35 万元$$

库存占用资金为

$$17.35 万元 \times （1 - 45\%） = 9.54 万元$$

一年总的销售营业额为

$$115.67 万元 \times （1 - 15\%） = 98.32 万元$$

已知春夏季货品占比为40%，那么这家店铺春夏季时的销售额至少要为

$$98.32 \text{万元} \times 40\% \approx 39.33 \text{万元}$$

达到 39.33 万元需要卖出的衣服数量为

$$39.33 \text{万元} \div 300 \text{元/件} = 1\,311 \text{件}$$

一年的春夏共为 180 天，那么一天需卖出衣服的件数为

$$1311 \text{件} \div 180 \text{天} \approx 7.3 \text{件/天}$$

因该店平均客单件为 1.2 件/人，即每个购买服装的顾客平均购买衣服的件数为 1.2 件，那么每天在该店购买衣服的顾客人数为

$$7.3 \text{件/天} \div 1.2 \text{件/人} \approx 6.1 \text{人}$$

又因顾客成交率为 10%，即每天进店的 100 个人当中有 10 个人成交，那么每天进店的顾客人数为

$$6.1 \text{人} \div 10\% = 61 \text{人}$$

又知顾客的进店率为 5%，那么该店的客流数量为

$$61 \div 5\% = 1\,220 \text{人}$$

从而，最终计算出该店的客流量为 1 220 人时，即每天必须有 1 220 个人经过此店的门口时，这家店才能保本。当客流量超过 1 220 个人时这家店才有盈利空间。

【小资料 6-9】

7-11 选铺准则及零售商铺月租承受标准

一、7-11 选铺准则：开间 7 米以上，视野无遮挡

主讲嘉宾：柒-拾壹（成都）有限公司董事、副总经理兼加盟开发部部长岸本植人先生

7-11 岸本植人先生的演讲备受期待，红旗、7-11、WOWO、全家等连锁超市近年来在成都的飞速发展，大规模进入繁华商圈、社区甚至写字楼，让不少投资者私下都在观察、探讨和总结此类业态选铺的要诀，以指导自己的商业投资。而在大讲堂上，岸本植人也非常真诚地将企业的选铺标准和盘托出，让不少投资者受益匪浅。

1. 7-11 选铺，看中交通及商圈

7-11 是如何挑选商铺开店的？一个连锁超市的选择或许有些特别，但大部分投资者却认为这适用于很多类似的生活类超市。因为 7-11 现在全球 16 个国家和地区，已经开设了52 561 家门店。在成都，截至 2014 年 4 月，共有 81 家店铺，其中直营店 46 家，加盟店35 家。

岸本植人将 7-11 的选址分为 3 步，一是挑选商圈，他认为适合 7-11 开店的商圈有 4 种类型：写字楼商圈如丰德万瑞店；复合型商圈如优品道店；住宅型商圈如翡翠城店；特殊型商圈如东郊记忆店。在这些商圈内，7-11 需要考虑店铺周边是否交通便利，是否有地铁、公交车和停车点位；1～2 年内这里的商业是否具有成长性；其他入驻商家的业态和规模，以判断能否集客；周边的消费力如何；开发商及运营公司的运营能力；与产权人签约、租赁的合同期限要长。"最好是购买产权人的自持物业，直接出租，这样可以规避风险。"岸

本植人说。7-11 对店铺形象也有标准，如面积 120 米^2 以上，开间 7 米以上，视野性上无障碍物遮挡。

2. 单个商铺，自身价值看指标

岸本植人提到，如果希望自己购买的商铺被零售业主看中，除了物业本身的位置外，它所处的商圈的整体情况非常重要。这就需要投资者去观察这个商圈的人流量，人流量代表着人气，周边是否有写字楼、学校、住宅小区、车站、集中式商业、医院等都会影响人流量，同时也要注意是否有大型马路、河流对商圈进行了分割，这些都会让人流量打折。

便利店要求的基础商圈定位是 200 米商圈。其他一些业态，一般是定位 500 米到 1 千米左右的区域。星巴克之类的咖啡店，对商圈的基础定位是在 3 千米左右。家乐福这些卖场定位就是 5 千米商圈。

商铺自身价值则有几个指标需要特别注意：

店铺开间：越长越好，最好在 7 米以上，保底是 6 米。

店招面积：扩大店招面积，让行人能看到商铺。

阶梯：需注意有阶梯的商铺，物业的价值可能会降低。

视野性：视野性要好，物业外尽量不要有障碍物，如停车场、高大的树木等，这些会对商铺价值产生负面影响。

内部构造：如果柱子多，会降低物业的价值。

公用区域：除物业外，有可以使用的公用区域，如露台等，可以提升商铺的价值。

层高：现在有不少挑高层高的商铺，如果层高在 6 米以上，可以作为 2 层使用，可以提高物业的价值。

二、月销售额的 10%：零售商铺的租金承受水平

商家一个月能承受的租金，到底是多少？如果租金超过了商家的承受能力，将可能导致商家退租，或是转手。

商家对租金的界定和标准是，不大于销售的 10%。对于零售业来说，这大致等于 3 天的日销售。这已经是零售行业可以承担的最高租金。

或者可以这样计算，销售的 10% 以内作为租金。如果 1 日的销售额是 1 万元，1 个月销售额是 30 万元的话，能承受的最高租金是 3 万元。而作为便利店，实际上能承受的租金还要弱一些。

如果是成都主城区地段很好的商铺，100 米^2 为 800 万元，按照 6% 的收益来计算，一年租金要租到 48 万元，相当于一个月 4 万元，每平方米 400 元。而如果要承担 4 万元的租金，对于商家来说，意味着月销售要达到 40 万元，否则商家没有利润可言。

睿意德西部大区总经理张建华的指导极具建设性，他用简单的公式，教会大家推算商铺的租金和价格。对于投资商铺的人而言，学会这个实用的方法，就能知道自己的铺子是否买贵了，值不值得购买。

1. 市场比较法

将选中的项目和其他竞争项目进行综合比较。比较的内容包括整体区位、商业氛围、人流量、主力店的情况、交通条件、开发商实力、规模主题、未来升值前景。以此来评分，和其他项目的评分和价格进行比较，就能分析其价格是否合理。假设竞争项目 A 的评分是 90 分，底商价格是每平方米 5 万元。而想要购买的项目，评分只有 60 分，但售价却达到每平方

米 8 元，很显然价格就存在一定的不合理性。

2. 收益还原法

收益还原法是根据商业租金与投资回报率来确定售价。

按照目前市场租金与价格比的参考标准，商业前期实际租金回报率一般为 6%。租金的调研，主要是选取区位相同或类似参考性强的项目进行横向比较，再根据目前市场租金水平判断，合理的平均租金是多少。

例如，市场均价为租金每平方米 60 元，则反推市场均价售价为 60 元/米²÷6%×12 月 = 12 000 元/米²。考虑项目成长性，项目租金为 50 元，那么计算方法为 50 元/米²÷6%×12 月 = 10 000 元/米²。根据收益还原法，项目售价为 10 000~12 000 元/米²。

三、适中的商业区规模，有利于整体发展

投资商业街，首先要搞清楚商业街定位的 3 个量：体量，究竟多大算大，多小算小；能量，商业街的角色和作用；质量，让物业增值的能力。

商业规模是确定商业街类型的基本要素之一，特别是对于未确定商业面积的项目来说，规模的定位更是重中之重，适中的商业规模才能有利于项目的整体发展。考虑的主要因素包括商业市场容量、市场整体租售情况对项目规模的影响、项目的商业属性、主和次主力店的带动、竞争性项目对项目规模的影响、市政规划对项目商业规模的影响、自身条件对规模的影响。

商业街的层数，最终决定了商业规模与最终利润。但楼层对物业价值的影响，是随楼层的增加呈现衰减效应。一楼如果能租 100 元，二楼一般就是 50 元。

为了提升商业价值，往往采用设置直达电梯、利用高差多首层设计、层层退台、增大公共空间等方式。

（摘自：成都商报 http://e.chengdu.cn/）

请根据所学门店收益预测的理论，选择一种具体业态的零售企业，在进行市场调研的基础上，预测分析该零售企业的新门店未来一年的收益，以判断该门店何时能收回投资成本。建议利用量本利预测法、盈亏平衡点预测法，结合当地的租金、消费力状况、人力资源成本等进行相应的测算。

任务三　当前较流行的选址理论

【学习任务】

（1）了解当前较流行的选址理论。

（2）理解各零售企业选址策略的灵活性。

（3）熟悉各零售企业急需的更为科学的选址工具。

【技能任务】

（1）能识别选址禁入的情形。

（2）基本能运用流行的选址理论对备选店址进行分析。

【理论知识】

一、选址理论

1909 年，以韦伯（Weber）问题为标志，正式开始了选址理论的研究。该问题研究的是在平面上确定一个仓库的位置使得仓库与多个顾客之间的总距离最小的问题，除此之外，选址研究中的典型问题还涉及中值问题、覆盖问题、中心问题、多目标选址、竞争选址、不受欢迎的设施选址、选址-分配、选址-路线等，但多见于对制造业的选址问题研究。

事实上，与制造业选址相比，就选址范围而言，可供零售服务业选择的区域尽管更小，但针对性更强，通常会涉及特定的市场或地区；而就选址依据和侧重点而言，与制造业更多关注成本不同的是，零售服务选址则更多考虑收入的最大化。

二、零售门店选址四大理论

1."中心地"理论

"中心地"理论是由德国地理学家瓦尔特•克里斯塔勒（Walter Christaller）提出的。中心地，指相对于一个区域而言的中心点，是指区域内向其周围地域的居民提供商品和服务的中心点。克氏认为，中心地商品和劳务的需求门槛、利润和服务范围，是与中心地规模、人口分布密度、居民收入水平及商品与服务的种类密切相关，在其他条件不变的情况下，消费者对商品的需求量，取决于与商品提供点之间距离的远近，距离越短，需求越大。换言之，商品销售范围就是指消费者为获取商品和服务所希望通达的最远路程，或者是指中心地提供商品和劳务的最大销售距离和服务半径。

以此为依据，克氏提出含高、中、低级商服中心划分的市场等级体系，并指出低级商服中心，其商品和服务售价低，顾客购买频率高，需求量大，需求门槛低，销售距离短，服务半径小；高级商服中心，其商品和服务质量好，更新慢，售价高，需求量少，购买频率低，需求槛高，销售距离长，服务半径大。

2."空间相互作用"理论

由 Railly 提出的"空间相互作用"理论，又被称为"零售引力定律"，该理论认为位于两个城市中间的居民到两个城市购物的频率与两个城市的人口数量成正比，而与两个城市的距离成反比，而往往在两个城市之间存在一个分界点，成为消费者购物去向的分水岭。同时，该理论也适用于同一城市内不同商圈之间的消费去向分析。

3."竞租"理论

由 Alonso 提出的"竞租"理论认为，零售商普遍倾向于在消费者到达方便的位置开店，而交通最方便的位置是租金最高的地方，因此，零售选址布局由零售商能支付和愿意支付的最大租金决定。

4."最小差异模型"理论

由 Hotelling 提出的"最小差异模型"理论认为，零售企业在竞争对手附近开店，可以扩大销售区域、提高利润，并互相促进，分享客流，因为若干个零售企业在同一地段开店可以产生"溢出效应"，从而最大限度地吸引更多的人流；集群还能够有助于共同的交通和购物设施的改善，从而吸引消费者；高档高价业态集群效应明显，而低档低价便利性的业态不倾向于集群。本理论又被称为扎堆经营理论。针对该理论的具体应用，在本项目的实践知识部分中同样有所涉及。

【实践知识】

三、当前流行的零售门店选址理论

1. 三角理论

毋庸置疑，我们每个人的活动范围是有规律可循的，主要是在家、工作地点以及购物地点三者组成的三角地带活动（见图6-6），因此，选址时也应充分考虑到这种情况，最好将店址选在消费者的行动路线上，以在消费者的下班路线为最佳。

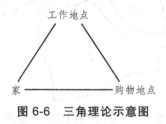

图6-6　三角理论示意图

【小资料6-10】

三角经营法

日本商人通口俊夫倾尽全力创建了一家名叫"药黑衣库金"的医药公司，并在铁路沿线开了3个药店。他坚信这家公司肯定能给自己带来好运。可虽然员工都很努力，但3个药店的生意一直不景气。

一天，通口俊夫无意中看见几个小学生拿着三角尺在车上玩。这使他突然想起一部军事题材的电视剧，剧里一位指挥员曾说过一段话："这些直线排列的点，很容易被外力阻断运输线路，这往往是失败的最大隐患。为了和友军保持密切合作，应该确保至少三足鼎立。这样，点和点连起来，就能守住中间的三角形部分了。"

想到这里，通口俊夫激动起来，他终于找到了药店经营不善的原因。他想，如果把3个药店呈三角形配置起来，那么就围住了中间部分的消费者群体。在三角形内居住的人们就都会到我的药店买药了。

果然，重新选址开张的3个药店生意奇迹般好了起来。一年后，他利用其中的一个药店作为一个点，开设了另外两个药店，再次形成一个三角形布局……几年后，他共开设了1 327家分店。如今，不少大学的营销学教科书都引用了此案例，"三角经营法"成了一条重要的财富新法则。

"三角经营法"是最近几年管理营销学中的一个重要概念，主要是说渠道经营的过程中陈列和布局的最佳方式。其实，它还说明，直线的布局和结构是不稳定的，只有三点式的布局最为稳固。由此，我们可以知道三国为何能够相容相生，而一旦一个国家被另外一个国家灭亡后，其他一个国家灭亡的日子也就为之不远了。

所以，我们不难得出其背后的推理，对企业威胁最大的根本不是竞争对手，有时候对手恰恰是你对面的帮手，因为你们共同圈住了你们共同的目标群体。

（摘自：乐读网 http://www.ledu365.com/a/shiye/2287.html）

2. 前门-后门理论

当面临着社区的前门和后门同时都可以开店时，如何进行抉择呢？前门-后门理论指出，与其单纯地去考虑前门还是后门，还不如认真进行人流量的测算然后再进行决策。前门或后门的位置的选择，不是由是否是社区的大门决定的，而是由人流量以及人流动线决定的。如图 6-7 所示，A 点面临着主干道，人流的动线由主干道进入社区，因此 A 点是最佳的店址选择，相反，B 点就不适宜定为店址，无论此时 B 点是社区的前门还是后门。

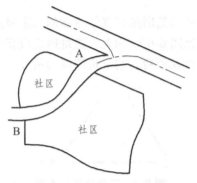

图 6-7　前门-后门理论示意图

3. 拐角理论

交叉路口处，一般指十字路口和三岔路口处形成的交接地，就是拐角的位置。拐角往往是很理想的店址。一般来说，对商店建筑而言，拐角处的能见度大，可以增加橱窗陈列的面积，由于两条街道的往来人流汇集于此，有较多的过路行人光顾，易产生拐角效应。当位于三岔路口时，最好将商店设在三岔路口的正面，这样店面最显眼；当位于丁字路口时，应将商店设在路口的转角处；而当位于十字路口时，则要调查比较每侧道路的交通流向及流量，然后将店址确定在流量最大的街面上。其实，拐角可分为近角（见图 6-8 中的 A 点）以及远角（见图 6-8 中的 B 点）两种，因此，拐角理论又成为近角-远角理论。根据我国的交通及道路规则，在参与道路交通时人与车都靠右，因此靠右之处为近角，对侧为远角。同时，该理论也指出，拐角的理想黄金地点就是近角，也就是人流路线右边的地点。

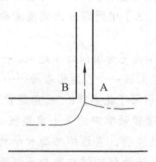

图 6-8　拐角理论示意图

拐角又被称为金角，业界在针对选址时，常挂在嘴边的一句话就是"金角银边草肚皮"。金角：城市主要干道的交叉路口，金角为上等立地（如十字路口、转盘处）；银边：城市主要干道的边缘地带、商业特色街的中间地段；草肚皮：人口集中的腹地地带、大型社区主干道等。

【小资料 6-11】

高租金逼退"金角银边"商铺

背上沉重的租金包袱，再炙热的金角银边也会黯然褪色。在经历不堪重负的两年挣扎期，地处安徽省省城徽州大道与红星路交口的众多店铺商家无奈选择集中出走。

1. 旺角店铺集体出走

卷帘门紧闭、临街店铺门口张贴的招租电话……2014 年 5 月 27 日，在徽州大道与红星路交口的众多商铺已处于关门歇业状态。

据附近一家门店面积不足 7 米^2 的母婴店老板告诉记者，由于地处市区主干道徽州大道四牌楼核心地段，同时交汇市区特色商业街红星路，因此这里被很多小型商家誉为"金角银边"的绝佳市口。淘品小站、浦发银行、合肥老字号工农兵商店都曾汇聚于此处"旺角区"。

"集体撤退出现了两波。淘品小栈、浦发银行、合肥老字号工农兵商店等几家营业面积较大的大门店在 2013 年年底最先撤离，然后隔壁丝绸店、女装店也密集关张。"附近一家茶行工作人员告诉记者。"关张店铺重新招租，但时至今日空铺依然不少。"记者看到，在出租的几家商铺中，只有一家店面正在进行重新装修。

2. 年租金 14 万元曲高难和

毗邻老市区中心，享受着核心商圈的辐射效应、车水马龙繁华街景所带动的川川人流，一系列商铺兴旺的黄金法则突然失效，不得不让人心生疑问。

"每平方米 400 元，大型商铺面积 30 米^2 左右，按季度交租同时垫付下季度租金，不需缴纳转让费。"该区域正在招租的一位房东给出了答案。而在随后采访中，记者了解到，该店铺年租金还并非最高。

"其中位置最好的店铺价格在 14 万元/年。"母婴店老板表示。"2009 年这里租金为 200 元/米^2，不少商店经营压力并不大，不过此后租金一路飙升，很多商家认为依靠这个转角街位仍有盈利空间，不过两年经营下来，基本只够交房租勉强支撑。加上 2013 年年底延续至今相对平淡的消费氛围，金角银边被弃也就不足为奇了。"

（摘自：中安在线-安徽商报 http：//ah.anhuinews.com/1）

4. 漏斗理论

运用漏斗理论时寻找漏斗口非常关键。所谓漏斗口就是多条道路的汇合处，能够汇集大量人流的位置。众所周知，漏斗特性就在于"漏"，故呈现的是一种由上至下逐渐减少的趋势。在当前企业常采用的流行选址理论中，漏斗理论主要是指那些首先吸引客流的店址，如靠马路旁边的黄金位置，由其主干道延伸出的巷子内的店铺。具体而言，漏斗理论，指的就是同一个街口，有数家商店，消费者通常会在回家的路程中顺道消费，而位于干道转进巷子的第一家商店，会像漏斗一样，最先吸引消费者入店，而后面的商店的客流就会逐渐减少。该理论指出漏斗最理想的黄金地点，是人流路线右边的地点，如图 6-9 中的 A 点。

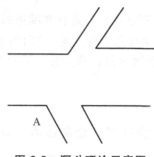

图 6-9 漏斗理论示意图

5. 扎堆理论

扎堆理论,又称扎堆效应,主要是指同类扎堆的现象,是成行成市的一种具体表现。扎堆现象可以从行业规模效应上找到存在的根源。事实上,在给定其他条件相同的情况下,某一行业的收益会随着其规模的扩大而呈现递增的趋势。这种趋势的存在就会导致相同行业的竞争对手在某一地点或某些区域大规模高度集中。其规模化的效应,可以在大规模吸引客流量的同时,也为扎堆的店铺摊薄了成本,提高了其交易的效率,因此,在良性竞争的情况下,各扎堆商家都能分享扎堆效应带来的利益。扎堆现象有利于特色街、商业街、商品城的形成,有利于繁荣市场经济,在为消费者带来更多的购买机会和选择余地的同时,也为其节省了购买成本,让交易变得快捷而有效。尽管同业竞争变强,但是也可以让一些规模不大,或刚成立的店铺,采取扎堆紧随的策略,搭上规模效应的便车,从而能够最大限度地分享扎堆效应带来的庞大客流,以降低经营风险。

6. 成熟商圈理论

任何商圈的形成都不是一蹴而就的,尤其是成熟商圈的形成更是有其发展的脉络。一般而言,商圈的形成有一个由点到线,再由线到面,然后逐渐向四周延伸扩展的过程,从而最终形成该区域圈内商业覆盖的范围,也称商圈的整体的辐射范围,即各类业态聚集、各类商铺集中的区域。具体而言,商圈的成长会经历 7 个阶段,即形成期、初成长期、成长期、强化期、多元期、扩展期、终极商圈。每一个阶段都会在"业种"与"业态"的构成上有所不同,其人口数、人口密度、消费习性、人均消费能力等因素也有很大的差异。因此,通过对商圈成熟考量以及具体某一商圈所处的发展阶段,可以作为企业选址的参考依据。商圈形成期,商铺经营以杂货店为主,商圈覆盖面积小,服务对象为街坊居民;商圈初成长期,商铺经营以隶属于住宅小区配套设施的农贸品及生活基本必需品为主,服务对象为社区居民;商圈成长期,商铺经营以农贸品、日常生活便利品、选购品为主,进入社区型商圈发展阶段,商圈服务范围开始扩大,商业业态开始多样化,开始出现大卖场等业态;商圈强化期,商铺经营仍以日常便利品、选购性商品为主,但商圈覆盖范围更广,业态更加丰富化,满足居民日常生活的功能逐渐淡化,通过流行性、趣味性商品,刺激消费者冲动性购买,进入区域型商圈阶段;商圈多元期,商铺经营仍以日常便利品及选购品为主,但辐射范围覆盖多区域,服务对象除圈内居民外,还包括商圈内在写字楼、商办楼、商住楼、工业区等工作的人员,商圈内文化、娱乐业态开始增多,出现了目的性消费很强的专门性商品,如电器、家居卖场等,进入地区型商圈阶段;商圈扩展期,也称商圈成熟期,商铺经营主要以选购性商品、日常便利品、休闲娱乐、专业类业态等为主,商圈辐射半径进一步扩大,客户群结构多样化,圈内商业建筑面积进一步增加，服务内容进一步扩大，业态更加丰富多彩，包罗万象，进入副城市中心商圈阶段；终极商圈期，是商圈发展的最高级形式，商圈辐射范围最广，可辐射整个城市及外省市的旅游人群，业态最丰富，客流最充足，出现各核心商圈中的购物中心。

7. GIS 系统理论

GIS（Geographic Information System）为地理信息系统的简称，是指空间数据采集、管理、分析和可视化的计算机技术系统。20 世纪 60 年代发展起来的地理信息系统，为商业经济活动提供了整合各种市场数据和空间关系的新型途径。GIS 提供集成从简单到复杂的分析模型的平台，特别是在空间基础数据、人口普查数据和城市社会经济发展数据等的支持下，能够实现方便快捷的分析和可视化。据资料表明，超过 80 % 的商业经济数据与空间特性或与空间位置有关，而 GIS 技术的最大优势就是通过对数据的空间分析，将各种经济信息集成到电子地图上，从而实现数据的可视化，为各项决策提供依据。

GIS 技术运用在零售业选址中，可将整个商业区域内的各种数据（如人口、交通路网、竞争对手等），整合到一个完整的地理空间数据库中，通过挖掘各类数据之间的内在关联，建立消费行为模型，通过选址分析模型，准确预测拟建门店的销售额，从而提高选址决策的成功率。

基于 GIS 的选址软件应用具有传统选址方式无法比拟的优势，如以可视化的形式在电子地图上直观地表达人口分布、商业布局及交通网络等情况；对重要信息进行分层和叠加；对拟建店址进行模拟分析和预测等，从而提高选址决策的准确率，有效降低了风险。

利用 GIS 技术可以建立数据共享平台，降低调查成本；还可以有效整合大量调查数据；同时利用 GIS 的数据可视能力和空间决策支持能力，也可以获得常规方法难以获得的重要信息。

【拓展知识】

四、风水理论

风水是从古代沿袭至今的一种文化现象，一种择吉避凶的术数。风水理论，即风水学，是我国古代建筑活动的指导原则和实用操作技术，在我国建筑、选址、规划、设计、营造中几乎无所不在。风水本为相地之术，也叫地相，即临场校察地理的方法，古称堪舆术。本质上，风水是一种研究环境与宇宙规律的古代哲学，早期主要是一些关于宫殿、住宅、村落、墓地的选址、座向、修建等原则及方法，当代在商业日益发达的背景下，风水也被用来进行地产、商铺的选址。什么是风水呢？就本理论的解释，风即元气和场能，水即流动和变化。因此，也可以把风水的核心思想理解为人与大自然的和谐相处，共生共荣的关系。事实上，风水的由来源远流长，可追溯至晋代的郭璞，但风水说法以及运用最早则起源于战国时期。郭璞最早为风水下定义，并宣称风水之法在于，得水为上，藏风次之。

风水理论可分为形势派和理气派，前者重在以山川形势论吉凶，后者则重在以阴阳、卦理论凶吉。风水的概念十分复杂，涉及龙脉、明堂、穴位、河流、方向等，对时间、方位、地点都有讲究，同时还有很多禁忌需要注意。

在如何选择商铺以及判断商铺风水吉凶方面，风水理论有其可遵循的原则和方法，涉及整体系统原则、依山傍水原则、坐北朝南原则、顺乘生气原则等。该理论认为，一般而言在创业初期，比较适合选择一楼商铺，因为一楼人气、地气都比较旺；商铺大门要开在旺位，不能开在衰位，不能在大厦的后面，不能正对T字路和Y字路口，不能正对墙角、柱子、电梯，也不能正对下行楼梯。大门在风水学中是吸气口的重要位置，如果选择不当，就可能出现气场外流，冲煞严重，吉气也会变为煞气，从而导致业务受阻、生意惨淡，还会因受煞气影响而发生各种灾祸，甚至容易遭到血光之灾。因此，选择店铺时，要特别注意气场，以选择极吉气聚集之地为最佳；相反，煞气聚集之地和受冲煞的位置最差。如某条街上有银行或取款机，这就说明这条街上具有生气和旺气，在此选址的话就一定会生意兴隆，财源滚滚；另外，风水理论还诠释了为何选择店铺时，首选汽车站、停车场、地铁站、火车站、城市中心广场、码头附近的位置，其解释是这些地方人气聚集最强，理所当然是聚财的风水宝地。

【小资料 6-12】

公司选址有哪些风水讲究

1. 男女老板公司选址要各异

在中国的传统术学上，男女的差别很早就被提出来了。风水学中有"左青龙""右白虎"的说法，青龙就是男性阳刚的寓意，白虎则是女性阴柔的代表，这也是男左女右的说法来历。如果公司老总是男性，那可以挑选所看中的大楼偏左的房间，最好左边还有一些高大的建筑，更能增添阳气，可以建立事业，克制小人是非。而女性创业的话，就最好选择右边，道理都是一样的，而且女性所在的楼要高于青龙位，这更利于女权的巩固。

2. 公司选址不宜在三角形

地面三角形是带有攻击性的形状，会给人带来煞气，所以，公司选址不能在三角形地带。从设计学上说，三角形的地形很难充分利用，会造成浪费，这样对财运有很大的影响，甚至走向极端。但是有化解三角形地带的方法，即在主体位置划出方形作为公司的主要功能区，其他边角地方设置厕所、仓库等。另外，还可以用高大的植物来化解煞气，减少尖角的冲煞。

3. 公司附近不要有教堂

一般的寺庙是不会在城市中心的，但是教堂就不一样了，比如，王府井的教堂、中关村的教堂都是在商业繁盛区。教堂和寺庙是一样的，聚集了很高的能量，这些能量是由宗教的意念产生的。这种能量会干扰商业场所的人气和财气，而各种宗教节日时期的活动会使生意时好时坏。由于是宗教场所，也会有邪气产生，这也是很不利的。所以，宗教场所附近最好是开展和宗教有关的商业活动。

4. 公司附近适宜有公交车站

这个问题的答案显而易见，任何人找一家公司时都希望这个公司就在车站旁边，方便的交通总是能让人省力很多。更重要的是，车站附近都是开设店面的黄金位置。风水学认为，道路是河流，车站是港口，车辆是流动的气，车辆停留在车站也就是意味着财运、人气会在这里聚集。所以，将店开在车站附近，是发财的好兆头。同样的理论，若是在停车场、车站周边200米范围内开一家快餐店、书报亭或者便利店是很赚钱的。

5. 办公楼附近的水有区分

办公楼附近有水可以是好事，也可以是坏事，关键在于水质如何。水有秀水和恶水之分。所谓秀水就是干净的水，要水质清澈，才能带来滚滚财运；水的味道要清新，甜的泉水最好，更能聚财；水流形状以圆形、半圆形为上，流水声音有节奏，比较宁静；最重要的是，水的位置要在财运上。恶水也有一些可判断的标准，比如，水质污浊，污秽的水不能带来钱财，即便招财也是非法之财，灾祸更大；水的味道是腥臭的，会破财，影响健康；水的形状是反弓形，会造成反弓煞；水声过响，干扰正常的生活，而水的位置也不在吉位上。

6. 公司在底层商铺效益好

底层商铺是商住两用住宅的基础形式，这样的住宅会有多层商铺，但是总体来说只有底层商铺的生意风水是最好的。道路是气流流通的地方，离道路越近就越容易吸纳气运，也更容易招揽人气，这才是发财的根本。所以，选择公司具体楼层位置时尽量要选择低的楼层，要接近地气，接受最好的风水。

（摘自：360doc 个人图书馆 http：//www.360doc.com/）

【技能任务】

五、商铺扎堆现象的研究

请结合扎堆理论的基本知识，选择一种具体的业态集中地，如鞋都、服装城、钢材城、手机一条街、餐饮一条街等，分析该业态扎堆经营的现象，并通过市场调查，分析其市场定位、形象功能、顾客吸引、市场拓展、业态竞争与合作之间的关系及技术指标、收益分析、政府规划等与选址之间存在的内在联系，写出研究报告，说明商铺扎堆的原因、优缺点，并提出如何充分利用本现象的建议。

【小资料 6-13】

店铺选址扎进寸金之地 —— 聚集效应

新开店铺如果选择到一个好的位置，那么今后的经营就成功了一大半。在实际操作中，许多人都意识到了店址选择的重要性，但由于缺少周密的调研和科学的分析，往往只是凭过往行人的直观印象，确定店铺位置的好坏，这是不可取的。那么如何找到真正的黄金旺铺，下面向大家介绍几个选址非常实用的技巧，只要你真正掌握了以下几种"效应"，那么选到黄金旺铺就易如反掌了。

寸金之地包括两种，第一种是商业活动频繁或商业活动历史悠久的中心商业区。这些地区由于商业活动频繁或是历史悠久而聚集了许多人气，因此，该地区的房价相对较高。对于店铺经营者来说，此地区位置相对较为理想，但由于房租较高，因此，必须在选择之前，认真计算自己店铺未来的经营收益，进行估算。如果估算下来，利润很低，那么在这样的地段开店的风险就较大，但如果利润丰厚，那么就不要被高租金吓倒。一般来说，在中心商业区适宜开精品服饰店和流行大众服饰店。第二种就是同行业聚集的地段。"同行密集客自来"，这是古自有之的经营之道。商业吸引商业，人流吸引人流，消费者为了能买到尽可能质优价廉的商品，往往采取最简单的购物规律——货比三家。针对这种消费心理，在政府、行业协会、传统习惯共同作用下，商业街渐渐被人们关注而商机毕现。商业经营中，在某一条街道或地区集中经营同一类商品，称为商业街，成熟的商业街店铺云集，销售量大，赢利多。这里的每一块地盘都是寸金之地。

（摘自：西安 029 商铺网 http：//www.029sp.com/）

六、风水在选址中的作用

请结合风水理论的基本知识，选择一种具体的业态门店，在进行实地勘察以及市场调研的基础上，对该门店进行风水分析，并通过该门店的来客数、进店率、购买率等数据的实地收集，分析风水与选址之间有无必然的联系。请通过人气、位置、楼层、形状、朝向、采光、有无障碍物遮蔽、有无风水学上所忌讳的浊气等进行分析，然后尝试着提出改变其风水的应对之策。

【项目小结】

零售业选址，是指零售企业在一定约束条件下从备选店址中选择最佳的开店位置。在零售业态众多的要素中，门店选址是其中最为关键的首要环节，同时又是弹性最差的要素，具有相当高的风险性。除了具有投资大、风险高的自身特点外，作为一项长期投资，选址还会影响到零售企业后期的运营战略及决策，不仅在很大程度上直接决定营业收入，而且还将显著影响零售企业的扩张及网点布局，从而最终决定企业的生存和发展。因此，选址往往成为零售企业扩张时的最大难题。由于不同业态自身的经营特点、市场定位以及所面临的目标消费者的不同，势必都各自具有自身不同的选址要求。

零售业态是指零售企业为满足不同的消费需求进行相应的要素组合而形成的不同经营形态。按照国家标准《零售业态分类》（GB/T 18106—2004），零售业分为 17 种业态，分为有店铺零售业态和无店铺零售业态两类。有店铺零售业态共有 12 种，分别为食杂店、便利店、折扣店、超市、大型超市、仓储式会员店、百货店、专业店、专卖店、家居建材商店、购物中心、工厂直销中心；无店铺零售业态共有 5 种，分别为电视购物、邮购、网上商店、自动售卖亭、电话购物。

因此，门店拓展人员必须要根据不同零售业态对选址的具体要求来进行相应的选址工作。而根据不同的业态需求绘制选址流程图，对聚客点的判断，对成熟商圈的识别，就成为了门店选址人员的必备技能。

目前，特许经营在我国增长势头强劲，带动了新一轮的创业大潮。所谓的特许经营，就是指特许经营权拥有者以合同约定的形式，允许被特许经营者有偿使用其名称、商标、专有技术、产品及运作管理经验等从事经营活动的商业经营模式。很多创业者为了寻求好的创业项目，通常会选择特许经营体系，通过加盟某家连锁企业的方式来最大限度地规避创业风险；连锁企业也通常会通过特许经营模式，达到规模经济，提升市场占有份额，完成销售指标，最大限度地降低采购成本和管理成本，提高连锁总部利润率，充分利用加盟者当地的人脉和资源，深化品牌影响和巩固品牌地位，通过门店数量以及网点布局来进行拓展扩张。连锁企业的网点扩展应采取立地布点战术与销售网点连接战术相结合的策略，可采用全面布点、中心放射布点、包围型布点等 3 种情形，也可以将"宣传性布点"和"卡位布点"相结合。无论采用哪种策略，门店选址在其中都占有举足轻重的地位。

在连锁企业应用特许加盟体系进行扩张时，选址中必然会面临寻找新店址，或接手他人转让的店铺，后者通常被称为盘店。通过盘店进行店铺经营当然有其有利之处，但是也应清醒了解其风险所在，遵循相应的盘店技巧，仔细进行商圈实地调查与分析，评估转让费，计算租金以及收益预测，签订转让协议。其中，对于转让协议的签订以及门店收益的预测是门店拓展人员的必备技能。

　　门店收益预测，是指根据已知信息及数据所预测的门店未来的收益状况。门店收益的预测方法很多，前面项目中有较为详尽的介绍和阐述，本项目则主要通过介绍盈亏平衡点的计算来进行门店未来收益的预测。盈亏平衡点，又称零利润点，是指全部销售收入等于全部成本时的产量。以此为界限，当销售收入高于盈亏平衡点时企业盈利，反之则亏损。盈亏平衡点既可以用销售量来表示，也可以用销售额来表示。因此，门店收益预测就是通过对盈亏平衡点的计算来测算客流量，从而预估该门店是否能够达到预期盈利的目的。

　　选址理论的研究是以 1909 年的韦伯问题为标志开始的，该问题研究的是在平面上确定一个仓库的位置，使得仓库与多个顾客之间的总距离最小的问题。早期的选址问题研究多针对于制造业。而后逐渐涉及零售业选址。与制造业更多关注成本不同的是，零售业选址则更多考虑收入的最大化。从理论的层面来看，常见的有零售门店选址四大理论，一是"中心地"理论，之后该理论延伸发展为"商圈"理论；二是"空间相互作用"理论，由 Railly 提出，又被称为"零售引力定律"；三是"竞租"理论，由 Alonso 提出，认为零售选址布局由零售商所支付的最大租金决定；四是"最小差异模型"，由 Hotelling 提出，又被称为扎堆经营理论。

　　除了传统的理论派选址外，从实践派的角度出发，当前流行的零售门店选址理论包括三角理论、前门-后门理论、拐角理论、漏斗理论、扎堆理论、成熟商圈理论、GIS 系统理论、风水理论等。

【思考题】

（1）什么是业种？什么是业态？常见的业种和业态分别有哪些？

（2）作为一名门店拓展人员，如何才能结合具体的业种和业态开展相应的选址工作？

（3）什么是盘店？盘店有哪些技巧？签订盘店协议的注意事项有哪些？

（4）结合某家连锁门店，利用其商圈情况以及立地条件，对其选址进行实证分析。

（5）什么是拐角理论？如何理解"金角银边草肚皮"？请选择某一家位于拐角的具体连锁门店，结合交通、人口、人流量、可见度、易达性等要素，对其选址策略进行实证分析。

【案例分析】

优衣库的惊人数据

　　2005 年，优衣库开始采取现行的"舍弃及构建"策略，以门店面积介于 1 200～3 300 米² 的大型门店取代较小、较旧的门店，日本优衣库门店的销售面积一般为 800～1 200 米²，中国市场也奉行类似的策略。

　　据统计，2009 年 4 月 16 日，优衣库在淘宝商城的旗舰店正式开张当天就达成了近 3 000 笔交易，实现 30 多万元的交易额。上线短短十天就以惊人的销售额冲至淘宝商城男装、女装单店销量第一位。此外，在中国苦心经营 9 年的优衣库，此前一直认为自己的品牌不够稳固，然而，来自淘宝商城的数据监控显示，有 2/3 的销售额来自于优衣库并没有开店的地区，优衣库也从未在这些地区有过推广。据悉，目前，优衣库网店的销售额基本都能达到 30 万元人民币，高的时候更能达到 50 万元人民币。按最低值计算，年销售已然是上亿元的规模。

　　优衣库作为全球品牌，制造并销售新款服装，为了拥有更多客户，积极开拓世界市场。2014 年，中国的服装上市公司亏损、转行者比比皆是，好一点的也就是保住以前的地盘，优衣库的业绩却还是好得有点让人目瞪口呆。

拥有优衣库品牌的迅销集团最新财报显示，2015 年财政年度上半年（2014 年 9 月 1 日至 2015 年 2 月 28 日），该公司综合收益总额为 9 496 亿日元（1 日元＝0.058 3 元人民币），较上年度同期增长 24.2%，母公司拥有人应占溢利总额为 1 047 亿日元（较上年度同期增长 56.2%）。

这家 1984 年就开出了第一家优衣库门店的老牌公司，30 年后，居然像新创业的公司一样，业绩仍然以两位数迅猛增长，令人深思。

最近几年，中国为数不少的服装品牌都在收缩销售渠道，一年可能关闭几百家门店，优衣库在中国摆出的却是完全逆向扩张的态势。

2013 年 11 月底，优衣库在中国大陆只有 251 家门店，中国台湾有 41 家门店。

2013 年，淘宝双十一购物节中，优衣库跻身亿元俱乐部，创造了超过 1.21 亿元的销售奇迹，成为天猫排名第六的单一品牌。

2014 年 8 月，大中华地区（含中国内地、中国香港、中国台湾）的优衣库门店总数增至 374 家。不到一年的时间，优衣库在中国增加了近 100 家门店。

还有一个值得指出的看点是，同一时期，优衣库在日本以外的海外市场，总共只增加了 187 家门店，中国增加的数量占到了近一半。

按照迅销的计划，每年打算在中国内地、中国香港及中国台湾开设 80～100 家新门店，并在亚洲其他地区加快开设新门店脚步，来进一步扩大海外业务。

除了新开门店数量多，优衣库门店的另一个突出特点是大。此前开业的上海南京西路优衣库全球旗舰店达约 3 000 米^2。业内人士对记者表示，销售渠道的布局，要因人而异，有些跨国品牌比中国本土品牌更灵活。开在核心商圈的大店醒目，气势恢宏。

大店不只是提升优衣库的品牌形象，而且直接拉动销售。

截止 2014 年 8 月 31 日，优衣库总的销售面积达到约 131 万米^2，同比增加了 117.4%；每平方米销售额（每年）为 83.2 万日元，约合 4.3 万元人民币，同比增长了 103.4%。

作为对比，国内某家服装类上市公司，每年的收入只有每平方米 1 万元左右，不及优衣库的 1/4。由于大中华地区的业绩增长超出预期等因素的影响，2014 年 9 月 1 日至 2015 年 2 月 28 日 6 个月期间，优衣库海外业务收益及溢利增长均高于预期，其中收益大幅增长至 3 455 亿日元，较上年度同期增长 48.9%，而经营溢利则升至 428 亿日元，较上年度同期增长 63.2%。

（摘自：第一财经网 http://www.yicai.com/news/2015/04/4604655.html）

【思考题】

（1）优衣库的开店策略是什么？优衣库开大店的经营方式是否值得服装类企业借鉴？为什么？

（2）你认为是什么原因造就了优衣库的逆势扩张？优衣库每年每平方米高达 4.3 万元人民币的销售额，其中关键的影响因素有哪些？

【训练任务】

学生以小组为单位，选择某种实体业态，结合选址理论、方法以及技巧，依据影响选址的要素，按照商圈情况以及立地条件，在进行市场调查、收集相应数据的基础上，为该业态提供选址方案。

【训练目标】

（1）使学生学会运用门店选址的理论与技能，掌握选址的方法和技巧等。

（2）使学生可以分析和解决在门店选址中可能遇到的各种典型问题。

【训练内容与要求】

（1）学生以小组为单位对一家连锁企业进行调研，分工合作，充分搜集信息。在搜集信息的基础上，按照选址的理论与实践相结合的原则，提出门店选址的详细方案。

（2）课堂上进行小组作业展示，并结合本项目应具备的理论以及技能要求进行讨论。

【效果与检验】

（1）督促小组进行连锁门店选址方案设计，检查小组最后形成的门店选址设计方案。

（2）由企业代表和教师分别对学生小组进行评分，按照一定比例得出总评成绩。

（3）对学生个人进行评分，其中学生所在小组的综合得分占其个人得分的 30%～50%。

（4）具体评分标准以及比例由教师、学生以及企业代表共同商议确定。

项目七　基于 GIS 技术的连锁门店选址

【项目内容】

（1）GIS、拓扑关系、空间分析、网络分析的概念。

（2）连锁门店选址中引入 GIS 技术的必要性。

（3）构建 GIS 连锁门店选址系统的三要素。

（4）空间数据、市场数据的收集与处理。

（5）赫夫模型在门店营业额预测中的应用。

【项目意义】

（1）明确连锁门店选址中引入 GIS 技术的必要性。

（2）掌握 GIS 分析数据的收集与处理方法。

（3）掌握利用 GIS 选址软件进行商圈分析与营业额预测。

【重点与难点】

重点：利用 GIS 选址软件进行商圈分析与营业额预测

难点：GIS 分析数据的收集与处理方法。

【项目成果】

（1）空间数据、市场数据的实地勘察与收集。

（2）利用 GIS 软件进行数据处理。

（3）利用 GIS 选址软件进行商圈分析与营业额预测。

任务一　GIS 的概念及空间分析

【学习任务】

（1）掌握 GIS 的概念以及特点。

（2）熟知 GIS 环境下的空间分析类型及功能。

【技能任务】

能通过对 GIS 选址软件的初步使用，对 GIS 的功能及操作有一定的感知。

一、什么是 GIS

GIS 是 Geographic Information System（地理信息系统）的缩写。GIS 起源于 20 世纪 60 年代，是对地理空间数据进行采集、存储、表达、更新、检索、管理、分析与输出的计算机应用技术系统。GIS 是以应用为导向的空间信息技术，强调空间实体及其关系，注重空间分析与模拟，是重要的地理空间数据管理和分析工具。

GIS 是客观现实世界抽象化的数字模型。客观现实世界极其复杂，运用各种数据采集手段和测量工具（如野外调查、遥感技术等）获取有关客观世界的数据，把各种来源和类型的地理空间数据数字化并输入计算机，按一定的规则组织管理，构建客观现实世界的抽象化数字模型，即 GIS，如图 7-1 所示。

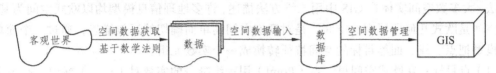

图 7-1　客观世界的抽象化过程

GIS 是地理空间数据管理、显示与输出的集成工具。GIS 不仅是客观世界抽象化的数字模型，同时还是一种对空间数据进行采集、存储、管理、显示与制图的计算机系统和集成工具。GIS 拥有所有大型数据库管理系统所具有的功能，如空间数据的采集、编辑、存储与管理，GIS 还为用户提供了许多用于显示地理空间数据的工具，其表达形式既可以是计算机屏幕显示，也可以是报告、表格、地图等硬拷贝方式。

GIS 是地理空间数据分析模拟与可视化的技术平台。GIS 支持多种数学模型综合运用，可以建立一系列具有分析、模拟、仿真、预测、规划、决策、调控等功能的模型系统，具体包括以下 2 个方面：

1. 空间数据分析与建模

对地理空间数据库中的数据进行分析与建模，挖掘出有用的空间信息，是 GIS 最具生命力的核心功能，也是 GIS 区别于其他计算机系统的主要标志。除了常用的 GIS 空间分析方法（如缓冲区分析、网络分析、拓扑结构分析等），还有用于复杂分析的空间数据建模（如空间统计分析模型、综合评价模型、预测模型、规划模型、决策分析模型等）。

2. 空间信息可视化

数据可视化技术贯穿 GIS 空间分析的始终，它将分析结果以易于理解的方式直观地表达出来，让用户能最大限度地利用信息，实现信息共享。从某种角度上讲，GIS 可以称为"动态的地图"，它提供了比普通地图更为丰富和灵活的空间数据表现方式。

二、GIS 空间分析

空间分析（Spatial Analysis，SA）是地理信息系统区别于其他信息系统的独特功能，空间分析处理的对象是地理空间目标。在 GIS 中，"空间"是一个极其重要的术语，理解空间和地理空间的准确含义，熟识地理空间数据的特征，是进行 GIS 空间分析的前提和基础。

（一）空间的概念

GIS 空间分析中涉及空间的描述有空间、欧式空间、拓扑空间、地理空间等多个概念。

日常语义中的"空间"是指事物之间的距离或间隔。空间可以定义为一系列结构化物体及其相互联系的集合，从感官角度将空间看作是目标或物体所存在的容器或框架，因此空间更倾向于理解为物理空间。从地理学的意义上讲，空间是客观存在的物质空间，是人类赖以生存的地球表层具有一定厚度的连续空间域。为了在 GIS 中对空间进行表述，我们需要借助于抽象的数学空间表达方法。

欧式空间是对物理空间的一种数学理解与表达，是 GIS 中常用的一种重要的数学空间表达方法。大多数空间实体在 GIS 中用二维方法描述，许多地理信息模型均以欧式空间为基础。欧式空间是欧式几何所研究的空间，是对现实空间简单而确切的近似描述，通过一个简单的二维模型把点、线、面等目标的空间特征转换成一个实数元组。

（1）点目标：在欧式空间里，点（Point）用一组唯一的实数对（x, y）标识，x, y 分别为其横、纵轴坐标值。

（2）线目标：GIS 中线（Line）可以代表空间物体的属性及其边界。根据线目标形状的不同，又可将线分为直线和曲线。直线可以用一个简单的二维公式 $ax+by=k$ 来描述，而曲线则可以用 $ax^2+bxy+cy^2=k$ 来描述。

（3）面目标：GIS 中面也称为多边形（Polygon）。多边形由有限条线段组成，按照形状的不同，可分为凸多边形、凹多边形和含内环的多边形。

欧式空间目标如图 7-2 所示。

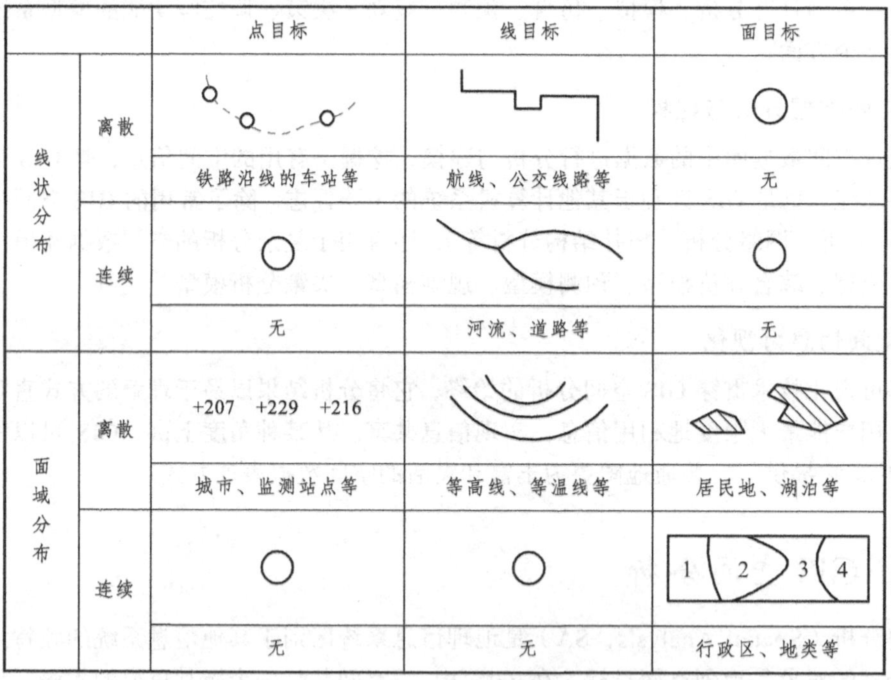

		点目标	线目标	面目标
线状分布	离散	铁路沿线的车站等	航线、公交线路等	无
	连续	无	河流、道路等	无
面域分布	离散	+207 +229 +216 城市、监测站点等	等高线、等温线等	居民地、湖泊等
	连续	无	无	1 2 3 4 行政区、地类等

图 7-2　欧式空间目标

拓扑空间（Topological Spatial）是另一种理解和描述物理空间的数学方法，也是 GIS 中常用的重要数学空间。欧式空间擅长二维或三维空间目标的空间方位、规模的表达，而拓扑空间则是描述空间目标宏观分布或目标之间相互关系的有效方法。

"拓扑"（Topological）一词源于希腊文，原意为"形状的研究"。拓扑学是几何学的一条分支，研究图形在拓扑变化时不变的性质。空间目标间的关联、相邻与连通等几何属性不随空间目标的平移、旋转、缩放等变化而改变，这些保持不变的性质就是拓扑属性，而变化了的性质则称为非拓扑属性（如一个多边形及多边形内的一个点，无论怎样延伸或收缩，该点仍会在多边形内，而多边形的面积则发生了变化，这时点相对于多边形的"内置"就是拓扑属性，而"面积"就是非拓扑属性）。

拓扑关系（Topological Relation）是不考虑距离和方向的空间目标之间的关系，包括相邻（Adjacent）、邻接（Connection）、关联（Conjunction）和包含（Inclusion）等。利用拓扑关系存储空间数据的效率最高，利用拓扑关系可以高效地完成对空间目标的检索、查询、叠加、缓冲等空间分析。

（二）地理空间

GIS 中的地理空间（Geospatial）是指经过投影变换后，在笛卡尔坐标系中的地球表层特征空间。地理空间一般被定义为绝对空间和相对空间两种形式。绝对空间是具有属性描述的空间几何位置的集合，由一系列不同位置的空间坐标组成；相对空间是具有空间属性特征的实体集合，由不同实体之间的空间关系构成。

地理空间是多维的，我们常用的是二维地理空间，如二维投影和平面地图，随着应用的深入，三维地理空间的使用会逐渐增加。

地理空间具有可分性和尺度特征，从理论上讲，地理空间是无限可分的，但对于地理空间的描述必须建立在一定的尺度基础上，在地理学中尺度的表述就是比例尺。同一地理对象在不同尺度空间的描述也是不同的，如一条河流在大比例尺地图上可以表示为面状对象，而在小比例尺地图上则只是一条线。

地理信息系统是一种数字式描述现实世界的简化方式，本质上是对客观地理世界的近似模拟。它以计算机内部的二进制数字世界作为存储载体，采用高度抽象的方法将空间地物抽象成几种基本类型的空间对象：点、线、面和复合对象，而空间地物间的关系则采用空间拓扑关系来描述，根据一定的方案建立数据模型对现实世界的数据进行组织。

用 GIS 语言对现实地理世界的表达要求尽可能真实地模拟现实世界，易于理解，并便于在计算机上实现，这是一个现实世界→概念世界→数字世界的认知、描述和转化的过程，可以理解为地理空间的多级抽象，如图 7-3 所示。

图 7-3 地理空间的抽象与空间分析

（三）空间分析

空间分析是集空间数据分析和空间模拟于一体的技术，通过地理计算和空间表达，挖掘潜在的空间信息，以解决实际问题。GIS 环境下的空间分析（见图 7-4）可以大致归为两大类：一类是基于点、线、面基本地理要素的空间分析，通过空间信息查询与测量、缓冲区分析、叠置分析、网络分析、空间统计分析等方法挖掘出新的信息；另一类则是地理问题模拟，通过专业的模型对地理实体和空间关系进行简化和抽象，解决应用领域的特殊问题。连锁门店选址用得最多的是空间几何关系分析，主要包括邻近度分析、叠加分析、网络分析等。

1. 邻近度分析

邻近度（Proximity）是描述空间目标距离关系邻近程度的重要物理量之一，表示地理空间中目标地物距离相近的程度。目前，比较成熟的分析方法有缓冲区分析、泰森多边形分析等，我们这里只介绍一下连锁门店选址中用得较多的缓冲区分析。

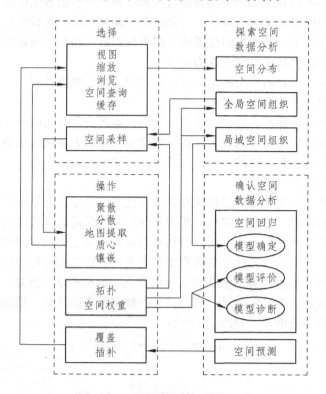

图 7-4 GIS 环境下的空间分析

缓冲区是指为了识别某一地理实体或空间物体对其周围地物的影响度，而在其周围建立的具有一定宽度的带状区域。缓冲区分析则是对一组或一类地物，按照缓冲的距离条件，建立缓冲多边形，然后将这一图层与需要进行缓冲区分析的图层进行叠加，得到所需结果的一种空间分析方法。

缓冲区分析适用于点、线、面对象，只要地理实体能对周围一定区域形成影响，即可使用这种分析方法。如图 7-5 所示，当我们想知道某个门店周围有多少居民，或者某一条或几条街道上有多少商店的时候，我们就可以以门店或街道为目标，设定缓冲区的宽度，生成环状缓冲区或道路缓冲区，用缓冲叠加人口或商店图层，即可获得需要的统计结果，如图 7-6 所示。

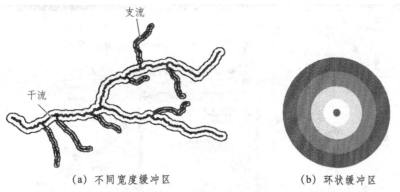

（a）不同宽度缓冲区　　　　　　　　　（b）环状缓冲区

图 7-5　不同类型的缓冲区

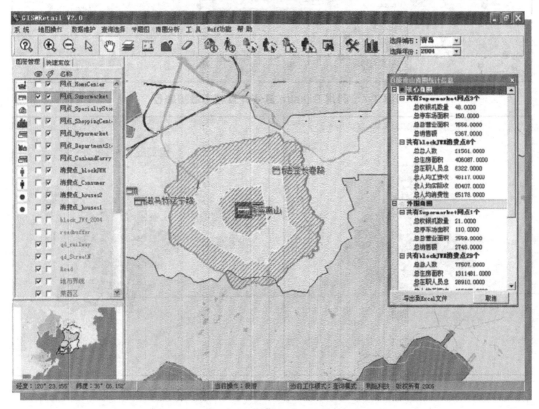

图 7-6　缓冲区分析结果

2. 网络分析

GIS 空间分析中的网络分析主要用来解决两大类问题：一类是研究道路连通性和求解最优路径；另一类是研究资源的最优分配和服务范围。其中与连锁门店选址关系最密切的是最佳路径分析，即对两个地理位置之间最佳路径的求解，求解的算法有很多，其中应用最广的是 Dijkstra 算法（见图 7-7），通过由近及远寻找任一起点到其他所有位置的最佳路径，直至到达目标地。通过最佳路径分析，我们可以获得顾客和门店之间真实的到达距离或到达时间，如图 7-8 和表 7-1 所示。

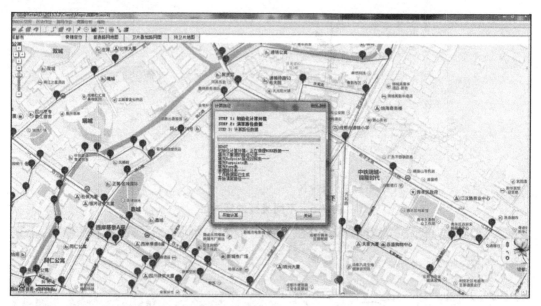

图 7-7 利用 Dijkstra 算法计算城市最短路径

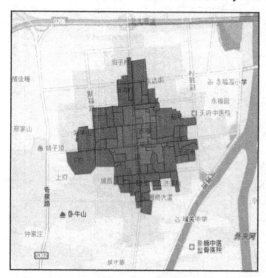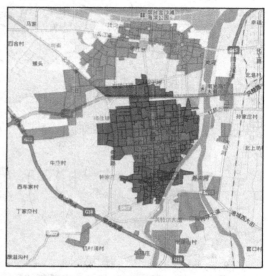

图 7-8 根据最短路径表生成的门店步行和车行到达范围

表 7-1 根据步行和车行到达范围叠加人口数据获得的商圈购买力统计

步行到达范围				
图层	时间	居住户	总的购买力/万元	每户购买力/元
1	0~10 min	3 888 户	11 852	30 484
2	10~20 min	11 821 户	31 369	26 536
3	20~30 min	23 769 户	76 038	31 990
总计	0~30 min	39 478 户	119 258	30 209

车行到达范围				
图层	时间	居住户	总的购买力/万元	每户购买力/元
1	0 ~ 5 min	24 860	70 660	28 423
2	5 ~ 10 min	34 054	103 509	30 396
3	10 ~ 15 min	22 558	52 001	23 052
总计	0 ~ 15 min	81 472	226 170	27 761

以小组为单位,进行连锁门店选址软件的初步操作,做到基本能正确操作,初步感知 GIS 选址软件的基本功能。

任务二　连锁门店选址中的 GIS 技术

【学习任务】

（1）明确连锁门店选址中引入 GIS 技术的必要性。

（2）掌握空间数据和属性数据的获取方法。

（3）了解 GIS 软件的模型及数据分析原理。

【技能任务】

实际上机操作 GIS@Retail,通过数据分析、网络分析、商圈界定、营业额预估等,辅助连锁门店选址工作。

一、为什么要在连锁门店选址中引入 GIS 技术?

现代城市零售环境中门店商圈辐射以及存在竞争关系对手分布的范围远远超出传统定义范围,研究区域必须不断扩大。不同业态门店间实际存在的间接竞争关系,使得企业要收集和分析的数据对象也不再局限于周边人口和直接竞争对手。众多类型的数据给收集和分析带来远超以往的工作压力。

利用 GIS 技术,我们可以将整个研究区域（城市或地区）内各种类型的数据（人口、竞争对手、交通路网等）按照统一的空间坐标体系（见图 7-9）,整合到一个完整的地理空间数据库中,避免数据单独存储带来的应用困难、管理不便和应用低效。利用统一的空间平台,选址人员可以很方便地对上述信息进行交互分析,挖掘各类数据之间的内在关联,建立准确和客观的消费行为模型,使准确预测门店销售额成为可能。

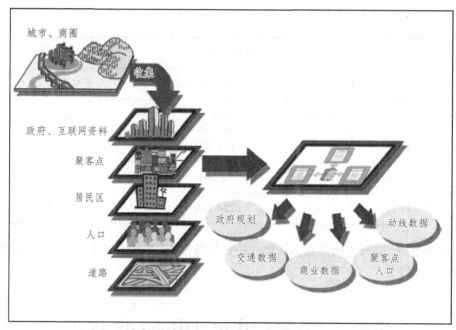

图 7-9　基于 GIS 技术的连锁企业门店选址

（一）显示门店的有效商圈

商圈（Catchments Area 或 Trade Zone）是零售企业的经营活动空间和顾客的消费行为空间直接或间接重叠构成的一个动态范围。在传统的选址理论中，商圈形状都是同心商圈（Concentric Catchments Area），包括同心圆和同心多边形，而现实环境中门店的真实商圈形状有可能是离散化、碎片化的离散商圈（Scattered Catchments Area）。之所以出现如此大的区别，关键在于使用了不同的商圈界定方法。

传统的商圈界定主要依靠拓展人员的主观经验和已有顾客数据，但现代城市商业环境的复杂程度，造成商圈范围确认的难度大大增加，传统的商圈范围划分方式已经完全无法适应现在的商业环境和分析要求。网点分布密度较高，商圈之间交错甚至嵌套现象普遍；不同业态网点间既有间接竞争，也有聚集（换客）效应；城市交通体系下同一网点存在多个辐射商圈，如何提前准确界定门店的有效商圈，成为困扰拓展人员的一大难题。

商圈范围划分是门店销售预测的基础，很难想象在错误的商圈范围划分上能够得到准确的销售额预测。确定商圈的位置、形状、大小和消费容量是任何选址工作的起点，但门店真实有效的商圈是什么样子的呢？

图 7-10 分别显示的是某家门店的 4 种商圈形状，依次为同心圆商圈、基于道路网络的同心多边形商圈、基于公交线路的同心多边形商圈，以及综合考虑了道路网络、公交体系、竞争对手后的有效商圈。只有认识了真实商圈，才能真正了解顾客群体有多大、他们具体来自哪里、哪些因素在阻碍（或促使）他们到门店来消费。

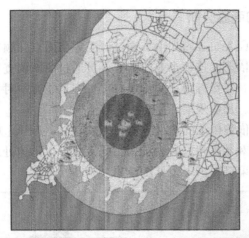

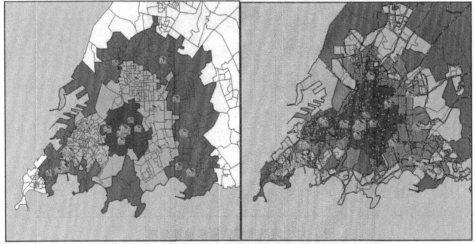

图 7-10 传统商圈与有效商圈

（二）直观、快捷的商圈分析

商圈分析（Catchments Area Analysis）通过研究零售网点和顾客以及竞争对手的空间关系，为门店选址提供决策依据。连锁企业的拓展人员通过商圈调查和商圈分析，了解潜在顾客的地理分布、人口特征、消费行为；分析现有市场容量、竞争对手覆盖范围，发现市场空隙；寻找合适的业态定位、营业规模、品类组合等。

以往的商圈分析更多依赖传统的统计方法和工具软件，工作量大且分析结果抽象、分散，利用 GIS 独有的空间分析和数据可视化功能，拓展人员可以迅速处理海量的调查数据，同时以最直观的方式将分析结果呈现出来（见图 7-11 ~ 7-15）。

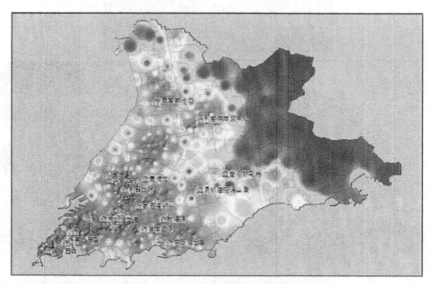

图 7-11　青岛市零售需求地理分布

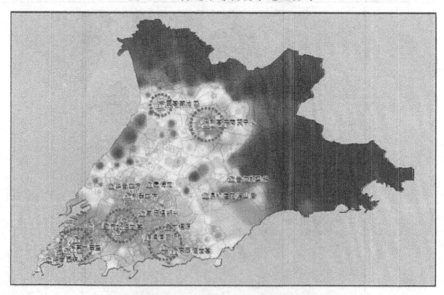

图 7-12　青岛市零售供给地理分布

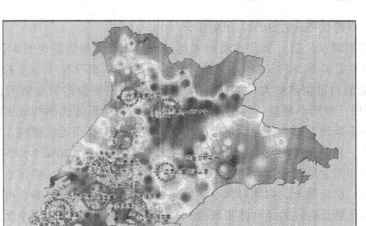

图 7-13　青岛市零售机会地理分布

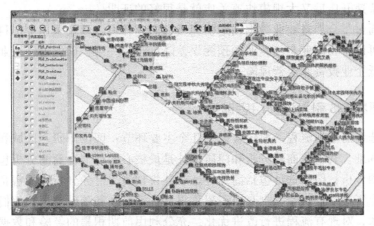

图 7-14　青岛市台东商圈商业网点分布

图 7-15　厦门市主要商圈业态构成

（三）门店营业额预测

传统的连锁门店选址中，受选址方法、分析工具、人员素质以及选址预算等条件的限制，对门店开业后的营业额预测相对较粗，做得好的企业，一般能够将预测误差控制在 20% 以内，做得差的企业，误差往往超过 30%甚至更多。

我们知道不同商业业态，其营业利润率相差很大，如便利店的毛利率可以做到 15%～20%，专业店和专卖店为 20%～25%，而大型综合超市毛利率只有 15%左右。由此导致不同业态的租金承受能力也相差很大，例如，大型综合超市的租金占营业额的比例一般控制在2%～3%甚至更低。利润率越低、前期投入越大的业态，对租金比例的敏感度越高，而前期如果营业额预估不准确，门店开业后很可能沦为给业主打工甚至无法维持。大家最熟悉的大型综合超市业态，开业首年的营业额预估误差要求控制在 10%～20%的水平。

预估营业额和租金是选址过程中连锁企业最关注的两个指标，从确保选址成功的角度来讲，营业额是本，租金是末。如果对营业额的预估比较准确，租金只要在可承受的范围，则门店就可以保证足够长时间的经营并实现盈利和续租；反之，超出合理承受范围的高租金，商户看不到盈利的希望，只会尽早闭店止损。随着国内商业市场的日趋饱和，连锁企业跑马圈地就能成功的日子已经一去不复返，门店营业额预测精度的硬伤日渐明显，近年来众多连锁企业大规模快速开店后又大规模快速关店就是很好的证明。

GIS 技术通过整合海量商业数据构建仿真城市商业环境，以及采用更加科学准确的营业额预测模型，可以将相同业态的营业额预测误差降低至少一半，确保连锁企业选址决策的准确性，有效降低企业投资和经营风险。

（四）如何将 GIS 引入连锁门店选址

零售企业选址的基本流程一般包含以下几个主要环节：区位调研、区域和城市选择、商圈分析、门店选址。其中，商圈分析和门店选址是最核心的环节，商圈分析包括商圈界定、商圈调查、商圈分析；门店选址包括商铺寻址、销售预测、财务分析。零售企业的选址工作已经进行了数十年甚至上百年，自身也积累了很多选址标准和基础数据，他们需要的是用先进的理念和技术，对现有流程进行改进优化，充分利用前期积累的经验和数据，而不是全部推倒重来。

GIS 技术是一种生产工具，但并不是万能钥匙。理论上来说，所有的技术分析都是传统人工分析方式的重复和提炼，从分析的逻辑和流程上并无本质上的区别，唯一的区别在于技术提升了人工分析的效率，使许多过去不敢想象、尝试的复杂分析（如海量大数据分析、空间分析、仿真模拟等）成为可能，从而提高了分析的深度和准确性。

GIS 选址系统的建设不能指望一蹴而就，要实现科学的门店选址，需要数据、模型、软件三方面共同配合，更需要连锁企业拓展部门从思维模式到业务流程上的改变，初次引入 GIS技术的企业，应本着按需开发、逐步升级的原则，先从市场数据的空间化、分析数据的可视化等对能充分利用原有资源、额外投入不大、功能容易实现且效果直观可见的环节入手，在应用中学习领悟 GIS 技术的精髓和价值，才能在后期的业务规划和系统建设中做到有的放矢、事半功倍。

二、如何构建 GIS 连锁门店选址系统

作为一种商业分析系统，GIS 连锁门店选址系统的构成包括数据、模型、软件 3 个基本要素。

（一）数　据

充足、准确的数据是展开分析的基础，GIS 分析系统中使用的数据包含空间数据和属性数据两大类。

1. 空间数据

空间数据是指用来表示空间实体的位置、形状、大小及其分布特征诸多方面信息的数据，它可以用来描述来自现实世界的目标，它具有定位、定性、时间和空间关系等特性。空间数据是一种用点、线、面以及实体等基本空间数据结构来表示人们赖以生存的自然世界的数据。

通俗地讲，空间数据就是 GIS 分析系统中使用的电子地图，也称数字地图，是利用计算机技术，以数字方式存储和查阅的空间数据，与传统的纸质地图以纸张作为载体不同，电子地图是以数据库为基础的数字地图，它不受比例尺和地图幅面的限制，可以随意缩放、漫游和平移，可以实现地图要素的分层可控显示。

我们在使用电子地图的时候经常会看到诸如 1∶5 000、1∶10 000、1∶50 000 等比例尺的描述，既然电子地图是无级缩放的，为什么还会有比例尺呢？这个比例尺有什么实际作用吗？GIS 连锁门店选址系统应该选用哪种比例尺的电子地图？

比例尺在制图学上是一个专业术语，指的是地图上某一线段的长度与地面上相应线段水平距离之比。从理论上讲，电子地图是不存在比例尺的，只有当地图数据被显示出来以后才有比例尺，电子地图的比例尺更多反映的是地图显示范围内空间实体的详细和精细程度，我们将其理解为电子地图的分辨率更为准确，但为方便交流和理解，一般仍称之为比例尺。

不同分辨率的电子地图，在显示空间实体的密集程度、细致程度、精确程度和表达方式4 个方面是有很大区别的，表 7-2 是几种常用电子地图比例尺在这几个方面的对比实例。

表 7-2　几种图层说明（对照表）

图　层	1∶5 000	1∶10 000	1∶50 000	1∶250 000
行政区划	省、市、县、区（乡）	省、市、县、区（乡）	省、市、县	省、市、县
面状水系（河流、湖泊、水库等）	很详细	比较详细	较粗略	有主要河流水系
地区界线	城市区界、县界和省界	城市区界、县界和省界	县界和省界	县界和省界
道路（国道、高速公路、快速路、主干道、次干道、支路、环岛、普通桥、立交桥、高架桥、辅路等）	包括国道、高速公路、快速路、主干道、次干道、支路、环岛、普通桥、立交桥、高架桥、辅路等	包括国道、高速公路、快速路、主干道、次干道、支路、环岛、普通桥、立交桥、高架桥、辅路等	道路（国道、高速公路、快速路、主干道、次干道、支路、普通桥、立交桥、高架桥等）	高速公路、国道、县乡道
绿地（旅游景区、植被）	有，比较详细	有，较粗略	无	无

图 层	1 : 5 000	1 : 10 000	1 : 50 000	1 : 250 000
行政区划	省、市、县、区（乡）	省、市、县、区（乡）	省、市、县	省、市、县
地物（党政机关、医院、学校、地名等，用不同的编码分开）	包括党政机构、制造业、宾馆酒店、公共场所、商场、教育科研机构、医疗卫生机构、交通服务设施、金融机构、旅游景点、交通枢纽、居民小区，并且有主要建筑群落的勾络	包括党政机构、宾馆酒店、公共场所、商场、教育科研机构、医疗卫生机构、金融机构、旅游景点、交通枢纽、居民小区；以上分层是点状信息	居民地图层，到村一级居民地都是面状数据	居民地图层，到县一级居民地为面状图层；村镇为点状图层
建筑物	有（主要建筑）	无（除个别主要建筑外）	无	无
单线河	有很详细分层（河、渠等）	有很详细分层（河、渠等）	有单线河、渠、运河	有单线河、渠、运河
道路边线（一、二、三级道路面）	有	无	无	无
铁路	有铁路、地铁	有铁路、地铁	有铁路	有铁路
其他	比较详细的附属设施	比较详细的附属设施	内容较少	内容很少

注：不同比例尺地图数据的区别可从如下几点考虑：

（1）地图精度，大比例尺地图的精度高于小比例尺地图。

（2）地图的详细程度，大比例尺地图比小比例尺地图详细，如有些要素在 1 : 5 000 上表示，在 1 : 50 000 上就没有表示，1 : 5 000 上能把一定大小的居民楼的形状表现出来，而 1 : 50 000 会把一个村作为一个面来表示。

（3）几何特征，一定面积或一定宽度的地物要素，在不同比例尺上的表示不同，如一条河流，在 1 : 5 000 上表示为面，在 1 : 50 000 上可能表示为线等。

（4）总的来说，对于商业分析，1 : 5 000；1 : 10 000 的电子地图区别不是很大。

　　根据 GIS 分析系统的类型（桌面 GIS 系统或 Web GIS 系统），其使用的电子地图也分为桌面地图（Desktop Map）和在线地图（Online Map），前者是以图层文件的形式存储的地图数据，存放在本地计算机或局域网中，需要专门的 GIS 软件打开和使用；后者则是将地图数据存放在在线地图服务商的服务器上，根据用户通过互联网浏览器提交的数据需求将查询或计算结果以切图的方式发送并显示在用户的终端上，我们日常生活中常见的谷歌地图、百度地图、高德地图等就是在线地图。

　　传统的 GIS 分析系统大多使用桌面地图，其优点是数据结构完整、图层信息丰富，可以直接用于各种空间分析，而无须再做额外的技术处理；缺点是获取和更新成本高、数据时效性差，而且对软件和硬件有要求。近年来越来越多的 GIS 分析系统开始使用在线地图，相对于桌面地图，在线地图的成本更低甚至免费，而且无须专门的 GIS 软件，只要是能够连接互联网的设备（计算机、平板、手机）即可使用；缺点是地图服务商提供的数据调用接口对大批量频繁访问有限制，不能满足商业分析的要求。

除了比例尺，选购电子地图时还需要考虑的因素如下：

① 数据内容。即电子地图都包含哪些空间数据和属性数据，空间数据方面应包含地貌、水系、居民地、道路网、行政边界等基本信息；属性数据一般为地图服务商能提供的各种兴趣点（Points Of Interesting，POI），如机关、医院、写字楼、旅游景点、商业网点等。在线地图一般还会提供卫星照片等栅格数据。

② 覆盖范围。桌面地图一般都是按城市销售的，所以在选购时必须了解电子地图是否覆盖要研究的地域，一般地图服务商对于同一个城市会有多个版本的数据，如成都全境、成都市区、成都主城区对应的地理范围就有很大区别。在线地图则不存在这个问题。

③ 数据格式。桌面地图主要格式有 Mapinfo 的 TAB、ESRI 的 SHP、AutoCAD 的 DXF 格式等，在线地图的主要格式有谷歌地图、百度地图、高德地图等。选购电子地图时需要注意地图数据与分析软件的匹配。

④ 数据时效和更新服务。桌面地图由于是一次性购买和需要定期更新维护，需要重点考虑。时效性方面，可以要求地图服务商先提供购买城市局部范围的切片样图，通过对比样图中的道路网和兴趣点来判断地图数据是否陈旧过时，一般的地图服务商都会声称其数据每年甚至每季度都更新，但实际上所谓的更新都是针对地图局部信息，整个城市的数据能做到两年一更新都很少有人做到。更新维护方面，一般的地图服务商都会提供一定时间的免费更新维护，超出免费更新维护期后，每次更新维护会收取购买价格 5%～20%不等的费用。相对而言，在线地图的时效性反而优于桌面地图，而且无须支付任何更新维护费用。

⑤ 地图服务商资质。电子地图生产在我国仍属于资质管理行业，个人和企业必须从有测绘资质的地图服务商处购买地图数据。测绘资质分甲、乙两个等级，主要区别是甲级测绘资质地图服务商可以跨省测绘，而乙级测绘资质地图服务商只能开展省内测绘，具体的测绘资质名单可以在国家测绘地理信息局网站上查询。

2. 属性数据

属性数据是指用来表示空间实体、空间特征以外其他信息的数据，如人口数量、网点面积、交通流量等都属于属性数据。属性数据通过空间实体的标识 ID 与其对应的空间数据关联，在 GIS 分析系统中，每个空间实体只有唯一的一个 ID 标识码。属性数据是 GIS 连锁门店选址系统的重点分析内容，商圈分析与门店选址中需要收集的属性数据包括以下 3 个方面。

（1）人口地理数据。

① 人口分布。

a. 现有人口：户籍、常住和流动人口。

b. 未来新增人口：在建在售楼盘、规划入住人口。

② 人均收入与消费水平。

（2）交通路网数据。

① 道路条件（路况、限速、通行限制、红灯设置等）。

② 公交体系（线路及站点分布、车次间隔等）。

③ 商圈内交通流量。

  a. 人流量。

  b. 非机动车流量。

  c. 机动车流量。

（3）竞争对手数据。

① 地理分布。

② 业态、规模。

③ 商品、定位。

④ 业绩、租金。

⑤ 顾客消费行为。

  a. 消费目的。

  b. 消费时间（频率、主要时段）。

  c. 消费数量（客单价）。

  d. 消费地点（偏好及其背后的原因）。

  e. 消费出行方式。

  f. 人群特征（性别、年龄、职业、教育水平、家庭结构、个人及家庭收入等）。

  g. 对目前商圈购物环境的意见及期望。

（二）模 型

  用于预估营业额的门店选址模型有很多，从方法体系上主要分为两大类：一类主要基于对各种数据的回归分析模型，如类比店法（Analogy Store Model）、线性回归（Regression Model）、指标评分（如 AHP）等；另一类则主要借助空间分析技术，如零售饱和系数（IRS）、雷利引力法则（Reilly's Gravitation Law）、康弗斯均衡点模型（Convers Break-Even Point Model）、赫夫概率模型（Huff Probability Model）等。

  传统门店选址应用最多的是回归分析模型，但它忽略了影响网点业绩的最重要因素，包括网点与消费点之间的空间吸引关系，以及网点与竞争门店之间的空间竞争关系。部分使用回归模型的企业通过积累大量（数百甚至数千）网点样本数据，可以拟合出现有门店的销售情况，但只要上述网点环境稍有变化，预测结果就会出现非常大的偏差。现实中大多数零售企业也不具备如此数量众多的网点，使用回归分析模型的效果更差，图 7-16 为某餐饮企业使用的类比店销售额预测模型。

  空间分析模型中，IRS、雷利、康弗斯 3 种模型都假设各竞争网点之间有明确的、不可逾越的界线，而在现实城市商业环境中，由于网点分布得密集，不同规模网点的商圈之间往往出现互相交错乃至嵌套的情况，上述模型不能真实反映门店现实的竞争环境，预测出来的销售额也与实际相差甚远。

  赫夫概率模型的机理类似于万有引力定律，只要是在网点有效辐射和消费者出行极限范围内，所有网点和消费点之间的相互影响都可以被计算并准确量化。根据对国内多个城市数种业态上百家门店长年的跟踪研究，我们认为赫夫概率模型是中国城市零售环境下，最适合综合零售类门店（购物中心、大卖场、超市、便利店等）的销售预测模型。

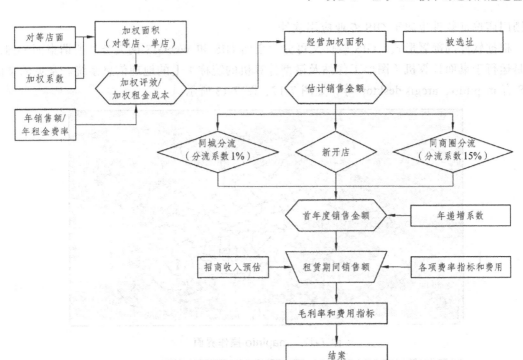

图 7-16 某餐饮企业使用的类比店销售额预测模型

赫夫概率模型基本公式：

$$P_{IJ} = \frac{\dfrac{S_J^{\mu}}{T_{IJ}^{\mu}}}{\sum_{J=1}^{n} \dfrac{S_J^{\mu}}{T_{IJ}^{\lambda}}}$$

上述公式是标准的赫夫概率模型，其适用需要以下前提：

公式中的对象（消费者、网点以及购买的产品或服务）必须同质化，即不存在家庭收入、消费层次、经营业态、价格定位、产品或服务质量等方面上的差异，而现实中是很难找到同时满足上述前提的实例。很多人在使用赫夫概率模型时忽略了这些前提，造成预测结果与实际业绩相差很大，无法令人信服。

在单个门店最优选址（Location of Store）的基础上，利用 GIS 分析模型，还可以实现对门店调整和整个门店网络优化（Location-Allocation of Store Network）的动态模拟和决策支持。门店调整和网络优化是为了适应不断变化的竞争环境（城市规划、交通限制、地块拆迁、对手开店等）而进行的持续性经营调整，会伴随网点的整个经营周期。门店调整包括对门店的"关、迁、扩、改"。网络优化包括针对现有网络的优化和针对并购门店的优化。

（三）软 件

GIS 软件可以简单地分为 GIS 平台软件和 GIS 专业应用软件。GIS 平台一般包含 GIS 的通用功能，如地图显示、编辑、分析、打印等，也提供二次开发功能。而 GIS 专业应用软件一般是面向某个特定专业需要而开发的专用软件，如地籍管理系统、土地规划管理系统等，连锁门店选址软件也属于 GIS 专业应用软件。

根据软件的部署形式，GIS 软件又可分为桌面 GIS 和 WebGIS 两大类。所谓桌面 GIS，就是运行于桌面计算机（图形工作站及微型计算机的统称）上的地理信息系统。常见的桌面 GIS 有 mapinfo、arcgis desktop 等，如图 7-17、图 7-18 所示。

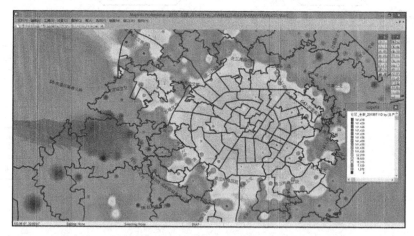

图 7-17　mapinfo 操作界面

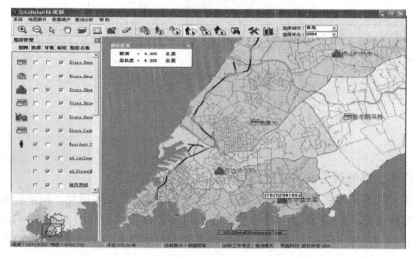

图 7-18　GIS@Retail 操作界面

Web GIS（见图 7-19）则是一种在 Internet 或 Intranet 环境下基于 HTTP 协议的用来存储、管理、分析、发布和共享地理信息的 B/S 模式的分布式计算机应用系统，是一种以面向公众为主的地理查询服务和应用分析系统。Web GIS 的基本思想就是在互联网上提供地理信息服务，让用户通过浏览器从 Web GIS 服务器上获取地理数据和地理处理服务。Web GIS 使全球范围内的用户拥有使用分布式地理信息的能力，用户可以从互联网的任意一个节点，通过 Web 浏览器访问或共享由一个或多个 Web GIS 服务器发布的数据和功能，而不必购买专业的 GIS 软件。Web GIS 客户端采用 Web 浏览器，如 IE、FireFox。Web GIS 是利用 Internet 技术来扩展和完善 GIS 的一项新技术，其核心是在 GIS 中嵌入 HTTP 标准的应用体系，实现 Internet 环境下的空间信息管理和发布。

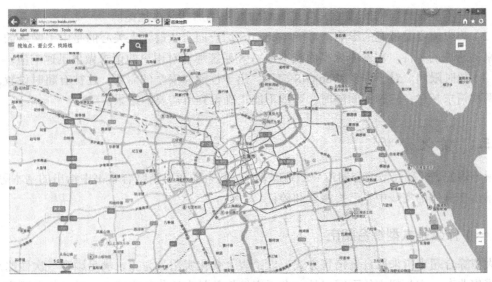

图 7-19　Web GIS 实例

与专业的桌面 GIS 或基于 C/S 模式的网络 GIS 应用相比，Web GIS 具有以下几个方面的特点：

（1）是一种大众化的 GIS。Web GIS 拥有更广泛的客户访问范围，可以为互联网上的任何用户提供地理信息服务。Web GIS 应用主要是为了满足大众的需求，操作方便，因而是一种大众化的 GIS。

（2）开发管理成本低。Web GIS 利用通用的 Web 浏览器来访问地理信息，从而大大降低了终端客户的学习和培训成本。同时，Web GIS 采用常用的动态 Web 页（如 ASP 技术）开发技术，应用开发简单。

（3）与其他 Web 应用无缝集成。Internet 技术标准是开放的、非专用的，这为 Web GIS 与其他 Web 应用的无缝集成提供了可能，从而可以在任何需要 GIS 功能的 Web 应用中嵌入或集成 Web GIS 应用。

（4）客户端平台独立性。无论客户机是何种操作系统，只要支持通用的 Web 浏览器，用户就可以访问 Web GIS 数据和功能，不需要在客户机上进行额外安装。

（5）数据维护方便，现势性强。Web GIS 应用的数据通常集中在一个或若干个服务器上。Web GIS 用户可以直接通过 Web 浏览器从网上获取所需要的各种地理信息、进行各种地理信息的分析，而不用关心空间数据库的维护和管理。Web GIS 数据的采集、整理和更新工作可以专业化和社会化，让专业的数据公司来集中维护基础地理数据，从而减少不必要的重复工作。

现在流行的 Web GIS 平台有 ARCIMS、MapXtreme 等。Web GIS 可以使用通用浏览器进行浏览、查询，也可通过浏览器上的插件（plug-in）、ActiveX 控件和 Java Applet 来进行 Web GIS 功能的访问，浏览器和这些插件都是免费的，易获取的，很大程度上扩大了 GIS 的潜在用户范围。而以往的 GIS 由于成本高和技术难度大，往往成为少数专家拥有的专业工具，很难推广。

Web GIS 的主要不足包括以下 3 个方面：

（1）有限的交互性。Web GIS 与传统的桌面 GIS 相比，用户与浏览器的交互显然要逊色得多。用户不能像桌面 GIS 或 C/S 模式的 GIS 客户端那样体验地图。

（2）响应速度受带宽的影响。对于 Web GIS 用户而言，最让人关心的是由于网络的延迟而带来的超长的等待。它不能像桌面或本地 GIS 系统那样对用户的请求做出迅速响应。

（3）超时限制。对于许多 Web GIS 应用，出于性能和安全的需要，往往有超时设置。当用户两次请求超过一定时间间隔时，可能不能正确得到所需要的结果。

三、案例分析

限于篇幅，只举大型综合超市一个业态例子，其余的业态请结合本书中给出的基本思路，留给学生在具体的实践中自己去探索和验证。

（一）什么是大型综合超市

大型综合超市指采取自选销售方式，以销售大众化实用品为主，满足顾客一次性购足需求的零售业态。它与超市的不同之处，在于它销售的是大众化的实用品，满足的是顾客一次性购足的需求。

按照 2010 年零售业态分类标准，大型综合超市的经营面积一般在 6 000 米^{2}以上，辐射半径 2 千米以上，目标顾客以居民和流动顾客为主，选址常在市、区商业中心，城乡接合部，交通要道及大型居住社区。我们常见的大型综合超市品牌有沃尔玛、家乐福、大润发、欧尚、华润万家等。

（二）为什么选择大型综合超市来做本书案例

如前所述，大型综合超市的顾客的消费有很强的目的性，相对而言，目的性消费分析的准确度和分析价值要高于随机性消费。在大型综合超市消费中，顾客到达商店的交通距离和路程时间对其网点选择有非常大的影响，尤其当竞争网点之间同质化程度较高时更为明显（大型综合超市之间在规模、产品、质量、价格等方面的差异相对较小，而由于分布位置的不同，顾客到达各网点的距离和时间则有很大差异）。

大型综合超市的商圈辐射范围大，涉及的顾客来源广泛，同时由于大型综合超市经营的产品种类繁多，商圈范围内存在大量直接或间接竞争对手，选址分析的数据量和计算量更大，超出传统人工分析模式的承受能力。大型综合超市的客流聚集受路网布局、公交线路等因素的影响较大，传统的同心圆商圈分析方式误差过大。

相对于其他零售业态，大型综合超市的经营利润率较低，选址过程中销售额预估必须足够准确，传统选址分析的预估误差太大，不能满足精确选址的要求。传统选址分析方式下大型综合超市销售额预测的平均误差超过 20%，单店极端情况下可能达到 30%甚至 50%，远远不能满足精细化选址的要求，利用 GIS 技术可以将上述误差降低到 10% ~ 20%。

相对于传统的选址分析方式，GIS 选址分析的投入较大，并非所有业态都适合采用。大型综合超市的单店投资规模巨大（无论是长期租赁物业还是投资自建），动辄数千万元甚至上亿元，而且一般与业主签订的都是长期租约，迁移成本高昂，因此其选址决策风险较一般零售业态要高得多，对前期调研论证的投入相对较多，GIS 选址分析的预算有保证。

（三）大型综合超市选址分析的重点

大型综合超市的前期投入大、迁移成本高、经营利润率低、投资回收时间长，因此，准确的商圈调查和营业额预测，是确保门店长期生存并最终实现盈利的关键。

1. 商圈界定和营业额预估方法选取

商圈界定是所有业态门店选址分析工作的基础和起点，商圈的大小决定了门店服务顾客数量的多少，而商圈范围内竞争对手的数量和地理分布，则决定了门店在竞争中能够获得市场份额的大小，两者共同决定了一家门店的营业额规模。

传统选址分析方式下，选址人员会以网点位置为圆心，向周边分别画半径为 1、3、5 千米的同心圆商圈，然后调查每层商圈的居住人口和竞争对手，在此基础上凭借经验推算本网点在每层商圈的市场份额，进而计算出网点未来的销售额，如表 7-3 所示。

表 7-3　传统选址方法中商圈界定和营业额预估

商　圈	商圈范围	常住人口/人	人均消费/元	商圈购买力/元	竞争对手	推断份额	营业额/元
核心商圈	1 千米半径	271 000	3 500	948 500 000	2	20%	189 700 000
边缘商圈	3 千米半径	501 000	3 600	1 803 600 000	6	5%	90 180 000
外围商圈	5 千米半径	528 000	3 700	1 953 600 000	2	1%	19 526 000
合计							299 416 000

而在真实的城市商业环境下，商圈的形状和大小会受城市地理障碍、交通路网布局、竞争对手分布、顾客出行方式等因素的影响，呈现为不规则多边形甚至离散式、碎片状。造成网点商圈离散式碎片化的原因有很多，主要包括不同业态混业竞争、网点分布过密以及交通路网和公交线路的不规则分布等，这些都会造成城市环境下零售网点之间产生严重的商圈嵌套现象，而其中尤以大型综合零售类网点最为严重。

在如此复杂的竞争环境下，依然坚持使用传统的画同心圆和主观推断市场份额方法来预估门店营业额，无异于刻舟求剑、缘木求鱼，预估出来的营业额与开业后实际数字相差甚远，曾经开店必火的外资大卖场最近几年经常失败，除了市场环境的变化和自身经营方面的问题外，其中有很大一部分原因就是坚持使用这种落后的商圈界定方法。

现代城市环境下，真实的零售商圈应该具备以下几个特点：

首先它要覆盖门店绝大多数潜在顾客，由于现代城市私家车和地铁等快速交通体系的普及，门店的商圈覆盖范围比传统的 3 或 5 千米要大得多，决定顾客是否光顾某家门店的不再是单纯的直线距离，而是有效到达时间。

同样，商圈层次也不再简单以到门店的距离来划分，距离较远的顾客，由于交通条件的原因，到达门店的时间可能更短。距离很近的顾客，如果附近有众多竞争网店分流，最终光顾门店的概率可能更低，真实商圈的商圈分层标准是顾客光顾门店的概率而非单纯的直线距离或到达时间。

利用 GIS 技术中的缓冲分析，我们可以很方便地建立以门店为起点，以不同到达距离、交通时间为半径的缓冲区，实现更客观准确的商圈范围界定，GIS 技术的特点就是分析对象的全局性，门店商圈范围不再局限于传统的几千米或几十分钟交通时间，只要存在潜在到店可能的顾客以及可能与本网点争夺顾客消费份额的竞争对手，都会被纳入计算范围，从而避免传统选址分析方式下对顾客群体和竞争对手的主观误判和漏判。而通过建立所有网点的商圈，并进行消费分流分析，我们可以得到真正的、基于顾客实际到店概率而非简单到达距离或交通时间的真实商圈。图 7-20 为青岛某大型综合超市传统商圈与真实商圈对比。

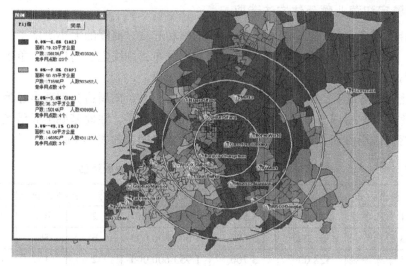

图 7-20　青岛某大型综合超市传统商圈与真实商圈对比

2. 数据收集

GIS 选址分析需要的数据包括空间数据和市场数据。

空间数据即分析用电子地图，需要包含基础地理图层、道路网、公交和班车线路；空间数据必须保证足够的准确性和时效性，电子地图可以购买矢量地图，也可以在在线电子地图或卫星照片的基础上自行加工。

市场数据包含顾客和竞争对手两个方面。竞争对手需要包含所有的直接竞争对手和主要的间接竞争对手，前者的标准为业态相近、规模不同，包括其他大型综合超市、仓储式会员店、综合超市、社区超市等（便利超市、折扣店、便利店、食杂店等业态因规模过小，可在扣除整体市场份额后忽略不计），后者的标准为业态不同、但同等品类营业规模相近，包括菜市场、家电专卖店、家居建材商店等。

竞争对手市场数据包括所属业态、地理位置、营业时间、经营产品（细分到品类）、经营规模（营业面积：总体和单品类）、营业额、租金、客流量、客单价等。

顾客需要包含居民人口和非居民人口，前者主要指本地区的常住居民，后者则包括学校、工厂、军队等单位宿舍居住人口、办公人群以及特定地点（如旅游景点、交通枢纽）的流动人群。

顾客市场数据包括人口类型、地理位置、人口数量（户或人）、人口结构（包括性别、年龄、职业、收入、支出、家庭结构等）、消费习惯（包括消费频率、消费金额、消费场所、出行方式等）。

市场数据的收集以二手资料收集和一手数据调研相结合的方式完成，具体调研内容包括网点、人口普查、客流监测、抽样调查等。

3. 数据处理

首先是空间数据处理。空间数据处理的最主要工作是构建最短路径表，顾客与网点的真实"距离"是实际到达时间而非简单的直线距离，而影响实际到达时间的因素除了道路网的布局，还有顾客选择哪种交通方式。为了获得准确的到达时间，我们需要将道路网矢量化，并计算出每个顾客与网点之间的实际距离，然后根据不同的道路等级和交通方式下的平均通行速度，换算成每个顾客与网点之间的准确到达时间。当我们使用的地图是在线地图时，我们还需要额外做一项工作，即参照在线地图中显示的道路，重新编辑一套矢量化的道路网（见图 7-21）；如果使用矢量地图则无须此项工作，因为矢量地图中道路图层本身就包含道路等级和路点之间的拓扑关系。

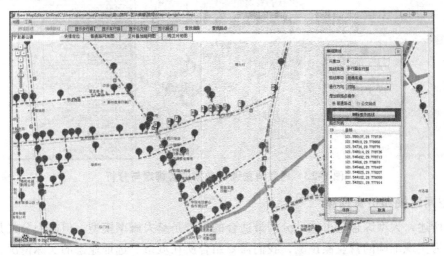

图 7-21 利用 GIS 软件和在线地图对道路网进行矢量化编辑

其次是市场数据处理。收集的市场数据必须按照其地理位置，与地理空间对象（点、线、面）绑定，才能用于空间分析。考虑到不同市场数据的空间属性和表达形式，我们会为其选择不同的绑定对象（见图 7-22 和图 7-23）。一般而言，点对象适合绑定位置独立的网点或单个顾客数据；线对象适合绑定某条道路或街道的属性数据（如租金、人流量等）；面对象适合绑定某个顾客群体（如居委会、居住小区等）数据。

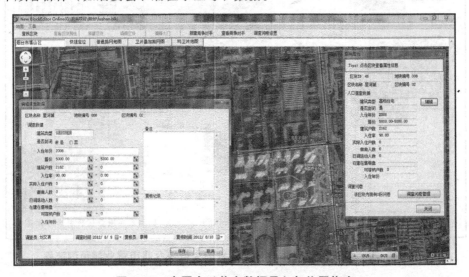

图 7-22 商圈人口普查数据录入与位置绑定

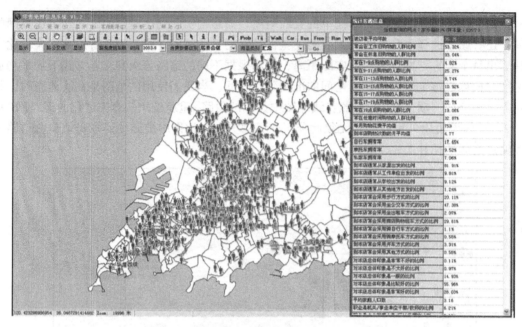

图 7-23　居民消费调查数据位置绑定与分析

4. 空间建模和仿真预测

如前所述，大型综合超市选址分析最适合的模型是赫夫概率模型，但赫夫公式是一个通用公式。为实现准确的营业额预测，我们需要结合所在城市、选址业态的实际情况，对赫夫公式进行必要的校正，如图 7-24 所示。

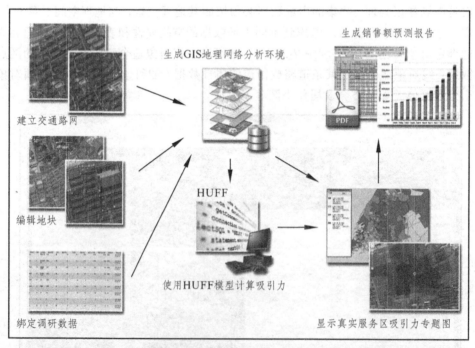

图 7-24　基于赫夫概率模型和 GIS 软件的大型综合超市营业额预测流程

赫夫概率模型中，μ 是影响门店吸引力的指数，同样的营业面积，由于门店业态、经营风格、价格定位、客群层次等方面的差异，实际的吸引力也会有所差异（如便利店的 μ 高于普通社区超市）。λ 是影响消费者到达门店交通代价的心理感觉（即距离感）的指数，同样的到达时间，由于消费者收入阶层、拥有交通工具、购买的产品和服务内容等方面的差异，实际的距离感也会有所差异（如购买生鲜产品时的 λ 高于购买服装或电器，有车家庭的 λ 低于无车家庭等）。

μ 和 λ 必须因地制宜，综合考虑门店业态、产品品类、消费阶层、交通方式等诸多因素，而且每个城市或地区都不一样。为建立适应当地市场的 μ 和 λ 指数，我们需要借鉴客户经验和研究成果，进行理论层面的逻辑推导，同时对当地消费者进行消费行为的大样本抽样调查，结合网点实际销售数据，进行多元非线性回归逐次拟合。

对赫夫概率模型中的吸引力因子 S 和阻力 T，我们在测算方法上也进行了改进和修正。其中门店吸引力因子 S 我们仍然选取的是营业面积，但与标准赫夫概率模型不同，我们按照该门店经营的业种或者品类，将整个门店营业面积拆分成几个到十几个虚拟的独立门店，单独计算其对消费者的吸引力。

以门店总营业面积计算吸引力因子的前提，是假设每家门店的业种或品类组合都完全相同，现实环境中我们很难找出两家在这方面完全相同的门店，哪怕这两家店是属于相同的业态和零售商。现实环境下的消费分流是基于产品或服务内容展开的，每个网点面临的竞争对手，除了业态相同、规模相仿的直接竞争对手之外，还有与其经营内容交叉的间接竞争对手，用门店总营业面积计算吸引力等于完全忽略间接竞争的影响，计算出来的销售额会明显偏高，要调整也只能依靠主观经验进行折减，随意性和误差都非常大，如图 7-25 所示。

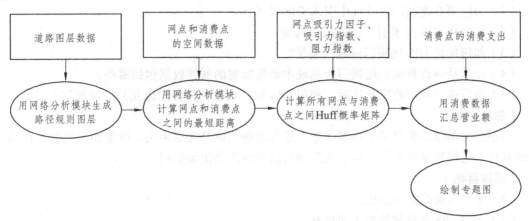

图 7-25　利用赫夫概率模型预测候选店址销售额的简要逻辑图

阻力因子 T 我们使用的是消费者到达网点的实际时间，现实环境中消费者可能到达网点的方式有很多种，需要判断每个消费者会采用哪种出行方式或者采用每种出行方式的概率各是多少。影响消费者选择出行方式的因素有很多，包括消费者的收入阶层、购物频率、购物时段、出发地点、交通工具拥有情况、交通成本（油费、票价）、购买产品或服务的类型（日常消费，还是大件百货）、网点的停车便捷程度等。我们会利用大样本消费行为抽样调查的数据，建立消费出行方式选择模型，根据计算涉及网点、消费点、产品或服务的具体情况，自动判断消费者会选择哪一种（或两种）交通方式到达网点。

【技能小结】

GIS 是对地理空间数据进行采集、存储、表达、更新、检索、管理、分析与输出的计算机应用技术系统，是以应用为导向的空间信息技术，强调空间实体及其关系，注重空间分析与模拟，是重要的地理空间数据管理和分析工具。GIS 是地理空间数据分析与可视化的技术平台，包括空间数据分析与建模、空间信息可视化两个方面，被称为"动态的地图。"GIS 提供了比普通地图更为丰富和灵活的空间数据表达。

空间分析是 GIS 系统区别于其他信息系统的独特功能，其处理对象即是地理空间目标。GIS 环境下的空间分析大致归为两类：基于点、线、面基本地理要素的空间分析和地理问题模拟，后者常用于解决应用领域的特殊问题。

连锁门店选址用得最多的是空间几何关系分析，主要包括邻近度分析、叠加分析、网络分析等。

现代零售环境中商圈辐射以及竞争关系、对手分布范围不断扩大，同时不同业态门店间还存在着间接竞争关系，因此企业要收集和分析的数据对象不断增多，众多类型的数据给收集和分析带来了前所未有的压力。

由于利用 GIS 技术的统一空间平台，选址人员便于进行各种信息的交互分析，挖掘各类数据之间的内在关联，建立准确和客观的消费行为模型，使准确预测门店销售额成为可能，从而大大提升了选址的成功率。

实际上机操作 GIS@Retail 软件，通过数据分析、网络分析、商圈界定、营业额预估等，辅助连锁门店选址工作，规避选址风险，大大提升连锁门店选址的成功率。

【思考题】

（1）为何要在连锁门店选址中引入 GIS 技术？

（2）如何将 GIS 技术引入连锁门店选址？

（3）如何构建 GIS 连锁门店选址系统？

（4）什么是属性数据？连锁门店选址中需要收集的属性数据包括哪些？

（5）如何通过数据收集及处理，利用 GIS 软件进行商圈界定以及营业额预估？

【训练任务】

以小组为单位，确定某一小型业态，进行市场调研及实地走访，收集相关数据，在 GIS 选址软件上进行数据处理和分析，为连锁门店选址提供决策依据。

【训练目标】

（1）学会收集数据的方法。

（2）学会 GIS 选址软件的上机操作。

【训练内容与要求】

（1）以小组为单位，选择一家小型业态，拟好市场调研问卷或访谈问卷，充分收集相关数据，为上机操作 GIS 选址软件做好准备。

（2）能较熟练使用 GIS 选址软件的各种功能，通过数据分析、网络分析、商圈界定、营业额预估等，辅助连锁门店选址工作。

（3）课堂上进行小组作业展示，并结合本项目应具备的理论及技能要求进行讨论。

【效果与检验】

（1）督促小组实地调研，并对 GIS 选址软件进行熟练操作。

（2）由企业代表和教师分别对学生小组进行评分，按照一定比例得出总评成绩。

（3）对学生个人进行评分，其中学生所在小组的综合得分占其个人得分的 30%~50%。

（4）具体评分标准和比例由教师、学生以及企业代表共同商议确定。

附录 连锁门店选址表单

附表 1 各城市评分对比表

城市名称：   调查人：

调查日期：_____年_____月_____日

序号	城市名称	消费品零售额/亿元	市区人口/万人	市区人口密度/(人/千米²)	GDP增长率	人均收入/元	商品房			行业状况			综合评价/分
							销售面积/万米²	在建面积/万米²	均价/元	数量/家	卖场总数量/个	卖场总面积/米²	
1													
2													
3													
4													
5													
6													
7													
8													
9													
10													

备注：打分标准

序号	项目	取分单位	分数	备注	序号	项目	取分单位	分数	备注
1	消费品零售额	100亿元	3分		7	商品房均价	1 000元	2分	
2	市区人口	1 000万人	20分		8	连锁竞争对手数量	家	−3分	
3	市区人口密度	1万人/千米²	3分		9	单体竞争对手数量	家	−0.5分	
4	人均收入	5 000元	3分		10	卖场数量	3个	−0.5分	
5	商品房销售面积	100万米²	2分		11	卖场总面积	1万米²	−0.5分	
6	商品房在建面积	100万米²	2分						

附表 2　城市各行政区指标对比表

城市名称：　　　　　　　　　　　　　　　　　　　　　　　调查人：

调查日期：＿＿＿＿年＿＿月＿＿日

序号	行政区名称	消费品零售额/亿元	区人口/万人	区人口密度/（人/千米²）	人均收入/元	商场		超市		小商品市场		政府机关数量	企业数量	学校数量	综合评价/分
						数量	面积	数量	面积	数量	面积				
1															
2															
3															
4															
5															
6															
7															
8															
9															
10															

备注：打分标准

序号	项目	取分单位	分数	备注	序号	项目	取分单位	分数	备注
1	消费品零售额	10 亿元	3 分		8	超市营业面积	1 万米²	2 分	
2	市区人口	100 万人	20 分		9	小商品市场数量	个	2 分	
3	市区人口密度	1 万人/千米²	3 分		10	小商品市场营业面积	1 万米²	2 分	
4	人均收入	5 000 元	3 分		11	市级政府机关数量	个	1 分	
5	商场数量	家	2 分		12	企业数量	个	1 分	
6	商场营业面积	1 万米²	2 分		13	学校数量	所	1 分	
7	超市数量	个	2 分						

附表3 城市主要道路指标对比表

城市名称： 调查人：

调查日期：_____年____月____日

序号	道路名称	起始点	走向	长度/千米	路宽/米	车道数	公交线路/条	十字路口/个	立交桥/座	商场		超市		餐饮	企业	机关	专卖店	综合评价/分
										数量	面积	数量	面积					
1																		
2																		
3																		
4																		
5																		
6																		
7																		
8																		

备注：打分标准

序号	项 目	取分单位	分数	备注	序号	项 目	取分单位	分数	备注
1	走向				8	商场数量			
2	长度				9	超市数量			
3	道路总宽				10	餐饮数量			
4	上下行车道数				11	企业数量			
5	沿线5站以上公交线路				12	机关数量			
6	十字路口数量				13	专卖店数量			
7	立交桥数量				合计				

附表4　城市主要路口指标对比表

城市名称：　　　　　　　　　　　　　　　　　　　　　调查人：

调查日期：　　　　　年　　　月　　　日

序号	路口名称	交汇道路名称	主路宽	次路宽	公交站点数量	路口日机动车流 东西	路口日机动车流 南北	路口自行车流 东西	路口自行车流 南北	路口四角日客流/人 A	B	C	D	商场 数量	商场 面积	超市 数量	超市 面积	写字楼	餐饮	企业	机关	专卖店	综合评价/分
1																							
2																							
3																							
4																							
5																							
6																							
7																							
8																							

备注：打分标准

序号	项目	取分单位	分数	备注	序号	项目	取分单位	分数	备注
1	交汇道路	条	5分		9	500米商场数量	家	2分	
2	主路宽	双向每车道	5分		10	500米商场面积	万米²	2分	
3	次路宽	双向每车道	3分		11	500米超市数量	家	1分	
4	公交站点	50米内每个	2分		12	500米超市面积	万米²	1分	
5	路口机动车流	日200辆	3分		13	200米内写字楼面积	1000米²	1分	
6	路口自行车流	日400辆	5分		14	饭馆数量	10家	1分	
7	路口客流	日500人	7分		15	200米内机关数量	个	1分	
8	200米内公司数量	10个	1分		16	200米内专卖店数量	10个	1分	

附表 5 城市基本状况数据

城市名称：   调查人：

调查日期：＿＿＿＿年＿＿月＿＿日

序号	卖场名称	营业面积 /米²	年营业额 /亿元	每平方米 年营业额 /(元/米²)	经 营 门 类
1					
2					
3					
4					
5					
6					
7					
8					
9					
10					
11					
12					
13					
14					
15					

附表 6 零售商卖场调研表

零售商名称： 营业面积： 米²

调查人： 调查日期：_____年____月____日

卖场名称： 地 址：

序号	门类名称	营业面积	层数	相邻门类				经营品牌名称
				前	后	左	右	
1								
2								
3								
4								
5								
6								
7								
8								
9								
10								

附表7 城市公交线路统计表

_____年___月___日　　　　星期____

调查时间自_____至_____　　　　天气情况_____　气温_____

序号	路线名称	起点	所在区县	终点	所在区县	途经站点（大站）	所跨区县
1							
2							
3							
4							
5							
6							
7							
8							
9							
10							
11							
12							

填表人签字：

附表8　道路截点流量登记表

道路名称：　　　地　点：　　　　　调查人：　　　　时间：＿＿＿＿年＿＿月＿＿日

时　段	机动车流量/辆		自行车流量/辆		人流量/人		备注
	上行	下行	上行	下行	上行	下行	
7～8点							
8～9点							
9～10点							
10～11点							
11～12点							
12～13点							
13～14点							
14～15点							
15～16点							
16～17点							
17～18点							
18～19点							
19～20点							
合　计							

附表 9　主要路段客流调查表

调查人：　　　　　　　　　　　　　　　　　　　　调查时间：

名称	节　假　日				平　　时				备注
	方向	机动车	自行车	行人	方向	机动车	自行车	行人	
	东—西				东—西				
	西—东				西—东				
	南—北				南—北				
	北—南				北—南				
	东—西				东—西				
	西—东				西—东				
	南—北				南—北				
	北—南				北—南				
	东—西				东—西				
	西—东				西—东				
	南—北				南—北				
	北—南				北—南				
	东—西				东—西				
	西—东				西—东				
	南—北				南—北				
	北—南				北—南				
	东—西				东—西				
	西—东				西—东				
	南—北				南—北				
	北—南				北—南				
	东—西				东—西				
	西—东				西—东				
	南—北				南—北				
	北—南				北—南				

附表 10　目标店评分项目及标准

序号	项目	评分单位	分数	评分	序号	项目	评分单位	分数	评分
1	区消费品零售额	10 亿元	10 分		21	单体竞争对手数量	每家	5 分	
2	所在区人口	100 万人	30 分		22	竞争对手营业面积	1 000 米²	3 分	
3	所在区人口密度	1 万人/千米²	15 分		以下为三千米目标店硬件设施比较				
4	所在区人均收入	5 000 元	10 分		23	门前马路	上下三车道	30 分	
以下为三千米范围内目标店环境比较							上下二车道	20 分	
5	三千米内人口	5 万人	50 分				上下一车道	10 分	
6	三千米内人口密度	万人/千米²	30 分				单行线	0 分	
7	三千米内人均收入	5 000 元	30 分		24	面积使用率	85%	20 分	
8	商品房销售面积	万米²	1 分				>85%时每 1%加 2 分		
9	商品房在建面积	万米²	1 分				<85%时每 1%减 3 分		
10	商场数量	个	5 分		25	建筑高度	6 米	30 分	
11	商场面积	万米²	5 分				>6 米，每米加 5 分		
12	超市数量	个	2 分				<6 米，每米减 10 分		
13	超市面积	万米²	3 分		26	门前机动车流量	8~20 时双向200 辆	5	
14	商品市场数量	个	5 分		27	门前自行车流量	8~20 时双向400 辆	10	
15	商品市场面积	万米²	5 分		28	门前人流量	8~20 时双向500 人	10	
16	市政府机关数量	个	1 分		29	卖场层数	单层	50	
17	独立办公企业数量	个	1 分				二层	40	
18	写字楼企业数量	个	1 分				三层	30	
19	高校学生数量	1 000 人	3 分				四层	20	
20	连锁竞争对手数量	每家	10 分				五层	10	

序号	项目	评分单位	分数	评分	序号	项目	评分单位	分数	评分
30	机动车停车位	门前每10个	5分		36	空调	中央空调	30分	
		楼后每10个	4分				分体柜机每10匹	3分	
		地下每10个	3分		37	消防	烟感系统	5分	
31	自行车存放	每10个	2分				喷淋系统	5分	
32	户外广告	广告牌每10米²	3分				消防栓每个	2分	
		灯箱每10米²	2分				灭火器每10个	1分	
		橱窗每10米²	1分		38	电力容量	100 kW	30分	
33	卖场层高	3米	30分		39	产权性质	自建或购买	20分	
		>3米时每10厘米加1分					租赁	10分	
		<3米时每10厘米减5分			40	正门宽度	林建	5分	
34	门前公交线路	50米以内有站每条	5分		41	目标店沿街长度	10米	5分	
		50~100米以内有站每条	3分		合计				
35	电梯	自动扶梯双向每部	8分						
		自动扶梯单向每部	5分						
		客梯1吨/部	3分						
		货梯1.5吨/部	6分						

附表 11 城市基本状况数据汇总表

城市名称：　　　　　　　　　调查人：　　　　　　调查日期：＿＿＿年＿＿月＿＿日

序号	调查项目	单位	数量	序号	调查项目	单位	数量
1	总人口	万人		22	自行车保有量	辆	
2	市区人口	万人		23	有轨交通	条	
3	16～24 岁	万人		24	有轨交通运行总里程	千米	
4	25～35 岁	万人		25	市区家庭户数	户	
5	36～60 岁	万人		26	户均人数	人	
6	城镇从业人员	万人		27	去年结婚数量	对	
7	私营企业从业人员	万人		28	城市总面积	万千米²	
8	国内生产总值	亿元		29	市区面积	万千米²	
9	固定资产投资总额	亿元		30	市区人口密度	人/千米²	
10	消费品零售额	亿元		31	行业零售总额	亿元	
11	GDP 增长率	％		32	市区同行业零售商	家	
12	人均 GDP	元		33	卖场数量	个	
13	人均收入	元		34	市区卖场总面积	万米²	
14	商品房在建面积	万米²		35	每平方米年产出	万元	
15	商品房均价	元		36	专卖店数量	家	
16	公交线路	条		37	A 类商圈底商租金	米²/天	
17	公交线路运行总里程	千米		38	B 类商圈底商租金	米²/天	
18	年运载量	人		39	C 类商圈底商租金	米²/天	
19	出租车保有量	辆		40	地方报纸	家	
20	机动车保有量	辆		41	地方广播电台	家	
21	私车保有量	辆		42	地方电视台	家	

附表 12　区县基本状况数据汇总表

城市名称：　　　　　　调查人：　　　　　　调查日期：＿＿＿年＿＿月＿＿日

序号	调查项目	单位	数量	序号	调查项目	单位	数量
1	总人口	万人		22	自行车保有量	辆	
2	市区人口	万人		23	有轨交通	条	
3	16～24 岁	万人		24	有轨交通运行总里程	千米	
4	25～35 岁	万人		25	区县家庭户数	户	
5	36～60 岁	万人		26	户均人数	人	
6	城镇从业人员	万人		27	去年结婚数量	对	
7	私营企业从业人员	万人		28	区县总面积	万千米²	
8	国内生产总值	亿元		29	中心面积	万千米²	
9	固定资产投资总额	亿元		30	中心人口密度	人/千米²	
10	消费品零售额	亿元		31	行业零售总额	亿元	
11	GDP 增长率	%		32	市区同行业零售商	家	
12	人均 GDP	元		33	卖场数量	个	
13	人均收入	元		34	市区卖场总面积	万米²	
14	商品房在建面积	万米²		35	每平方米年产出	万元	
15	商品房均价	元		36	卖店数量	家	
16	公交线路	条		37	A 类商圈底商租金	米²/天	
17	公交线路运行总里程	千米		38	B 类商圈底商租金	米²/天	
18	年运载量	人		39	C 类商圈底商租金	米²/天	
19	出租车保有量	辆		40	地方报纸	家	
20	机动车保有量	辆		41	地方广播电台	家	
21	私车保有量	辆		42	地方电视台	家	

附表 13　城市基本状况数据（一）

城市名称：　　　　　　　　　　　　调查人：

调查项目：交通状况　　　　　　　　调查日期：____年___月___日

调查项目	数　量	总里程 /千米	年载客数 /人	占比 /%	备注
市区公交线路/条					
市区快速公交线路/条					
自行车保有量/辆					
出租车保有量/辆					
市区网约车保有量/辆					
有轨交通线路/条					
机动车保有量/辆					
机动车私车保有量/辆					

附表 14 城市基本状况数据（二）

城市名称：　　　　　　　　　　　　调查人：

调查项目：房地产项目　　　　　　　调查日期：＿＿＿＿年＿＿月＿＿日

序号	项目名称	建筑面积/万米²	均价/元	一居/套	二居/套	三居/套	四居/套	五居以上或别墅	开工日期	交房日期
1										
2										
3										
4										
5										
6										
7										
8										
9										
10										
11										
12										
13										
14										
15										

附表 15 _____市基本状况数据（一）

城市名称： 调查人：
调查项目：A类商圈租金 调查日期：____年__月__日

序号	街道名称	1 500 米^{2}以上底商/（元/米^2）	商品市场/（元/米^2）	铺面房/（元/米^2）	综合楼/（元/米^2）	写字楼/（元/米^2）	住宅楼/（元/米^2）
1							
2							
3							
4							
5							
6							
7							
8							
9							
10							
11							
12							
13							

附表16 _____市基本状况数据（二）

城市名称： 调查人：

调查项目：B类商圈租金 调查日期：_____年___月___日

序号	街道名称	1 500 米² 以上底商/（元/米²）	商品市场/（元/米²）	铺面房/（元/米²）	综合楼/（元/米²）	写字楼/（元/米²）	住宅楼/（元/米²）
1							
2							
3							
4							
5							
6							
7							
8							
9							
10							
11							
12							
13							

附表 17 ＿＿＿＿＿市基本状况数据（三）

城市名称：　　　　　　　　　　　　调查人：

调查项目：C 类商圈租金　　　　　　调查日期：＿＿＿年＿＿月＿＿日

序号	街道名称	1 500 米² 以上底商/（元/米²）	商品市场/（元/米²）	铺面房/（元/米²）	综合楼/（元/米²）	写字楼/（元/米²）	住宅楼/（元/米²）
1							
2							
3							
4							
5							
6							
7							
8							
9							
10							
11							
12							
13							

附表 18 _____ 市基本状况数据（四）

城市名称：　　　　　　　　　　　　　　　调查人：

调查项目：D 类商圈租金　　　　　　　　　调查日期：_____年___月___日

序号	街道名称	1 500 米² 以上底商/（元/ 米²）	商品市场 /（元/ 米²）	铺面房 /（元/ 米²）	综合楼 /（元/ 米²）	写字楼 /（元/ 米²）	住宅楼 /（元/ 米²）
1							
2							
3							
4							
5							
6							
7							
8							
9							
10							
11							
12							
13							

附表 19 城市基本状况数据（三）

城市名称： 调查人：

调查项目：经济发展及工资收入 调查日期：＿＿＿＿年＿＿月＿＿日

（1）国内生产总值＿＿＿＿亿元，去年增长率＿＿＿＿%，前年增长率＿＿＿＿%。

（2）社会零售总额＿＿＿＿亿元。

（3）行业零售总额＿＿＿＿亿元，户均消费额＿＿＿＿元。

（4）人均年收入＿＿＿＿元，本行业零售业从业人员人均年收入＿＿＿＿元。

本行业从业人员各岗位收入情况

序号	岗 位	月收入/元	序号	岗 位	月收入/元
1	总经理		12	物流经理	
2	店经理		13	司机	
3	采购经理		14	平面设计	
4	部门经理		15	计算机维护	
5	财务经理		16	物业经理	
6	行政经理		17	水、暖、电工	
7	会计		18	文员	
8	出纳		19		
9	管账		20		
10	销售员		21		
11	防损员		22		

附该市有关福利的各项规定文件

附表 20 城市基本状况数据（四）

城市名称：   调查人：

调查项目：平面媒体对比   调查日期：＿＿＿年＿＿月＿＿日

序号	媒体名称	发行量	发行方式	发行时间	去年广告收入/万元	本行业收入/万元	备注
1							
2							
3							
4							
5							
6							
7							

附各媒体广告报价

附表 21 零售商卖场现状调研表

零售商名称：　　　　　　　卖场名称：　　　　　　　　　地址：

调查人：　　　　　　　　　调查日期：　　年　月　日

序号	项 目	评分单位	数量	序号	项 目	评分单位	数量
1	所在区消费品零售额	10 亿元		25	门前自行车流量	8～20 时双向 400 辆	
2	所在区人口	100 万人		26	门前人流量	8～20 时双向 500 人	
3	所在区人口密度	万人/千米²		27	营业面积	米²	
4	所在区人均收入	5 000 元		28	一层面积	米²	
	以下为三千米范围内目标店环境比较			29	二层面积	米²	
5	三千米内人口	5 万人		30	三层面积	米²	
6	三千米内人口密度	万人/千米²		31	四层面积	米²	
7	三千米内人均收入	5 000 元		32	五层面积	米²	
8	商场数量	个		33	地下一层面积	米²	
9	商场面积	万米²		34		单层	
10	超市数量	个		35		二层	
11	超市面积	万米²		36	卖场层数	三层	
12	商品市场数量	个		37		四层	
13	商品市场面积	万米²		38		五层	
	以下为三千米目标店硬件设施比较			39		门前每 10 个	
14		上下三车道		40	机动车停车位	楼后每 10 个	
15	门前马路	上下二车道		41		地下每 10 个	
16		上下一车道		42	自行车存放	每 10 个	
17		单行线		43		广告牌每 10 米²	
18		85%		44	户外广告	灯箱每 10 米²	
19	面积使用率	>85%时每 1%加 2 分		45		橱窗每 10 米²	
20		<85%时每 1%减 3 分		46		3 米	
21		6 米		47	卖场层高	>3 米每 10 厘米 加 1 分	
22	建筑高度	>6 米，每米 加 5 分		48		<3 米每 10 厘米 减 5 分	
23		<6 米，每米 减 10 分		49		50 米以内 有站每条	
24	门前机动车流量	8～20 时双向 200 辆		50	门前公交线路	50～100 米以内 有站每条	

序号	项目	评分单位	数量	序号	项目	评分单位	数量
51	电梯	自动扶梯双向每部		57	消防	烟感系统	
52		自动扶梯单向每部		58		喷淋系统	
53		客梯 1 吨/部		59		消防栓每个	
54		货梯 1.5 吨/部		60		灭火器每 10 个	
55	空调	中央空调		61	正门宽度	林建	
56		分体柜机每 10 匹		62	目标店沿街长度	10 米	

备注：

附表 22　目标店情况调查表

调查人：_____　　　　　　　　调查时间：_____

（1）详细地址：_____市（省）_____区_____街_____号。

（2）总建筑面积_____米²，总使用面积_____米²。

（3）总建筑高度_____米，共_____层。

（4）卖场所在层：_____层，卖场使用面积_____米²，卖场层高_____米。

（5）停车位：

自行车存车处

a. 有□　　　　无□

b. 存放数量：_____位

c. 收费情况：_____元/位

机动车停车处

a. 有□　　　　无□

b. 存放数量：_____位

c. 收费情况：_____元/位

d. 其他说明：

（6）房产性质：

a. 临建□　　　稳定□　　　待拆□　　　租赁□　　　自行开发□

b. 产权所有人_____

c. 租房期限_____年_____月_____日

d. 租金_____元/（天·米²）

e. 该商圈内租金状况（建议从该地区统计系统获取数据以备参考）

（7）户外广告位：

a. 橱窗　　　　　　有□　　　无□　　　　　　个

b. 户外广告牌　　　有□　　　无□　　　　　　个

c. 路灯挂旗　　　　有□　　　无□　　　　　　个

d. 灯箱广告　　　　有□　　　无□　　　　　　个

（8）正门朝向_____。

（9）主要道路名称_____，_____条。

（10）主要公交路线。

序号	车次	起始站	终点站	途经主要社区	载客量
					多□　一般□　少□

（11）电梯情况：

a. 自动扶梯　　　　有□　　　　无□

	单向☐	双向☐	共＿＿＿＿部
b. 直梯	有☐	无☐	共＿＿＿＿部
c. 货梯	有☐	无☐	共＿＿＿＿部

（12）公共设施：

a. 挑空区	有☐	无☐	
b. 卫生间	有☐	无☐	面积＿＿＿＿米^2
c. IC 卡电话	有☐	无☐	
（13）消防设施	有☐	无☐	

附表 23 _____市交通情况表

调查表：_____   调查时间：_____

道路名称	总长/千米	车道/道	公交车（路）及车号	交叉口名称	其他说明

附表24 _____市同行业卖场情况调查表

调查人：_____ 调查时间：_____

名称	面积	位置	周边人口（3~5千米）	企业性质	员工数/人	经营门类	年销售额/万元	其他
合计								

附表 25　顾客群调查

(_____千米之内)

调查人：_____　　　　　　　　调查时间：_____

楼名	几层	几门	住户数	备注

附表 26 顾客基本情况调查

调查人：_____   调查时间：_____

区域				
商品房价格 /（元/米²）				
人均收入 /（元/年）				
其他				

附表 27 _____市基本状况调查表

（1）全年常住人口_____万人。

（2）其中市辖区人口_____万人。

（3）城市总面积_____万千米²。

（4）全市国内生产总值_____亿元。

（5）全市城镇居民年人均可支配收入_____元，人均消费支出_____元，全市农民年人均收入_____元，生活消费支出_____元。

（6）其他说明：

数据来源：

调研人签字：

填表日期：

附表 28 _____**超市状况调查表**

____年___月___日 星期___　　调查时间自___至___

天气情况_____　气温_____

超市名称：

地理位置：

面积：

经营门类：

周六、周日客流量：

停车场面积：

硬件设施：

外观照片：

其他说明：

调研人签字：

附表 29 _____百货商场状况调查表

____年__月__日　星期____　　调查时间自____至____

天气情况_____　　气温_____

商场名称：

地理位置：

面积：

经营门类：

销售状况：

周六、周日客流量：

硬件设施：

停车场面积：

外观照片：

其他说明：

调研人签字：

附表 30 行业市场基本状况调查表

____年__月__日　　星期_____　　调查时间自_____至_____

天气情况_____　　气温_____

店名:		详细地址:	
楼层分布:		营业面积:	
人员总数:		硬件环境:	
停车场面积:		办公状况:	
类型:　　专营　　综合		开业日期:	
经营品种:		经营方式: 零售 批发/自营 联营	
销售额度:　　　　　　万元/日			

客流情况	时间段	客流量/人次	车流量/辆
	_时_分至_时_分		
	_时_分至_时_分		
	_时_分至_时_分		
	_时_分至_时_分		

成交量	时间段	上午成交量/笔	下午成交量/笔
	_时_分至_时_分		
	_时_分至_时_分		
	_时_分至_时_分		
	_时_分至_时_分		

内部设施:	空调□　手扶梯□　直梯□　货梯□　卫生间□　IC电话□　吸烟处□　休息区□　快餐区□　消防设施□
环境卫生:	优□　　　良□　　　中□　　　差□
停车场:	米² 　　　　车位
卖场外气氛:	较热烈□　　　一般□　　　冷清□
宣传特色:	
店内外促销活动:	
服务特色:	
仓储及运输状况:	

调研人签字:

附表 31 _____市_____目标店调查表

一、目标店基本情况

（1）地址：_____区_____街_____号

（2）建筑面积_____米²，使用面积_____米²

　　　主体结构：　框架结构□　　砖混结构□　　简易结构□

（3）租赁楼层分布____层，层高_____，始建日期_____

（4）正门朝向_____路，旁门朝向_____路

　　　主干道路名称_____

（5）房产性质

　　　固定□　　　临建□　　　租赁□　　　自行开发□

　　　产权所有人_____

　　　初谈租金 _____元/（天·米²）

　　　　　　　_____元/（年·米²）

（6）联系人姓名_____　　　部门_____

　　　职务_____　　　　　电话_____

另附：

（1）目标店建筑平面图（A4 纸）。

（2）目标店所处区域具体位置图（可用当地交通地图局部复印，A4 纸）。

二、目标店内部现有状况

商城部位		基本条件	备　注
结构	户外广告		
	停车场		
	外墙		
	天棚		
	地面		
	柱距		
	内墙		
	楼梯		
	入口		
楼梯	电动扶梯		
	货梯		
	客梯		
	步行梯		

续表

商城部位		基本条件	备 注
空调	主机		
	末端设备		
	风口、风管		
	新风系统		
	暖气		
通信	电话		
	电视系统		
	监控系统		
	网络		
消防	消防控制中心		
	消防喷淋系统		
	消防供电系统		
	消防电话、广播		
	消防分区、疏散通道		
	消防疏散指示		
	防火卷帘		
供电	供配电标准		
	动力配电		
	照明配电		
	备用电源		
	消防电源		
给排水	给水系统		
	排水系统		
	化粪池、沉淀池		
	通风系统		
	卫生间		

三、目标店周边环境（以 3 千米为辐射半径）

（1）人口密度

  40 万人以上□   30 万～40 万人□

  20 万～30 万人□   20 万人以下□

（2）家庭人数

  5 人以上□ 3 人以上□ 2 人□ 1 人□

（3）文化水平

  本科以上□ 高中以上□ 初中□ 初中以下□

（4）职业构成

公务员□ 　　　国企□ 　　　私企□ 　　　其他□

（5）收入水平

　　5 000 元以上□ 　　　　　　　2 500～5 000 元□

　　1 000～2 500 元□ 　　　　　　1 000 元以下□

（6）消费水平

　　月收入的 50%以上□ 　　　　　月收入的 30%～40%□

　　月收入的 10%～20%□ 　　　　　月收入的 10%以下□

（7）流动人口数量

　　人口密度的 30%以上□ 　　　　　人口密度的 20%～30%□

　　人口密度的 10%～20%□ 　　　　　人口密度的 10%以下□

（8）产业结构

　　商业区□ 　　　工业区□ 　　　农业区□

（9）交通状况表如下：

交通流量统计表

____年____月____日 　　　星期____ 　　调查时间自_____至_____

天气情况_____ 　　　气温_____

方　向		时　间	数　量
行人自行车	____至____	____时____分至____时____分	
	____至____	____时____分至____时____分	
	____至____	____时____分至____时____分	
	____至____	____时____分至____时____分	
	____至____	____时____分至____时____分	
私家车辆	____至____	____时____分至____时____分	
	____至____	____时____分至____时____分	
	____至____	____时____分至____时____分	
	____至____	____时____分至____时____分	
	____至____	____时____分至____时____分	
公交车出租车	____至____	____时____分至____时____分	
	____至____	____时____分至____时____分	
	____至____	____时____分至____时____分	
	____至____	____时____分至____时____分	
	____至____	____时____分至____时____分	

填表人签字：

城市公交线路统计表

___年___月___日   星期_____   调查时间自_____至_____

天气情况_____   气温_____

序号	路线名称	运营时间	起点	所在区/县	终点	所在区/县	途经站点（大站）	是否转乘	所跨区县
1									
2									
3									
4									
5									
6									
7									
8									
9									
10									
11									
12									

填表人签字：

城市未来发展规划

_____年 至 _____年

	未来发展规划描述
重大政策及经济规划	
交通网络规划	
社区发展规划	
商业区建设规划	

填表人签字：

目标店基础条件表

商城部位		基础条件	备注
结构 层高 承重	户外广告		
	停车场		
	外墙		
	天棚		
	地面		
	柱距		
	内墙		
	楼梯		
	入口		
楼梯	电动扶梯		
	货梯		
	客梯		
	步行梯		
空调	主机		
	末端设备		
	风口 风管		
	新风系统		
	暖气		
通信	电话		
	电视系统		
	监控系统		
	网络		
消防	消防控制中心		
	消防喷淋系统		
	消防供电系统		
	消防电话 广播		
	消防分区 疏散通道		
	消防疏散指示		
	防火卷帘		
供电	供配电标准		
	动力配电		
	照明配电		
	备用电源		
	消防电源		
给排水	给水系统		
	排水系统		
	化粪池 沉淀池		
	通风系统		
	卫生间		

填表人签字:

273

城市公地铁/轻轨线路统计表

调查表：_____　　　　　　　　调查时间：_____

地铁线路名称	总长/千米	起点	终点	与其他地铁线路换乘站点	与其他公交线路换乘站点	其他说明

填表人签字：

（10）是否有地铁站连接　　　　有□　　　　　没有□

（11）消费者的购物方式

　　私家车□　　　公交车□　　　自行车□　　　步行□

（12）自然、人为地理障碍

　　山脉□　　　桥梁□　　　铁路□　　　没有□

（13）是否有不同的商业、行业、企业（如有，请注明企业名称）

饮食业：_____

_____

服务业：_____

_____

娱乐业：_____

_____

邮电业、银行业：_____

_____

（14）是否有同类型的卖场（如有，请注明卖场名称）

有□　　　　　没有□

名称_____

（15）请用文字描述该城市将来发展的计划，如交通网络的开发、社区发展计划及商业区的建设计划等。

参考文献

[1] 马瑞光，李鸿飞. 连锁选址密码[M]. 广州：南方日报出版社，2010.

[2] 郭延江. 连锁经营管理技术[M]. 北京：清华大学出版社，北京交通大学出版社，2009.

[3] 窦志铭. 连锁经营管理理论与实务[M]. 北京：中国人民大学出版社，2007.

[4] 李卫华，李轻舟，王菱. 连锁企业门店开发与设计[M]. 北京：中国人民大学出版社，2012.

[5] 张明明. 连锁企业门店营运与管理[M]. 北京：电子工业出版社，2009.

[6] 赵越春，韦森. 连锁经营管理概论[M]. 2 版. 北京：科学出版社，2011.

[7] 郭洪仙. 商品学[M]. 上海：复旦大学出版社，2005.

[8] 王吉方. 连锁经营管理教程[M]. 北京：中国经济出版社，2009.

[9] 李卫华. 连锁店铺开发与设计[M]. 北京：电子工业出版社，2009.

[10] 徐东云. 商品学[M]. 北京：清华大学出版社，2011.

[11] 汪永太，李萍. 商品学概论[M]. 大连：东北财经大学出版社，2008.

[12] 谈留芳. 商品学[M]. 2 版. 北京：科学出版社，2011.

[13] 《连锁经营管理师培训教程》编委会. 连锁经营管理师培训教程[M]. 北京：中国经济出版社，2007.

[14] 姜登武. 连锁超市经营管理[M]. 北京：科学出版社，2008.

[15] 池建. 精通 ArcGIS 地理信息系统[M]. 北京：清华大学出版社，2012.

[16] 姜登武，张梅. 连锁超市经营管理（修订版）[M]. 北京：科学出版社，2011.

[17] 宋之苓. 连锁经营与管理[M]. 北京：北京大学出版社，中国农业大学出版社，2010.

[18] 王吉方. 连锁企业门店开发与设计[M]. 北京：科学出版社，2011.

[19] 肖怡. 企业连锁经营与管理[M]. 2 版. 大连：东北财经大学出版社，2012.

[20] 黄菲菲. 中国民营快递业的发展战略研究[J]. 科技和产业，2009，9（7）：21-26.

[21] 刘海涛. 快递企业城市网点布局与优化研究[D]. 北京：北京交通大学，2007.

[22] 刘秉镰. 基于价值量的物流需求分析与预测方法研究[J]. 中国软科学，2004(5)：66-73.

[23] 葛顺奇，田贵明. 国家级经济技术开发区的经济发展及其面临的问题[J]. 世界经济研究，2008（12）：10-16.

[24] 张明玉，张文松. 企业战略理论与实践[M]. 北京：科学出版社，2005.

[25] 王方华，吕巍. 企业战略管理[M]. 上海：复旦大学出版社，1997.

[26] 冯俊，冉斌. 服务企业服务力的评价与提升策略[J]. 北京工商大学学报：社会科学版，2006，21（04）：54-58.

[27] 赵斌正. 对咸阳城市规划建设的构想和建议[J]. 咸阳师范学院学报，2002，17（6）：37-39.

[28] 王世雄. 市场战略下的营业网点布局优化[J]. 农村金融研究，2004（12）：4-7.

[29] 张哲辉. 快递企业国内服务网点布局研究[D]. 大连：大连海事大学，2005.

[30] 杜德斌. 论跨国公司 R&D 的全球化趋势[J]. 世界地理研究，2000，9（1）：1-9.

[31] 张兰. 快递企业网点布局研究[D]. 长沙：中南大学，2008.

[32] 陈兼备，戴舜水. 网点撤并：如何"痛并快乐着"——关于基层网点撤并的调查与思考[J]. 现代金融，2004（9）：29.

[33] 刘琼，俞杨. 快递企业网点布局优化研究[J]. 科技经济市场，2011（1）：15-17.

[34] 许学强，周一星，宁越敏. 城市地理学[M]. 2版. 北京：高等教育出版社，2009.

[35] 吴志强，李德华. 城市规划原理[M]. 4版. 北京：中国建筑工业出版社，2011.

[36] 王吉方. 特许经营管理实务[M]. 北京：科学出版社，2009.

[37] 王瑶琪，李桂君. 投资项目评估[M]. 北京：中国金融出版社，2011.

[38] 孙施文. 现代城市规划理论[M]. 北京：中国建筑工业出版社，2008.

[39] 路君平. 项目评估与管理[M]. 北京：中国人民大学出版社，2013.

[40] 沈莹，陈小威. 供应链管理[M]. 北京：清华大学出版社，2013.